Le mouvement international des femmes en lutte contre leur oppression et leur exploitation a connu un développement nouveau depuis les années soixante. Les résolutions rassemblées dans ce volume sont le produit de ce mouvement. Elles présentent une analyse marxiste des origines de l'oppression des femmes et exposent les tâches auxquelles sont confrontés les socialistes dans les quatre coins du monde.

La Quatrième Internationale a adopté la résolution centrale de ce livre en 1979. Elle situe l'oppression et l'exploitation des femmes dans le contexte d'une société de classes. Elle montre aussi que cette oppression ne finira qu'avec l'abolition de la société de classes.

Les résolutions adoptées et publiées après 1979 analysent l'avancée inégale des femmes confrontées à l'offensive néolibérale mondiale. Elles analysent la place des femmes dans les pays impérialistes et dans les pays dits en développement au début du 21e siècle. Le volume contient aussi une résolution importante sur la nécessité d'actions positives dans les organisations socialistes pour pouvoir développer leurs interventions et leur profil féministes.

Libération des Femmes & Révolution Socialiste

LES CAHIERS D'ÉTUDE ET DE RECHERCHE

Les Cahiers d'Étude et de Recherche sont publiés par l'Institut de Recherche et de Formation. Ces Cahiers se concentrent sur des thèmes importants du débat contemporain, historique ou théorique. Les conférences et les matériaux d'étude issus des sessions de notre Institut à Amsterdam, à Manille et à Islamabad, sont aussi en grande partie disponibles pour le public grâce aux Cahiers.

Nous avons publié à partir de 1986, environ cinquante numéros en anglais. A partir de 1998, les Notebooks ont été publiés sous forme de livres en collaboration avec des éditeurs à Londres. Nous avons eu pendant de nombreuses années une série parallèle de Cahiers d'Étude et de Recherche en français (ce qui est en discussion aujourd'hui). Plusieurs numéros des Cahiers ont aussi été publiés dans d'autres langues que l'anglais et le français, incluant l'allemand, le néerlandais, l'arabe, le castillan, le japonais, le coréen, le portugais, le turque, le suédois, le danois et le russe.

Libération des Femmes & Révolution Socialiste

Documents de la Quatrième Internationale

Edité et presenté par Penelope Duggan

Institut International de Recherche et de Formation
Amsterdam

L'Institut International de Recherche et de Formation serait intéressé de recevoir l'avis des lecteurs/lectrices concernant ce livre, sa mise en page et sa traduction ainsi que toute suggestion pour des publications futures et une distribution plus large.

Nos livres sont disponibles à prix réduits pour les commandes de quantités importantes pour des organisations de formation à but non lucratif ainsi que pour les bibliothèques.

Contactez nous à L'IIRF
Lombokstraat, 40 1094 AL Amsterdam, Pays-Bas
Courriel : iire@iire.org ou consultez le site : www.iire.org

Edition française, publiée par l'IIRF, 2015.
Imprimé en Grande-Bretagne par Lightning Source

Introduction © International Institute for Research and Education, 2001.
Documents © Presse-Edition-Communication, 1979-2010

Publié en tant que numéro 48 des Cahiers de Recherche et de Formation.

ISBN 978-0-902869-49-3

Concept de la couverture : Arif Murat Gür

Tous des remerciements à Marijke Colle et Anne Gosselin

Table des matières

Préface 11
La révolution socialiste et la lutte de libération
des femmes 25
Le caractère de l'oppression des femmes-la nouvelle
montée des luttes des femmes 25
Origine et nature de l'oppression des femmes 30
Les racines de la nouvelle radicalisation des femmes ... 43
Les réponses de la bourgeoisie et des divers courants du
mouvement ouvrier 57
La libération des femmes dans les pays coloniaux
et semi-coloniaux 68
Les femmes dans les Etats ouvriers
et la révolution trahie 85
La IVe Internationale et la lutte pour la libération
des femmes 97
Résolution sur les réunions internes de femmes 136
**Résolution sur les luttes de femmes
en Amérique Latine** 140
Introduction 140
I. Crise, Etat, église, famille et oppression des femmes 141
II. La dynamique du mouvement de femmes en
Amérique latine aujourd'hui 147
III. Notre orientation 163

L'évolution des formes de la lutte pour la libération
des femmes en Europe 172
I. Les changements dans la situation des femmes
et les différentes politiques bourgeoises 174
II. Les stratégies réformistes vis-à-vis des femmes 186
III. Radicalisation, auto-organisation et mouvement
autonome de libération des femmes 190
IV. L'orientation des marxistes-révolutionnaires 203

Action positive et construction du parti parmi
les femmes 208
Introduction 208
Pourquoi cette discussion est nécessaire dans
la IVe Internationale aujourd'hui 213
Les expériences antérieures - les femmes et le mouvement
marxiste révolutionnaire 223
Les femmes et la IVe Internationale 225
Que signifie pour nous « l'action positive » en faveur
des femmes? 229
Le recrutement des femmes aux partis révolutionnaires 234
Quelles autres mesures doivent être comprises dans un plan
d'action positive? 236
Conclusion 241

Extraits de la Résolution du Congrès mondial
"Construire l'Internationale aujourd'hui 242
Les femmes et l'intégration économique 245
Le travail des femmes 246
Santé et bien-être 248
Avantages sociaux et droits fondamentaux 249

Sexualité 250
Idéologie 251
Les femmes et la crise de la civilisation **253**
Les femmes et le changement climatique 255
Les femmes et la crise économique 257
Les femmes et les services publics 261
Les femmes et la migration 263
Idéologie 267
La violence 270
Le défi féministe à l'organisation politique traditionnelle **274**
1. Insatisfaction par rapport au politique 275
2. Se rappeler du contexte 277
3. Développement d'une conscience collective, où et comment? 279
4. Développement de la conscience collective des femmes 283
5. Le rôle du mouvement des femmes 286
6. La tradition marxiste et les femmes 287
7. L'autonomie du mouvement des femmes 288
8. Le parti révolutionnaire 291
9. Pourquoi est-il si difficile pour les partis révolutionnaires de recruter et d'intégrer les femmes? 297
10. Changer les rapports de force 303
11. Une responsabilité du parti pour la vie personnelle et le comportement individuel 309
Conclusion: un bref bilan 314
Cahiers de Recherche et de Formation **316**

Documents de la Quatrième Internationale

Préface

Depuis ses débuts, le mouvement marxiste s'est penché sur la question de la place des femmes dans la société, que ce soit dans ses écrits, sa pensée (le Manifeste du Parti communiste en est un exemple, mais également l'ouvrage d'Engels, l'Origine de la famille, de la propriété privée et de l'État, sans oublier la Femme et le socialisme d'August Bebel) mais aussi dans son activité. Nous pouvons citer des figures notables comme Clara Zetkin dans la social-démocratie allemande, Alexandra Kollontai dans le parti bolchévique russe et Sylvia Pankhurst dans le mouvement britannique des suffragettes. Les liens entre le mouvement ouvrier au sens large et l'action des femmes en tant que femmes ont aussi été très présents. Par exemple des syndicats de femmes ont été formés dans les débuts du mouvement syndical en Irlande, en Grande-Bretagne et au Danemark ; il y avait des liens entre le mouvement des suffragettes et les syndicats ouvriers en Grande-Bretagne ou en Irlande.

Il n'est donc pas surprenant que la gauche marxiste ait aussi réagi, bien que de manière différente selon les courants, à la naissance du nouveau mouvement des femmes des années soixante et soixante-dix dans le contexte d'une radicalisation de la jeunesse au niveau mondial. Cette émergence d'un mouvement féministe n'était pas, comme on le pense souvent, confinée à l'Europe occidentale et à l'Amérique du Nord. Des petits groupes féministes ont commencé à émerger en Amérique latine au début des années soixante-dix, notamment au Mexique mais aussi ailleurs, malgré les dictatures militaires. Des femmes d'Amérique latine ont aussi apporté d'importantes contributions théoriques au féminisme (par exemple Ginny Vargas, au Pérou).

Libération des Femmes & Révolution Socialiste

Les «Rencontres féministes d'Amérique latine intercontinentales », dont la première édition s'est tenue en 1981, sont le signe d'un mouvement de femmes encore actif, et ce malgré les problèmes provoqués par son institutionnalisation liée à la présence et à l'activité des ONG. En Inde, le mouvement féministe a surtout commencé à se développer après la levée de l'état d'urgence en 1976 ; l'une de ses principales préoccupations était les violences faites aux femmes, notamment les viols et les morts liées à la dot. Des femmes féministes en Iran faisaient partie du mouvement qui a renversé le Shah à la fin des années soixante-dix et prennent encore aujourd'hui une part active dans le mouvement pour la démocratie.

Mais bien sûr les endroits où ce mouvement a été le plus fort sont ceux où les conditions sociales favorisaient la radicalisation générale de la jeunesse, dans un contexte de boom économique après la guerre, de massification de l'éducation supérieure et d'accès à la contraception, en particulier pour les femmes.

À cet égard, il est logique que la résolution de 1979 Libération des femmes et révolution socialiste rééditée dans ce livre ait été une initiative de femmes de la Quatrième Internationale d'Amérique du Nord et d'Europe occidentale. Il y a évidemment eu des discussions pour savoir si cette résolution devait avoir une perspective mondiale ou ne traiter que des questions concernant les régions où se situaient la plupart des sections de la Quatrième Internationale. Ces sections, bien que petites en général, étaient un véritable reflet de cette radicalisation de la jeunesse, et connaissaient donc le développement de la seconde vague du mouvement des femmes le plus marqué. Bien que finalement la décision ait été prise de parler de ce qu'on appelait à l'époque les « trois secteurs du monde », les pays capitalistes avancés, le tiers monde et les pays staliniens bureaucratisés, les parties qui traitent de ces deux derniers secteurs sont incontestablement les plus faibles du document.

Documents de la Quatrième Internationale

La résolution de 1991 sur l'Amérique latine a constitué une importante rectification à cet égard, en apportant une compréhension des processus de radicalisation et de construction de mouvements dans ce contexte spécifique. Elle s'est basée sur une véritable étude de l'état du mouvement à ce moment dans le sous-continent latino-américain, réalisée notamment par des camarades du PRT mexicain. Malheureusement la réalité de l'implantation de la Quatrième Internationale dans d'autres régions du monde ne nous a pas permis d'y réaliser un travail similaire. Le point le plus important souligné par cette résolution est que les femmes qui entrent en lutte sur la base de leur position sociale en tant que femmes, mères, habitantes des bidonvilles qui se battent pour de l'eau ou des canalisations de base, en tant que paysannes luttant pour le droit à travailler ou à posséder la terre, ces femmes pouvaient aussi se radicaliser à partir de la conscience de leur genre. C'est une chose qui s'est vue ailleurs, avec par exemple les épouses en solidarité avec les luttes menées par leurs maris (voir par exemple la grève de mineurs de 1984-85 en Grande-Bretagne) ou les militantes dans le mouvement anti-guerre (le Women's Peace Camp à Greenham Common également en Grande-Bretagne au début des années quatre-vingt), ou encore dans le mouvement des infirmières en France en 1988.

Le plus important apport théorique et stratégique du document de 1979 est quelque chose qui, selon nous, reste pertinent en général. Il s'agit du fait que le processus de transformation de la société sur une base anticapitaliste, arrachant les racines de toute oppression et exploitation, requiert la participation active d'un mouvement de femmes indépendant et autonome. La signification de l'autonomie du mouvement des femmes est expliquée dans la résolution :

«Par mouvement des femmes, nous entendons toutes les femmes qui s'organisent à un niveau ou un autre contre l'oppression que leur impose la société : groupes femmes, groupes

Libération des Femmes & Révolution Socialiste

de conscience, groupes de quartiers, groupes d'étudiantes, groupes d'entreprises, commissions syndicales, organisations des femmes des nationalités opprimées, groupes de féministes lesbiennes, collectifs de campagne sur des revendications spécifiques. Le mouvement des femmes se caractérise par son hétérogénéité, son impact sur toutes les couches de ta société, et par le fait qu'il n'est rattaché à aucune organisation politique en particulier, même si divers courants se manifestent en son sein. D'autre part, certains groupes et comités unitaires, bien que dirigés et soutenus par des femmes, sont ouverts aux hommes aussi, comme l'Organisation nationale des femmes aux États-Unis (NOW), et la Campagne nationale pour l'avortement en Grande-Bretagne (NAC). (Nos méthodes de lutte, point 2)

La nécessité stratégique d'un tel mouvement est justifiée de la façon suivante :

« Les femmes représentent à la fois une composante importante de la classe ouvrière et un puissant allié potentiel de la classe ouvrière dans la lutte pour le renversement du capitalisme. Sans la révolution socialiste, les femmes ne peuvent instaurer les conditions préalables à leur libération. Sans la mobilisation de la masse des femmes dans la lutte pour leur propre libération, la classe ouvrière ne peut accomplir ses tâches historiques. La destruction de l'État bourgeois, l'éradication de la propriété capitaliste, la transformation des bases et des priorités économiques de la société, la consolidation d'un nouveau pouvoir d'État basé sur l'organisation démocratique de la classe ouvrière et de ses alliés et la lutte permanente pour éliminer toutes les formes d'oppression dans les relations sociales héritées de la société de classes, tout cela ne peut être mené à bien, en dernière instance, sans la participation et la direction conscientes d'un mouvement autonome de libération des femmes. (Notre orientation, 2.b)

Cependant, si la politique menée par ces mouvements est importante, il ne s'agit pas seulement des femmes en tant que femmes :

Documents de la Quatrième Internationale

« Si toutes les femmes sont affectées par leur oppression en tant que femmes, le mouvement de masse de libération des femmes que nous nous efforçons de construire doit être fondamentalement prolétarien dans sa composition, son orientation et sa direction. Seul un tel mouvement qui s'enracine dans les couches les plus exploitées des femmes de la classe ouvrière, sera capable de mener le combat pour la libération des femmes jusqu'au bout et sans compromission, en s'alliant aux forces sociales dont les intérêts de classe sont parallèles à ceux des femmes ou les recoupent. Seul un tel mouvement sera capable de jouer un rôle progressiste dans des conditions d'exacerbation de la lutte de classes. »

(Notre orientation, 2.e)

Cette position a constitué une rupture avec les traditions du mouvement marxiste sur l'organisation des femmes. Il a existé beaucoup d'organisations de femmes liés à des mouvements marxistes, mais elles avaient d'autres rôles : offrir la possibilité aux femmes d'avoir une activité politique là où l'activité politique mixte n'était pas autorisée, organiser des soutiens féminins pour le parti, développer un travail spécifique en vue de gagner des femmes au parti. Ces mouvements ne prenaient pas en compte, que ce soit au niveau théorique ou pratique, la nécessité d'un mouvement autonome des femmes pour construire un rapport de forces suffisant afin d'imposer leurs revendications.

Cette question a constitué un débat majeur entre des courants en dehors de la Quatrième Internationale et en son sein, courants qui, se réclamant du marxisme révolutionnaire, adhéraient à une conception du processus révolutionnaire comme étant principalement l'œuvre de la classe ouvrière, représentée par le parti révolutionnaire. Ce parti serait selon eux le seul agent du changement social et révolutionnaire, et au mieux intégrerait les revendications des femmes ou poserait les bases de l'élimination de l'inégalité hommes-femmes une fois arrivé au pouvoir. Notre position reste un élément qui nous distingue encore aujourd'hui

Libération des Femmes & Révolution Socialiste

d'autres courants internationaux marxistes révolutionnaires comme le courant moréniste, l'IST autour du SWP britannique ou les différents courants se développant à partir de la tendance britannique Militant.

Cette position prise par la Quatrième Internationale devrait aussi être replacée dans le contexte d'un autre débat qui avait lieu au même moment et qui a abouti en 1985, bien que les grands axes de la discussion aient été développés dans les années soixante-dix, avec l'adoption d'une résolution « Démocratie socialiste et dictature du prolétariat ». Ce débat a constitué un grand pas en avant dans la pensée stratégique de la QI en affirmant que les expériences et intérêts différents des secteurs exploités et opprimés impliquaient le développement d'organisations authentiquement révolutionnaires différentes, et qu'un seul parti ne synthétiserait pas tous ces intérêts dans son programme. Cette discussion a aussi été marquée par l'expérience de la révolution au Nicaragua, ainsi que par une discussion plus approfondie sur la question du sujet révolutionnaire à partir des années quatre-vingt, dans laquelle une distinction a été proposée entre, d'une part, le sujet pratique-politique qui mobiliserait la masse de la population capable d'imposer son programme et, de l'autre, un sujet théorique-politique qui contribuerait au développement du programme politique sans mobiliser directement les masses des exploités et opprimés.

Ce point important a été accepté par une écrasante majorité de la Quatrième Internationale lors de son Congrès mondial de 1979. Cependant, cela n'a pas empêché un certain nombre d'autres débats importants de continuer, au congrès même et par la suite.

La position prise en faveur d'un mouvement de libération des femmes autonome a été défendue principalement en raison de l'échec des directions des partis et des syndicats du mouvement ouvrier à intégrer les revendications des femmes et aussi parce qu'une vision moins idéalisée de l'attitude des travailleurs hommes

Documents de la Quatrième Internationale

par rapport aux femmes s'était peu à peu imposée :
« Elles ont souvent à faire face à des agressions sexistes et à des abus organisés et provoqués par leurs chefs et leurs contremaîtres. Même lorsque de telles agressions proviennent de leurs compagnons de travail, c'est souvent le résultat d'une atmosphère entretenue par le patron. » (Nos méthodes de lutte, 7)

Une autre prolongation de ce débat après le congrès a été le débat sur les « privilèges des hommes », c'est-à-dire sur la question de savoir dans quelle mesure les hommes comme individus bénéficient de l'oppression des femmes et ont ainsi un intérêt, ou pensent qu'ils en ont un, à perpétuer une situation d'inégalité et de discrimination.

Des débats autour de la validité de l'affirmation d'Engels selon laquelle l'oppression des femmes est un produit du développement de la société de classes – un thème qui fait l'objet de recherches et de discussions parmi les anthropologues féministes et dans les sciences humaines encore aujourd'hui – se sont cristallisés dans une formule de compromis :

« 3. L'origine de l'oppression des femmes est liée à la transition de la société pré-classiste à la société de classes. Le processus exact selon lequel cette transition complexe s'est opérée est un objet permanent de recherches et de débat, y compris parmi ceux qui souscrivent à une vue matérialiste de l'histoire. Quoi qu'il en soit, les traits fondamentaux de l'émergence de l'oppression des femmes sont clairs.

Cette transformation du statut des femmes s'est effectuée en même temps que la croissance de la productivité du travail basée sur l'agriculture, la domestication du bétail et la constitution de stocks, que l'apparition de divisions nouvelles dans le travail, l'artisanat et le commerce, que l'appropriation privée d'un surproduit social croissant et que le développement de la possibilité pour certains de prospérer grâce à l'exploitation du travail des autres. » (Origine et nature de l'oppression des femmes,

Libération des Femmes & Révolution Socialiste

3)
 Il y avait cependant un accord total sur l'idée que l'oppression des femmes était antérieure au capitalisme et qu'elle ne serait donc pas éliminée avec le renversement du capitalisme, comme l'expérience de l'Union soviétique l'avait montré. Le chapitre « Thermidor dans la famille » dans la Révolution trahie de Léon Trotski a constitué un texte important à cet égard.

Comme dans la plupart des courants connus comme « socialistes » ou « lutte de classes » dans le mouvement féministe large, les questions de sexualité et de violence étaient moins abordées dans leur ensemble dans notre analyse, bien que des revendications aient été formulées. Toutes les premières formulations impliquant que les lesbiennes étaient séparatistes ont été amendées. Par la suite, au Congrès mondial de 2003, a été adoptée une résolution programmatique sur la Libération gay et lesbienne qui reprenait les bases théoriques et stratégiques de la résolution de 1979. Certaines organisations de la QI avaient malheureusement encore dans les années soixante-dix des positions très arriérées sur l'homosexualité, qui allaient jusqu'à interdire l'adhésion, sous le prétexte que cela mettrait l'organisation en danger d'être accusée d'activité illégale. Une telle position n'était évidemment pas acceptable et de telles organisations n'étaient pas admises, ou bien ont été exclues de la QI. En 1991, le statut de membre a été retiré à une organisation, suite à la décision de toutes les camarades femmes de la quitter car selon elles, le parti n'avait pas traité correctement des faits de violence sexuelle et de harcèlement, même si les individus responsables avaient été exclus.

La résolution de 1979 insistait sur le fait que toutes les femmes sont opprimées, bien que cette oppression se combine avec une oppression de classe. Cependant les seules références à des femmes d'origine ethnique différente étaient liées à des femmes immigrées alors qu'aux États-Unis, les femmes noires étaient des dirigeantes importantes de la Quatrième Internationale et avaient

Documents de la Quatrième Internationale

largement contribué à l'élaboration du document. Par la suite, des textes comme la résolution de 1991 sur les femmes dans les pays capitalistes avancés étaient meilleurs à cet égard. La question des violences faites aux femmes a aussi été plus largement traitée dans des textes ultérieurs.

Une importance particulière a été donnée à l'impact du mouvement des femmes sur le mouvement ouvrier et aux formes d'organisation des femmes en tant que travailleuses, notamment dans les commissions femmes développées dans les syndicats. Les formes et la nature de ces commissions étaient différentes selon les traditions du mouvement ouvrier – dans quelle mesure les directions de ces syndicats les acceptaient comme des structures syndicales légitimes ou les poussaient à s'organiser en dehors de ces structures. Pourtant, cela ne signifie pas forcément que les structures « légitimes » avaient un rôle moins dynamique que celles forcées de s'organiser de façon plus indépendante. Les commissions femmes ont joué un rôle important dans les mouvements syndicaux britannique et français en poussant les directions syndicales à organiser des manifestations nationales massives en défense du droit à l'avortement en 1979, en collaboration avec le mouvement organisé de femmes. La Coalition of Labour Union Women aux États-Unis a aussi fait un travail important.

La résolution de 1979 se plaçait bien entendu dans la perspective d'une continuité et d'un développement du mouvement des femmes. En 1991, il était clair que l'impact mondial du féminisme ne se traduisait pas par une croissance continue du mouvement des femmes. Malgré notre conviction que la libération des femmes était loin d'être réalisée, les revendications légales évidentes avaient dans une large mesure été satisfaites dans les pays capitalistes avancés et des mobilisations de front unique furent plus difficiles à construire. L'activité continue de féministes engagées a tendu à s'organiser autour de certains thèmes spécifiques, en particulier là où les femmes avaient besoin de réseaux de soutien qui n'étaient fournis nulle part ailleurs, par exemple les femmes victimes de

Libération des Femmes & Révolution Socialiste

violences sexuelles. Au même moment les débats théoriques et analytiques, ouverts sous l'influence du mouvement des femmes, conduisaient tout un groupe de femmes, notamment dans les milieux universitaires, à la conclusion qu'un mouvement de libération des femmes constituait un objectif impossible à cause de la variété des expériences des femmes, selon leur contexte social, économique, ethnique, etc., qui rendait impossible l'émergence de revendications communes. Ces développements ont été nourris et renforcés par le mouvement intellectuel connu comme « post-modernisme » avec son accent mis sur la déconstruction des métarécits et l'impossibilité de valeurs et revendications universelles.

Depuis le début, les femmes du mouvement féministe avaient mis en question les figures « universelles », comme « le travailleur », montrant que la moitié des travailleurs sont des femmes et que toute discussion sur la classe ouvrière ou tout mouvement prétendant défendre ses besoins et ses intérêts devaient donc prendre en compte la dimension "femmes". À son tour, le mouvement lui-même était remis en question par des femmes qui sentaient que, en tant que noire, immigrée, travailleuse ou lesbienne, leurs besoins et leurs intérêts n'étaient pas pris en compte par un mouvement qui semblait implanté surtout parmi les jeunes femmes blanches et hétérosexuelles plus éduquées ou dans des emplois de cols blancs.

En réalité, depuis le début, de nombreuses lesbiennes, qui ne sentaient pas à leur place dans le mouvement gay parce qu'elles le trouvaient beaucoup trop masculin (et souvent sexiste), avaient été des militantes clefs et des initiatrices du mouvement des femmes. Un amendement sur ce point précis a été introduit dans la résolution de 1979 par des femmes de Grande-Bretagne, reflétant leur expérience où les militantes lesbiennes avaient été en première ligne du mouvement des femmes et de ses campagnes principales, notamment en défense de la loi libérale existant sur l'avortement. Tandis que des femmes s'organisaient dans les syndicats pour obliger les organisations de travailleurs à prendre en compte les revendications de leurs membres femmes, le mouvement des femmes a vu le développement de groupes de femmes noires, de femmes lesbiennes, de femmes contre le racisme qui ont contribué à augmenter la conscience dans le mouvement des expériences diverses des femmes.

Cet impact est apparu clairement dans les campagnes qui avaient débuté autour de la question du droit à l'avortement, comme la National Abortion Campaign en Grande-Bretagne, qui a inclus et développé son programme en fonction des expériences des femmes immigrées en Grande-Bretagne, celles de Bangladesh utilisées comme cobayes involontaires pour le contraceptif injectable Depo-Provera, ou des Antilles britanniques à qui l'on imposait une stérilisation en même temps qu'un avortement.

Au niveau international, la Campagne internationale pour le droit à l'avortement s'est rapidement renommée Campagne internationale pour la contraception, l'avortement et la stérilisation (aujourd'hui Women's Global Network for Reproductive Rights) afin de développer et élargir de manière inclusive la question de la santé reproductive des femmes et leur droit à contrôler leur corps. Il est difficile de voir en quoi le droit des femmes à disposer de leur corps ne serait pas une revendication universelle, exactement comme la revendication de la fin de la torture ou de la famine.

L'accent mis sur la compréhension des expériences spécifiques des femmes a aussi mené à différentes formes de féminismes de la différence ou essentialistes qui acceptaient qu'il y ait des différences essentielles entre les femmes et les hommes et se posaient comme objectif que des valeurs ou caractéristiques considérées comme « féminines » devraient avoir autant de prestige social que celles considérées comme « masculines ». Cette approche, comme toutes celles basées sur une notion de patriarcat comme système d'oppression mâle qui serait indépendant du capitalisme et de la société de classes, a été rejetée comme incompatible avec une approche marxiste qui explique que toutes les relations sociales sont englobées dans les relations de production et de reproduction.

L'entrée dans les partis politiques d'une génération de jeunes femmes radicalisées sous l'influence du mouvement féministe a aussi conduit à s'interroger sur la possibilité pour elles de trouver leur place dans ces organisations, par rapport aux « vieux » camarades hommes mais aussi à ceux de leur génération. Cela n'était bien entendu pas spécifique aux organisations de la Quatrième Internationale, les liens étroits entre les mouvements radicaux mixtes et la radicalisation féministe ont inévitablement mené à la remise en question des formes d'organisation politique en général. Cependant la Quatrième Internationale reste la seule organisation politique qui ait adopté une résolution théorique et programmatique sur cette question, lors de son Congrès mondial en 1991, avec de nombreuses propositions de mesures pratiques pour mettre au point un « plan de discrimination positive ».

En 1979, une discussion âpre avait été provoquée par la proposition que les femmes aient le droit de se réunir entre elles pour discuter ensemble des difficultés auxquelles elles sont confrontées pour se sentir à l'aise et acceptées dans l'organisation, afin d'identifier les problèmes communs et proposer au reste de l'organisation des mesures pour les combattre. Cette proposition – étiquetée antiléniniste par le rapporteur de la résolution – a été rejetée par la majorité de la direction et des délégués de l'époque, en particulier du SWP américain et le courant qui lui est associé. J'étais membre du groupe de jeunes femmes déléguées de pays d'Europe, d'Amérique latine ainsi que du Canada, à défendre la proposition. C'était notre première expérience de travail au-delà des barrières nationales et linguistiques pour mener un combat commun. Cependant, le débat était pratiquement terminé puisque la pratique a continué là où elle avait déjà été instaurée, et, avec le déclin du courant du SWP des EU et son départ de l'Internationale,

Documents de la Quatrième Internationale

la résolution de 1991 a acté à juste titre que c'était une pratique habituelle parmi d'autres, comme la parité ou les quotas pour la représentation des femmes dans la direction.

Depuis 1991, les contributions des commissions femmes aux discussions de l'Internationale se sont concentrées sur la place des femmes dans la globalisation croissante de l'économie mondiale, comme dans les thèses de 1995 et le document Les femmes et la crise depuis 2010, ainsi que sur la réaffirmation de l'importance stratégique de la dimension féministe dans la construction de nos partis et l'élaboration de notre programme. Ces contributions ont été intégrées sous la forme d'amendements aux documents sur la situation mondiale et sur la construction de la Quatrième Internationale en 1995, 2003 et 2010.

La lutte pour la libération des femmes et pour que les organisations marxistes révolutionnaires et anticapitalistes intègrent cette lutte dans leurs programmes, perspectives et stratégie n'est pas terminée. Sous l'impact des évolutions de la situation, nous aurons de nouvelles tâches d'analyse et d'élaboration. Nous pensons que les documents qui suivent constituent un cadre d'analyse utile pour réaliser ces tâches.

Penelope Duggan, septembre 2010

Libération des Femmes & Révolution Socialiste

Documents de la Quatrième Internationale

La révolution socialiste et la lutte de libération des femmes

Résolution adoptée par le XIe Congrès mondial de la IVe Internationale en novembre 1979

Les positions de base du marxisme sur l'oppression des femmes font partie des fondements programmatiques de la IVe Internationale. Mais la résolution qui suit est la première résolution sur la libération des femmes adoptée par l'Internationale.[1] Son but est de préciser notre analyse de l'oppression des femmes, ainsi que la place que la lutte contre cette oppression occupe pour nous dans les trois secteurs de la révolution mondiale : les pays capitalistes avancés, les pays coloniaux et semi-coloniaux et les États ouvriers.

Le caractère de l'oppression des femmes-la nouvelle montée des luttes des femmes

1. Depuis la fin des années 1960, une révolte grandissante des femmes s'est fait jour contre l'oppression dont elles sont victimes en tant que sexe. A travers le monde, des millions de femmes, et particulièrement de jeunes femmes - étudiantes, travailleuses, ménagères - commencent à mettre en question certains des aspects les plus fondamentaux de leur oppression séculaire.

Le premier pays dans lequel cette radicalisation des femmes est apparue comme phénomène de masse, a été les Etats-Unis.

---

1. Cette résolution fut proposée par le Secrétariat Unifié. Le vote des déléguées et des observateurs était: 63 pour, 36,5 contre et 10,5 n'ayant pas voté.

Libération des Femmes & Révolution Socialiste

Les signes annonciateurs en ont été l'éclosion de milliers de groupes femmes et la mobilisation de dizaines de milliers de femmes, le 26 août 1970 et lors des manifestations commémorant le 50° anniversaire de l'issue victorieuse de la lutte des femmes américaines pour le droit de vote.

Mais la nouvelle vague des luttes de femmes en Amérique du Nord n'est pas restée un phénomène exceptionnel et isolé comme l'a rapidement prouvé l'émergence de mouvements de libération des femmes dans les pays capitalistes avancés.

Ce nouveau mouvement de libération des femmes est apparu sur la scène de l'histoire dans le cadre d'un mouvement beaucoup plus général de la classe ouvrière et de toutes les couches et secteurs exploités et opprimés de la population mondiale. Ce mouvement a pris de multiples formes: grèves économiques, luttes contre l'oppression nationale, manifestations étudiantes, revendications écologiques, mouvement international contre la guerre impérialiste au Vietnam. Bien qu'il ait débuté parmi les étudiantes et les femmes des professions libérales, les revendications mises en avant par le mouvement des femmes, combinées aux contradictions croissantes du système capitaliste, ont commencé à mobiliser des couches beaucoup plus larges. Il a commencé à influencer la conscience, les aspirations et les actions de couches significatives de la classe ouvrière, hommes et femmes.

Dans de nombreux pays, la nouvelle montée des luttes de femmes a précédé toute modification importante de la combativité de la classe ouvrière organisée. Dans d'autres pays comme l'Espagne, cette montée à fait partie de l'explosion de luttes de la classe ouvrière sur tous les fronts. Mais dans pratiquement tous les cas, le mouvement est né en dehors, et de façon indépendante, des organisations de masse de la classe ouvrière, qui ont alors été obligées de répondre à ce phénomène nouveau. C'est ainsi que le développement du mouvement des femmes est devenu un facteur important de la bataille politique et idéologique pour affaiblir

Documents de la Quatrième Internationale

le pouvoir de la bourgeoisie et de ses agents au sein de la classe ouvrière.

La rapide croissance du mouvement de libération des femmes et le rôle qu'il a joué dans l'approfondissement de la lutte des classes, aussi bien au niveau international que dans divers pays, confirment que le combat pour la libération des femmes doit être considéré comme l'une des composantes essentielles de la nouvelle montée de la révolution mondiale.

2. Cette radicalisation des femmes est sans précédent quant à la profondeur des remises en cause économique, sociale et politique qu'elle exprime et quant à ses implications pour la lutte contre l'oppression et l'exploitation capitalistes.

Pays après pays, les femmes participent en nombre croissant à des campagnes de masse contre les lois réactionnaires sur l'avortement et la contraception, contre les lois oppressives du mariage, contre l'inadéquation des structures de garde des enfants, contre toute restriction légale à l'égalité. Elles dénoncent le sexisme et se battent contre la façon dont il s'exprime dans tous les domaines : depuis la politique, l'emploi et l'éducation jusque dans les aspects les plus intimes de la vie quotidienne, y compris le fardeau du travail ménager, la violence et l'intimidation dont elles sont victimes à la maison et dans la rue.

Les femmes avancent des revendications qui mettent en cause les aspects spécifiques de leur oppression dans le système capitaliste aujourd'hui et qui s'attaquent à la division traditionnelle du travail, division profondément enracinée entre hommes et femmes, à la maison comme à l'usine.

De plus en plus, elles exigent des mesures préférentielles ouvrant aux femmes les portes qui leur étaient fermées jusque-là dans tous les domaines, afin de triompher d'une discrimination institutionnalisée depuis des siècles. Elles insistent sur leur droit à participer, en totale égalité, à toutes les formes de la vie sociale, économique et culturelle : égalité dans l'éducation, dans l'accès au travail, salaire égal pour un travail égal.

Libération des Femmes & Révolution Socialiste

Pour qu'une telle égalité devienne possible, les femmes recherchent les moyens de mettre fin à leur servitude domestique. Elles exigent la socialisation des tâches domestiques et que ces dernières ne soient plus considérées comme un « travail de femmes ». Les plus conscientes reconnaissent que c'est la société, et non la cellule familiale qui devrait être responsable des jeunes, des personnes âgées et des malades.

La lutte pour que l'avortement ne soit plus considéré comme un crime, pour que toutes les femmes puissent y avoir recours, a été au centre même de l'émergence du mouvement de libération des femmes. Le droit de disposer de son corps, de choisir si l'on veut des enfants, quand et combien, est un droit considéré par des millions de femmes comme une pré condition élémentaire de leur libération.

De telles exigences touchent au cœur même de l'oppression spécifique des femmes qui s'exerce à travers la famille et elles ébranlent les fondements de la société de classes. Elles montrent à quel point la lutte pour la libération des femmes est un combat qui vise à la transformation de toutes les relations sociales et humaines, en quoi elle les place à un niveau différent, plus élevé.

3. Le fait que le mouvement de libération des femmes ait commencé à prendre la dimension d'un phénomène international, avant même que ne s'exacerbent les contradictions économiques du capitalisme mondial au milieu des années 1970, montre bien la profondeur sociale de cette révolte. C'est l'un des symptômes les plus clairs de la profondeur de la crise sociale que connaît aujourd'hui l'ordre bourgeois.

Ces luttes montrent à quel point sont dépassés les institutions et les rapports capitalistes qui engendrent des contradictions croissantes dans tous les secteurs de la société et qui accélèrent l'expression de formes nouvelles de la lutte des classes. L'agonie du capitalisme fait entrer de nouvelles couches sociales en conflit direct avec les besoins fondamentaux et les prérogatives de la

Documents de la Quatrième Internationale

bourgeoisie, amenant ainsi de nouveaux alliés à la classe ouvrière et la renforçant dans son combat pour balayer le système capitaliste.

D'ores et déjà, le développement de la lutte des femmes contre leur oppression commence à priver la classe dominante de l'une des principales armes dont elle s'est longtemps servie pour diviser et affaiblir les exploités et les opprimés.

4. L'oppression des femmes a été l'une des principales caractéristiques de la société de classes à travers les âges. Mais la tâche pratique consistant à s'attaquer aux racines de cette oppression et à en combattre les effets ne pouvait se poser, à une échelle de masse, avant l'ère de transition du capitalisme au socialisme. La lutte pour la libération des femmes est inséparable du combat des travailleurs pour renverser le capitalisme. Elle est partie intégrante de la révolution socialiste et de la perspective communiste d'une société sans classes.

Le remplacement de la famille patriarcale basée sur la propriété privée par un type supérieur de relations humaines est l'un des premiers objectifs de la révolution socialiste. Ce processus s'accélèrera et s'approfondira au fur et à mesure que les fondements matériels et idéologiques du nouvel ordre communiste verront le jour. Le développement du mouvement de libération des femmes aujourd'hui fait progresser la lutte des classes, la renforce et améliore les perspectives du socialisme.

5. Les femmes ne pourront mener à bien leur libération qu'à travers la victoire de la révolution socialiste mondiale. Ce but ne pourra être atteint que par l'organisation et par des mobilisations de masse des femmes, partie prenante de la lutte des classes. C'est là que réside la dynamique révolutionnaire objective des luttes pour la libération des femmes et la raison fondamentale pour laquelle la IV° Internationale doit s'investir dans ces luttes et contribuer à offrir une direction révolutionnaire aux femmes qui se battent pour leur libération.

Libération des Femmes & Révolution Socialiste

Origine et nature de l'oppression des femmes

1. Contrairement à ce que beaucoup prétendent, l'oppression des femmes n'est pas déterminée par leur biologie. Ses fondements sont de nature économique et sociale. Tout au long de l'évolution de la société pré-classiste et de la société de classes, la fonction de reproduction des femmes a toujours été la même. Mais leur statut social n'a pas toujours été le statut dégradant d'une servante domestique soumise au contrôle et à l'autorité de l'homme.

2. Avant le développement de la société de classes, durant la période historique que les marxistes appellent traditionnellement le communisme primitif (société de subsistance), la production sociale était organisée de façon communautaire et ses produits équitablement répartis. C'est pourquoi il n'y avait alors ni oppression ni exploitation d'un groupe ou d'un sexe par un autre car les bases matérielles pour de telles relations sociales n'existaient pas. Les deux sexes participaient à la production sociale, contribuant à assurer la subsistance et la survie de tous. Le statut social des femmes aussi bien que des hommes était le reflet du rôle indispensable que les unes et les autres jouaient dans le processus de production.

3. L'origine de l'oppression des femmes est liée à la transition de la société pré-classiste à la société de classes. Le processus exact selon lequel cette transition complexe s'est opérée est un objet permanent de recherches et de débat, y compris parmi ceux qui souscrivent à une vue matérialiste de l'histoire. Quoi qu'il en soit, les traits fondamentaux de l'émergence de l'oppression des femmes sont clairs.

Cette transformation du statut des femmes s'est effectuée en même temps que la croissance de la productivité du travail basée sur l'agriculture, la domestication du bétail et la constitution de stocks, que l'apparition de divisions nouvelles dans le travail, l'artisanat et le commerce, que l'appropriation privée d'un surproduit social croissant et que le développement de la possibilité pour certains de prospérer grâce à l'exploitation du travail des autres.

Dans ces conditions socio-économiques spécifiques, en même temps que l'exploitation d'êtres humains devenait source de profits pour un petit nombre de privilégiés, les femmes, à cause de leur rôle biologique dans la reproduction, devinrent une propriété rentable. Comme les esclaves ou le bétail, elles étaient source de richesses. Elles seules pouvaient produire de nouveaux êtres humains dont le travail pourrait être exploité par la suite. C'est pourquoi l'appropriation des femmes par les hommes qui s'octroyaient ainsi tous les droits sur leur future progéniture, devint l'une des institutions économiques et sociales du nouvel ordre basé sur la propriété privée. Les femmes se virent de plus en plus attribuer le rôle social de servantes et de productrices d'enfants.

Parallèlement à l'accumulation privée de richesses, la famille patriarcale se développa comme institution grâce à laquelle la responsabilité des membres non productifs de la société, et particulièrement des jeunes, était transférée de la société dans son ensemble à un individu particulier ou à un petit groupe d'individus. Ce fut la première institution socioéconomique assurant la perpétuation d'une génération à l'autre de la division de la société en classes - division entre ceux qui possèdent des richesses et vivent du travail des autres et ceux qui, ne possédant rien, sont obligés de travailler pour d'autres afin de pouvoir vivre. La destruction des traditions égalitaires et communautaires du communisme primitif fut essentielle pour la naissance d'une classe exploiteuse et accéléra l'accumulation privée des richesses.

C'est là que réside l'origine de la famille patriarcale. En fait le mot famille lui-même, encore en usage dans les langues d'origine latine aujourd'hui, vient du mot latin «famulus» qui signifie l'esclave domestique, et du mot latin «familia» désignant l'ensemble des esclaves appartenant à un même homme.

Libération des Femmes & Révolution Socialiste

Les femmes cessèrent d'avoir un rôle indépendant dans la production sociale. Leur rôle productif était déterminé par la famille à laquelle elles appartenaient et par l'homme dont elles dépendaient. Cette dépendance économique détermina le statut social de second ordre des femmes sur lequel ont toujours reposé la cohésion et la stabilité de la famille patriarcale. Si les femmes avaient tout simplement pu prendre leurs enfants et s'en aller, sans que cela suppose aucun handicap économique ou social, la famille patriarcale n'aurait pas survécu durant des millénaires.

La famille patriarcale et la soumission des femmes en son sein apparurent en même temps que les autres institutions de la société de classes naissante pour affirmer la nouvelle division en classes et perpétuer l'accumulation privée des richesses. L'État, avec sa police et son armée ses lois et ses tribunaux, renforça ce type de rapports. L'idéologie de la classe dominante, y compris la religion, naquit sur cette base et joua un rôle vital pour justifier la dégradation à laquelle était soumis le sexe féminin.

4. La famille est l'institution fondamentale de la société de classes qui détermine le caractère spécifique de l'oppression des femmes en tant que sexe et la maintient.

A travers l'histoire de la société de classes l'institution familiale a prouvé sa valeur comme institution de la domination de classe. La forme de la famille a évolué et s'est adaptée aux besoins changeants des classes dominantes au fur et à mesure que les modes de production et les formes prises par la propriété privée évoluaient dans les diverses étapes du développement social. L'institution familiale dans le mode de production esclavagiste classique était différente de l'institution familiale sous le mode de production féodal (il n'y avait pas vraiment de famille chez les esclaves). Toutes deux différaient de ce que l'on appelle « la famille nucléaire » urbaine d'aujourd'hui.

De plus, l'institution familiale répond dans le même temps, à des exigences sociales et économiques différentes selon les classes qui ont des rôles différents dans la production, des droits de propriété différents, et dont les intérêts sont diamétralement opposés. Par exemple la «famille» du serf et la «famille» du noble étaient des formations socio-économiques fort différentes. Cependant elles faisaient partie l'une et l'autre de l'institution familiale, institution de la société de classes qui a joué un rôle indispensable à chaque étape de son évolution historique.

Dans la société de classes, la famille est le seul lieu vers lequel la plupart des gens puissent se tourner pour tenter de satisfaire un certain nombre de besoins humains fondamentaux tels que l'amour ou la vie commune. Aussi pauvrement que la famille puisse satisfaire ces besoins pour beaucoup d'entre eux, il n'y aura pas d'alternative tant qu'existera la propriété privée. La désintégration de la famille sous le capitalisme entraîne beaucoup de souffrance et de misère précisément parce qu'il ne peut y avoir aucune forme supérieure de relations humaines dans ce système.

Mais procurer affection et vie commune n'est pas ce qui définit la nature de l'institution familiale. C'est une institution économique et sociale dont tes fonctions peuvent être résumées comme suit

A) La famille est le mécanisme de base par lequel las classes dominantes se débarrassent de la responsabilité sociale de l'entretien économique de ceux dont allas exploitent la force de travail - la majorité du genre humain. La classe dominante tenta, dans la mesure du possible, de rendre chaque famille responsable d'elle-même, institutionnalisant ainsi la répartition inégale des revenus et des richesses.

B) L'institution familiale fournit le moyen de transmettre les richesses d'une génération à l'autre. C'est le mécanisme social fondamental pour la perpétuation de la division de la société en classas.

C) Pour la classe dominante, l'institution familiale représente le mécanisme da reproduction da la force da travail le moins cher et la

Libération des Femmes & Révolution Socialiste

plus acceptable idéologiquement : rendre la famille responsable de la prise an charge des jeunes, cela revient à réduire au maximum la part de richesses sociales - devenues propriété privée - consacrées à la reproduction des classes laborieuses. Bien plus, le fait que chaque famille, isolément, lutte pour assurer la survie des siens, empêche les plus exploités et les plus opprimés da s'unir dans une action commune.

D) L'institution familiale renforce la division sociale du travail au sein da laquelle les femmes sont fondamentalement définies par leur rôle da génitrices, et se voient assigner des tâchas en liaison directe avec cette fonction da reproduction : s'occuper des autres membres de la famille. Ainsi l'institution familiale repose sur, et renforce, une division sociale du travail où les femmes sont soumises au joug domestique et à la dépendance économique.

E) L'institution familiale est une institution répressive et conservatrice qui reproduit en son sein les rapports hiérarchiques et autoritaires nécessaires au maintien de la société de classes dans son ensemble. Elle entretien las attitudes possessives, compétitives et agressives nécessaires à la perpétuation de la division en classes.

Elle façonne le comportement et le caractère des enfants depuis leur plus jeune âge jusqu'à l'adolescence. Elle les modèle, les discipline, les embrigade, leur apprenant la soumission à l'autorité établie. Elle brise les rébellions et les impulsions anticonformistes. Elle réprime et dévie toute sexualité, la canalisant dans des comportements sexuels masculins ou féminins socialement acceptables, qui correspondent à ses objectifs en matière de reproduction ainsi qu'en ce qui concerne le rôle socio-économique des hommes et des femmes. Elle inculque toutes les valeurs sociales et les normes de comportement que les individus doivent assimiler pour survivre dans la société de classes et se soumettre à sa domination. Elle dévoie toutes les relations humaines en leur imposant le .cadre de la contrainte économique, de la dépendance individuelle et de la répression sexuelle.

Documents de la Quatrième Internationale

5. Sous le capitalisme, comme durant les autres périodes historiques, l'institution familiale a évolué. Mais elle demeure une institution indispensable de la société de classes, remplissant toutes les fonctions économiques et sociales esquissées plus haut.

Dans la bourgeoisie, la famille assure la transmission de la propriété privée d'une génération à l'autre. Les mariages procurent souvent des alliances profitables ou la fusion de capitaux importants, tout particulièrement dans les premiers stades de l'accumulation du capital.

Dans la petite bourgeoisie traditionnelle, chez les paysans, les artisans ou les petits commerçants, la famille est également une unité de production, basée sur le travail de ses membres.

Dans la classe ouvrière, bien qu'elle procure un minimum de protection mutuelle à sas membres, la famille est, au vrai sens du terme, une institution de classe étrangère à la classa ouvrière, une institution imposée au prolétariat qui sert les intérêts économiques de la bourgeoisie non ceux des travailleurs. Néanmoins, depuis leur enfance, les travailleurs sont conditionnés à la considérer (de même qua le salariat, la propriété privée ou l'État), comme la plus naturelle et la plus durable des relations humaines.

A) Avec l'avènement du capitalisme et la croissance de la classe ouvrière, l'unité familiale parmi les travailleurs cesse d'être une unité petite-bourgeoise de production, bien qu'elle demeure l'unité de base où sont assurés l'entretien et la reproduction de la force de travail.

Chaque membre de la famille vend individuellement sa force de travail sur le marché. Le lien économique fondamental qui maintenait auparavant la famille dans les couches dominées et exploitées - par exemple, le fait qu'il fallait travailler ensemble pour survivre - commence à se dissoudre. Les femmes étant entraînées sur le marché du travail, elles acquièrent un minimum d'indépendance économique pour la première fois depuis l'apparition de la société de classes. Ce qui tend à miner, chez

Libération des Femmes & Révolution Socialiste

elles, l'acceptation de leur soumission dans le cadre domestique. En conséquence, c'est l'institution familiale elle-même qui se voit mise en cause.

B) De fait il y a contradiction antre l'intégration croissante des femmes au marché du travail et la survivance da la famille. Lorsque les femmes acquièrent une plus grande indépendance sur le plan économique et plus d'égalité, l'institution familiale commence à se désintégrer. Mais la famille est un pilier indispensable de la société de classe. Son maintien est essentiel à la survivance du capitalisme.

C) Le nombre croissant de femmes sur le marché du travail crée de profondes contradictions pour la classe dominante tout particulièrement pendant les périodes d'expansion accélérée. Le patronat doit employer davantage de femmes pour profiter de leur surexploitation. Mais l'emploi des femmes lui ôte la possibilité de perpétuer le système selon lequel les femmes sont responsables de l'essentiel du travail domestique gratuit qui consiste à s'occuper des enfants. Ainsi l'État doit-il suppléer partiellement à la famille, en assurant certaines fonctions socio-économiques qui étaient les siennes auparavant comme l'éducation et la garde des enfants.

Mais ces services sociaux coûtent plus cher que le travail domestique des femmes qui, lui, est gratuit. Ils absorbent une partie de la plus-value qu'autrement les détenteurs du capital se seraient appropriée. Ils diminuent leurs profits. Bien plus, des services sociaux de cette sorte renforcent l'idée que c'est la société et non la famille qui devrait être responsable de ses membres improductifs. Ils font naître de nouvelles aspirations dans la classe ouvrière.

D) Le travail domestique effectué gratuitement par les femmes- cuisine, nettoyage, lessive, soins des, enfants - joue un rôle économique spécifique dans le système capitaliste. Ce travail domestique est un élément nécessaire de la reproduction de la force de travail vendue aux capitalistes *(qu'il s'agisse de la force de travail de la femme, de son mari, de ses enfants ou de n'importe quel membre de la famille).*

Toutes choses égales, si la femme n'effectuait pas de travail gratuit dans les familles prolétariennes, cela impliquerait une élévation du niveau général des salaires. Les salaires réels devraient être assez élevés pour permettre d'acheter les biens et les services qui, à l'heure actuelle, sont produits eu sein de la famille. (Bien sûr, le niveau de vie général nécessaire pour la reproduction de la force de travail est une donnée déterminée historiquement dans chaque pays et pour chaque période. Il ne peut être réduit brutalement en l'absence d'une défaite écrasante de la classe ouvrière). En conséquence, toute réduction générale du travail domestique effectué gratuitement par les femmes impliquerait une réduction de la masse globale des profits, modifiant l'équilibre entre profits et salaires en faveur du prolétariat.

Quelle que soit son utilité, le travail domestique effectué par une femme ne produit pas de biens d'échange pour le marché;

il ne produit donc ni valeur ni plus-value, pas plus qu'il ne s'insère directement dans le processus d'exploitation capitaliste. En termes de valeur, le travail domestique effectué gratuitement au sein de la famille affecte le taux de ta plus-value. Il augmente indirectement la masse totale de la plus-value sociale. Et ceci est vrai, que ce travail soit effectué par les femmes ou qu'il soit partagé par les hommes.

C'est la classe capitaliste (non les hommes en général, et certainement pas les salariés masculins), qui profite du travail gratuit effectué par les femmes au sein du foyer. Cette «exploitation» de la famille prolétarienne, dont le poids repose avant tout sur les femmes, ne peut être éliminée qu'avec le renversement du capitalisme et avec la socialisation des tâches domestiques dans le cadre du processus de la construction de la société socialiste.

E) Le rôle indispensable de la famille et le dilemme que crée pour les capitalistes l'augmentation de l'emploi des femmes

Libération des Femmes & Révolution Socialiste

deviennent des plus clairs en période de crise économique. La classe dominante a alors deux objectifs essentiels.

• Elle doit chasser du marché du travail un nombre important de femmes pour recréer une réserve de main d'œuvre et imposer un abaissement du niveau salarial.

• Elle doit diminuer les coûts croissants des services sociaux fournis par l'État et retransférer le poids économique et la responsabilité de ces services sur chaque famille ouvrière prise individuellement.

Pour réaliser à la fois ces deux objectifs les capitalistes doivent lancer une offensive idéologique contre l'idée de l'égalité et de l'indépendance des femmes et renforcer la responsabilité de la famille individuelle à l'égard de ses propres enfants, de ses vieillards et de ses malades. Ils doivent renforcer l'image de la famille comme seule forme « naturelle » des relations humaines et convaincre les femmes qui avaient commencé à se rebeller contre leur statut subalterne que le vrai bonheur ne peut leur venir qu'en remplissant leur rôle « naturel » essentiel d'épouse-mère-ménagère. A leur grand dépit, les capitalistes commencent à découvrir que malgré leurs cris à propos de ta crise et de l'austérité qui s'impose, plus les femmes sont intégrées au monde du travail et plus il est difficile de les renvoyer eu foyer en nombre suffisant.

F) Lors des premiers stades de l'industrialisation capitaliste, l'exploitation, non réglementée, débris et brutale des femmes et des enfants va souvent jus qu'à ébranler sérieusement la structure familiale dans la classe ouvrière et menace son utilité en tant que système permettant d'organiser, de contrôler et de reproduire la force de travail. C'était sur cette tendance que Marx et Engels avaient attiré l'attention dans la Grande-Bretagne du 190 siècle, lis prédisaient la disparition rapide de la famille dans la classe ouvrière. Ils avaient raison quant aux fondements de leur analyse et de leur compréhension du rôle de la famille en système capitaliste, mais ils ont sous-estimé la capacité latente du capitalisme

Documents de la Quatrième Internationale

à ralentir le rythme de développement de ses contradictions internes. Ils ont sous-estimé la capacité de la classe dominante à intervenir pour réglementer l'emploi des femmes et des enfants et renforcer la famille afin de préserver le, système capitaliste lui-même. Sous la forte pression exercée par le mouvement ouvrier pour atténuer l'exploitation brutale des femmes et des enfants, l'Etat est intervenu en fonction des intérêts à long terme de la classe dominante, allant même à l'encontre de l'objectif de cheque capitaliste pris individuellement : à savoir, pomper, 16 heures par jour, chaque goutte de sang de chaque travailleur, et les laisser mourir à 30 ans.

G) Les politiciens capitalistes, responsables de l'élaboration de politiques destinées à protéger et à défendre les intérêts de la classe dominante,- sont très conscients du caractère indispensable du rôle économique, social et politique de la famille et de la nécessité de la conserver comme structure sociale de base du capitalisme. « La défense de la famille », ce n'est pas seulement un slogan démagogique de l'extrême-droite. Le maintien de l'institution familiale est l'orientation politique fondamentale de tout Etat capitaliste, dictée par les nécessités sociales et économiques du capitalisme lui-même.

6. Sous le capitalisme, l'institution familiale fournit aussi le mécanisme nécessaire à la surexploitation des femmes en tant que travailleuses.

A) Il procure au capitalisme une réserve de main d'œuvre exceptionnellement souple, qui peut être lancée sur le marché du travail ou renvoyée eu foyer avec beaucoup moins de conséquences sociales que n'importe quelle autre composante de l'armée de réserve.

Parce que toute la superstructure idéologique renforce la fiction selon laquelle la place des femmes est à la maison, un haut niveau de chômage parmi tes femmes a relativement moins de conséquences sur le plan des mobilisations sociales. Après tout,

Libération des Femmes & Révolution Socialiste

dit-on, les femmes ne travaillent que pour apporter un appoint aux revenus déjà existants d'une famille (quand elles n'ont pas d'emploi, elles sont tout de même occupées par les tâches domestiques et ne sont donc pas "sans travail» de manière aussi évidente). Souvent, leur colère et leur ressentiment ne peuvent se traduire par une menace sociale réelle vu leur isolement et leur atomisation de femmes au foyer, séparées les unes des autres. C'est pourquoi, dans lés périodes de crise économique, les mesures d'austérité prises par la classe dominante impliquent toujours des attaques contre le droit des femmes au travail, se traduisent par des pressions accrues pour que les femmes acceptent des emplois à temps partiel, des allocations pour «ménagères» et la réduction des services sociaux tels que les crèches.

B) Parce que la place «naturelle» des femmes est supposée être au foyer, le capitalisme dispose d'explications rationnelles très largement admises pour perpétuer :

1. l'emploi des femmes dans des travaux peu payés et non qualifiés. « Cela ne vaut pas la peine de les former puisqu'ensuite elles tombent enceintes, se marient et s'en vont. » ;

2. l'inégalité et le bas niveau des salaires. « Elles ne travaillent de toute façon que pour s'acheter des gadgets et des fanfreluches. »

3. De profondes divisions au sein de la classe ouvrière elle-même : « Elle prend le travail d'un homme»;

4. le fait qu'en proportion, peu de femmes travailleuses font partie des syndicats ou des autres organisations ouvrières. « Elle ne devrait pas courir partout à des réunions, Sa place est à la maison pour s'occuper des gosses». ;

C) Puisque tout le système salarial est structuré à partir des salaires les moins élevés, cette surexploitation des femmes, comme main-d'œuvre de réserve, joue un rôle irremplaçable pour maintenir le bas niveau des salaires des hommes ;

D) La soumission des femmes au sein de l'institution familiale fournit les bases économiques, sociales et idéologiques qui rendent possible leur surexploitation. Les travailleuses sont exploitées non seulement en tant que force de travail salariée, mais aussi en tant que parias de la main-d'œuvre en raison de leur sexe.

7. Parce que l'oppression des femmes est historiquement liée à la division de la société en classes et au rôle de la famille comme unité de base de la société de classes, cette oppression ne pourra être supprimée qu'avec l'abolition de la propriété privée des moyens de production. Aujourd'hui, c'est le caractère de classe de ces rapports de production - et non les capacités productives de l'humanité - qui constitue l'obstacle à ce que les fonctions économiques et sociales attribuées à la famille sous le capitalisme ne soient transférées à la société dans son ensemble.

8. L'analyse matérialiste des origines historiques et des racines économiques de l'oppression des femmes est essentielle pour avancer un programme et des perspectives capables d'imposer la libération des femmes. Rejeter cette explication scientifique conduit inévitablement à l'une des deux erreurs suivantes:

A) L'une de ces erreurs, faite par beaucoup de ceux qui affirment suivre la méthode marxiste, consiste à refuser, ou tout au moins à minimiser l'existence de l'oppression des femmes en tant que sexe tout au long de l'histoire de la société de classes. Ils considèrent que l'oppression des femmes n'est qu'un aspect pur et simple de l'exploitation de la classe ouvrière. De ce point de vue ils n'accordent de poids et d'importance qu'aux luttes que les femmes mènent en tant que travailleuses sur leur lieu de travail. Ils pensent que les femmes seront libérées, au passage, par la révolution socialiste et qu'ainsi elles n'ont aucun besoin de s'organiser en tant que femmes luttant pour leurs propres revendications. En niant la nécessité pour les femmes de s'organiser pour lutter contre leur oppression, ils ne font que renforcer les divisions au sein de la classe ouvrière et retardent le développement de la conscience de classe parmi les femmes qui commencent à se révolter contre leur statut d'infériorité.

B) Une erreur symétrique est commise par celles et ceux qui estiment que la domination des hommes sur les femmes existait avant l'émergence de la société de classes et qu'elle se concrétisait à travers la division sexuelle du travail. Ainsi l'oppression patriarcale devrait-elle être expliquée autrement que par le développement de la propriété privée et de la société de classes. Le patriarcat est conçu comme un système de relations oppressives parallèle aux rapports de classes, mais indépendant d'eux.

Les courants qui ont développé ce point de vue de façon systématique isolent en général la question du rôle des femmes dans la reproduction et concentrent leur analyse sur ce seul point. Ils ignorent largement la primauté du travail coopératif, essence de la société humaine, et accordent peu d'importance à la place des femmes dans le processus de production à chaque étape historique. Certains vont même jusqu'à théoriser l'existence d'un mode patriarcal de reproduction, atemporel, basé sur le contrôle des hommes sur les moyens de reproduction (les femmes). Ils mettent souvent en avant des explications psychanalytiques, qui tombent dans un idéalisme a-historique, situant dans la biologie ou la psychologie les racines de l'oppression, et tournant ainsi le dos à toute conception marxiste des rapports sociaux.

Ce courant, parfois organisé sous le nom de « féministes radicales », regroupe à la fois des antimarxistes déclarées et d'autres femmes considérant qu'elles proposent une « redéfinition féministe du marxisme ». Mais l'idée que l'oppression des femmes est parallèle au développement de la société de classes, et non qu'elle s'enracine dans l'émergence de celui-ci, conduit les plus cohérentes à affirmer la nécessité d'un parti politique de femmes basé sur un programme «féministe» qui se veut indépendant de la lutte des classes.

Elles sont hostiles et rejettent la nécessité pour les hommes et les femmes de s'organiser ensemble sur la base d'un programme révolutionnaire de la classe ouvrière pour mettre fin tout à la fois à l'exploitation de classe et à l'oppression sexuelle. Elles ne voient pas la nécessité de s'allier dans la lutte avec les autres couches opprimées et exploitées.

Chacune de ces approches unilatérales nie la dynamique révolutionnaire de la lutte pour la libération des femmes, partie prenante de la lutte des classes. Aucune des deux ne réussit à comprendre que la lutte de libération des femmes, pour triompher, devra dépasser les limites des rapports de propriété capitalistes. Chacune rejette ce que cela implique pour la classe ouvrière et pour sa direction marxiste-révolutionnaire.

Les racines de la nouvelle radicalisation des femmes

1. L'actuel mouvement de libération des femmes est l'héritier des premières luttes de femmes à la fin du siècle dernier.

Avec la consolidation de l'industrie capitaliste, au cours du 19° siècle, les femmes ont été intégrées au marché du travail en nombre croissant. L'écart entre le statut social et légal des femmes, hérité du féodalisme, et leur nouveau statut économique de travailleuses salariées vendant leur force de travail sur le marché, a produit des contradictions criantes. Pour les femmes de la classe dominante aussi, le capitalisme a ouvert la porte de l'indépendance économique. De ces contradictions est née la première vague de lutte de femmes pour l'égalité totale des droits avec les hommes.

Différents courants politiques prenaient part à cette lutte pour les droits des femmes. Beaucoup des dirigeantes suffragettes croyaient remporter le droit de vote en montrant à la classe dominante qu'elles apportaient un soutien loyal au système capitaliste. Certaines liaient la lutte des suffragettes au soutien à la Première Guerre mondiale impérialiste et s'opposaient souvent au droit de vote pour les non-possédants, hommes et femmes, immigrés et noirs.

Mais il existait aussi dans un certain nombre de pays un fort courant de femmes socialistes pour qui le combat pour les droits

Libération des Femmes & Révolution Socialiste

des femmes était partie prenante de la lutte de la classe ouvrière et qui mobilisèrent les hommes et les femmes de la classe ouvrière sur cette base. Elles se battaient pour le droit de vote et jouèrent un rôle décisif dans cette lutte dans des pays comme les USA. Elles se battaient également pour d'autres revendications comme l'égalité de salaire et la contraception. Même certains pays semi-coloniaux tels que le Chili, l'Argentine et le Mexique ont vu l'émergence de groupes féministes durant la même période.

Grâce à cette lutte, les femmes des pays capitalistes les plus avancés remportèrent, à des degrés divers, plusieurs droits démocratiques importants : le droit à l'enseignement supérieur, le droit de faire du commerce et d'exercer des professions libérales, le droit de percevoir leur propre salaire et d'en disposer *(qui était considéré jusque-là comme le droit du mari ou du père)*, le droit d'être propriétaires, le droit au divorce, le droit de participer à des organisations politiques. Dans plusieurs pays, cette première révolte culmina dans des luttes de masse pour le droit de vote.

2. Le vote des femmes, conquis juste après ou parfois en même temps que le suffrage universel pour les hommes, fut un acquis objectif important pour la classe ouvrière. Il reflétait, et contribuait en retour à faire progresser les transformations qui s'opéraient dans le statut social des femmes. Pour la première fois dans la société de classes, les femmes étaient considérées comme des citoyennes légalement aptes à participer aux affaires publiques, avec le droit de s'exprimer sur les problèmes politiques majeurs, et non plus seulement sur des questions d'ordre privé et domestique.

Même si la raison fondamentale du statut subalterne des femmes réside dans les racines mêmes de la société de classes et dans le rôle particulier des femmes au sein de la famille, et non dans le fait que formellement la loi leur refuse l'égalité, l'extension des droits démocratiques aux femmes leur donna des marges d'action plus importantes, et elle aida les générations suivantes à comprendre que la source de l'oppression des femmes était plus profonde.

Documents de la Quatrième Internationale

3. Les racines de la nouvelle radicalisation des femmes sont à rechercher dans les bouleversements économiques et sociaux de d'après-Seconde Guerre mondiale qui ont engendré de profondes contradictions dans l'économie capitaliste, dans le statut des femmes et dans la famille patriarcale. A des degrés divers, les mêmes facteurs ont joué dans tous les pays liés au marché capitaliste mondial. Mais il n'est pas surprenant que la résurgence du mouvement actuel des femmes ait d'abord eu lieu dans les pays capitalistes les plus avancés - tels les États-Unis, le Canada et la Grande-Bretagne - où ces transformations et contradictions étaient les plus profondes.

A) Les progrès de la médecine et de la technologie dans le domaine de la contraception et de l'avortement ont créé les moyens grâce auxquels les femmes peuvent avoir un contrôle plus grand sur leurs fonctions reproductrices. Le contrôle des femmes sur leur propre corps est une précondition à la libération des femmes.

Alors que de tels moyens médicaux deviennent plus facilement accessibles, les lois réactionnaires, renforcées par les coutumes bourgeoises, la bigoterie et toute la superstructure idéologique de la société de classes font souvent obstacle au contrôle par les femmes de leur reproduction. Des barrières financières, légales, psychologiques et « morales » sont forgées pour tenter d'empêcher les femmes de décider si et quand elles veulent avoir des enfants. En outre, la recherche de profits inhérente au système capitaliste, de même que le mépris sexiste en ce qui concerne la vie des femmes impliquent, pour celles qui usent de moyens contraceptifs, de prendre continuellement des risques sur le plan de leur santé.

Cette contradiction entre ce qui est possible et ce qui existe réellement, concerne toutes les femmes. Elle a été à l'origine des luttes massives pour le droit à l'avortement, qui ont été au centre du mouvement des femmes à l'échelle internationale.

B) Le "boom" économique prolongé de l'expansion d'après-guerre a provoqué un accroissement très important du pourcentage de femmes sur le marché du travail. Pour prendre l'exemple des États-Unis, 33,9 % de l'ensemble des femmes âgées de 18 à 64 ans faisaient partie de la main-d'œuvre en 1950. En 1975 ce pourcentage atteignait 54 %. Entre 1960 et 1975, près des 2/3 des emplois nouvellement créés furent occupés par des femmes. Les femmes travailleuses représentaient 29,1 % de la population active en 1950, 43 % en 1978.

Fait également important, le pourcentage de femmes travailleuses avec des enfants a augmenté massivement ainsi que le pourcentage de femmes travailleuses chefs de famille.

En Espagne trois fois plus de femmes qu'en 1930 travaillent aujourd'hui. En Angleterre de 1881 à 1951, la proportion de femmes qui travaillaient était restée assez stable, aux environs de 25-27 %. En 1965, 34 % des femmes de 16 à 64 ans travaillaient à plein temps, 17,9 % à temps partiel, et en tout 54,3 % entraient dans la catégorie des «économiquement actives». Près de 2/3 des femmes travailleuses étaient mariées.

Seuls les pays qui avaient encore un fort pourcentage de population agricole après la Seconde Guerre mondiale ont connu une baisse de l'emploi féminin durant cette période. Ceci est dû au fait qu'avec l'exode rural, beaucoup de femmes n'ont pas retrouvé de place dans la « population active». En Italie, par exemple, où ce facteur s'est combiné à un développement massif du chômage dans les petites entreprises du secteur « typiquement féminin », le pourcentage de femmes au travail a décliné.

Dans des régions très retardées comme l'Italie du sud ou le nord du Portugal, ce recul s'est combiné avec la résurgence du travail à domicile à une échelle significative. Les femmes sont poussées à faire à domicile un travail à la pièce sur leurs machines à coudre, évitant ainsi aux patrons les frais d'entretien d'une usine, le paiement des cotisations sociales, les grèves et autres «problèmes» liés à l'existence d'une force de travail organisée.

Tandis que se produisait un afflux des femmes sur le marché

Documents de la Quatrième Internationale

du travail, le degré de discrimination vis-à-vis des femmes sur le plan salarial ne s'est pas modifié. Dans de nombreux pays, la différence entre salaires masculins et féminins est en fait en train d'augmenter.

La première raison, c'est que l'accroissement de l'emploi ne s'est pas effectué dans toutes les catégories d'emploi. Dans presque tous les pays, les femmes représentent 70 ou 90 % des salariés dans l'industrie textile, celle des chaussures, du prêt-à-porter, du tabac et autres industries légères où les salaires sont les plus bas.

Les femmes forment également plus de 70 % des salariés des services, où la grande majorité d'entre elles occupent les postes les moins rémunérés secrétaires, employées de bureau, infirmières, institutrices, perforeuses, etc.

La discrimination dans les secteurs de l'emploi, -exacerbée par le fait que, pour le même travail, le salaire des femmes est souvent moindre - est la raison fondamentale pour laquelle, même dans les pays où le mouvement ouvrier a le plus lutté sur cette question, le salaire moyen des femmes dépasse rarement 75 % du salaire moyen des hommes. Cela explique aussi pourquoi cette différence peut même augmenter avec l'entrée massive des femmes dans les secteurs de l'économie où les salaires sont les plus bas. C'est le cas aux USA, où le revenu moyen des femmes travaillant toute l'année à plein temps, représentait 64 % de celui des hommes en 1955, mais où il est tombé à 59 % en 1977.

En dépit de leur place grandissante dans la population active, les femmes sont encore obligées d'assumer la majorité, si ce n'est la totalité des tâches domestiques en plus de leur travail salarié. En conséquence, elles cessent souvent de travailler temporairement quand elles ont des enfants, en particulier quand elles sont contraintes à faire de nombreuses heures de travail supplémentaire, et elles ont du mal à retrouver du travail plus tard. Si elles continuent à travailler, elles sont obligées de rester à la maison quand un enfant est malade.

Cette situation a conduit à un accroissement du travail à temps

Libération des Femmes & Révolution Socialiste

partiel des femmes - soit parce qu'elles ne peuvent trouver un emploi à plein temps, soit parce qu'elles ne peuvent autrement faire face à leurs tâches domestiques. Mais le travail à temps partiel correspond toujours aux salaires les plus bas, à une sécurité d'emploi moindre, à des avantages sociaux inférieurs, et implique plus de difficulté à se syndiquer.

Le pourcentage croissant des femmes dans la main-d'œuvre a eu un impact important sur l'attitude de leurs compagnons de travail. C'est vrai tout particulièrement là où les femmes ont commencé à se battre pour obtenir des emplois dans les secteurs industriels de base dont les femmes étaient exclues jusqu'ici.

Mais les femmes travailleuses continuent à se heurter à de nombreuses formes de discriminations et d'agressions sexistes, provoquées, organisées et maintenues par les patrons. Souvent, leurs Compagnons de travail n'en ont pas conscience et ils font parfois preuve du même type d'attitude réactionnaire. Et la bureaucratie syndicale s'oppose à ce que le pouvoir des syndicats serve de levier pour surmonter les obstacles spécifiques auxquels les femmes sont confrontées, tels que le refus de leur accorder des congés payés en cas de maternité, les conditions de travail qui sont doublement dangereuses pour les femmes enceintes, ou les agressions des petits chefs et des contremaîtres qui usent de la place qu'ils occupent pour tenter de contraindre les femmes à avoir des relations sexuelles avec eux.

C) L'élévation du niveau moyen d'études des femmes a contribué à augmenter ces contradictions. Avec l'accroissement de la productivité du travail et l'élévation du niveau culturel général de la classe ouvrière, plus nombreuses sont les femmes qui finissent leur éducation secondaire. Les femmes sont admises dans les instituts d'enseignement supérieur à une échelle beaucoup plus large qu'auparavant.

Mais, comme le révèlent les statistiques, le pourcentage de

femmes occupant un emploi en rapport avec leur niveau d'études est resté très bas. Dans tous les secteurs du marché du travail, de l'industrie aux professions libérales, les femmes qui ont des qualifications professionnelles plus élevées sont dépassées par des hommes qui ont fait moins d'études. Bien plus, durant toutes les études primaires et secondaires, on continue à pousser les filles - grâce aux filières d'études obligatoires, ou à partir de pressions plus indirectes - dans les emplois considérés comme correspondant au rôle des femmes.

Comme les femmes font davantage d'études, et que les luttes sociales augmentent leurs aspirations individuelles, le fardeau des tâches domestiques - étouffant et mortel pour l'esprit - ainsi que les contraintes de la vie familiale, leur deviennent de plus en plus insupportables. Ainsi le niveau d'études plus élevé des femmes, combiné à l'intensification de la lutte des classes, a approfondi la contradiction entre les capacités dont les femmes ont fait la preuve, leurs aspirations plus larges, et leur statut actuel sur le plan économique et social.

D) Les fonctions de la famille dans la société capitaliste avancée n'ont cessé de se restreindre, correspondant de moins en moins à une unité de petite production - soit agricole soit domestique (conserves, tissage, fabrication des vêtements, du pain, etc.). La famille nucléaire urbaine d'aujourd'hui a peu de choses à voir avec la famille paysanne productrice des siècles précédents. En même temps, dans leur recherche du profit, les industries capitalistes des biens de consommation et la publicité visent à augmenter l'atomisation et la répétition du travail domestique pour vendre à chaque famille sa propre machine à laver ou à sécher le linge, son lave-vaisselle, son aspirateur, etc.

Avec l'élévation du niveau de vie, le nombre moyen d'enfants par famille diminue énormément. La nourriture préparée industriellement, ainsi que d'autres services, deviennent de plus en plus accessibles. Pourtant, en dépit des progrès de la technologie,

Libération des Femmes & Révolution Socialiste

des études faites dans plusieurs pays capitalistes avancés montrent que les femmes qui ont plus d'un enfant et un emploi à plein temps doivent travailler de 80 à 100 heures par semaine - davantage qu'en 1926 et 1952 où des études semblables avaient été faites. Les appareils facilitent certains travaux ménagers mais la diminution de la taille moyenne de la famille fait que les femmes peuvent moins souvent qu'auparavant demander de l'aide aux grands-parents, tantes ou sœurs.

Avec tous ces changements, les fondements objectifs du confinement des femmes à la maison sont de moins en moins contraignants. Cependant, les intérêts de la classe dominante exigent le maintien de l'institution familiale. L'idéologie bourgeoise et le conditionnement social continuent à renforcer la fiction réactionnaire selon laquelle l'identité d'une femme et sa pleine réalisation doivent lui venir de son rôle d'épouse, de mère et de ménagère. La contradiction entre la réalité et le mythe devient de plus en plus évidente et de plus en plus intolérable pour un nombre croissant de femmes.

A propos de cet état de fait, on parle souvent de « crise de la famille », crise qui s'exprime au travers de l'augmentation énorme du taux de divorces, du nombre d'enfants qui fuguent, de la violence domestique.

4. L'extension des droits démocratiques et des services sociaux n'a pas « satisfait » les femmes et ne les a pas non plus poussées à accepter passivement leur statut social inférieur et leur dépendance économique. Au contraire, cela a stimulé de nouvelles luttes et des revendications plus élevées.

Ce furent en général les femmes jeunes, qui avaient reçu un enseignement secondaire, des femmes qui jouissaient d'une relative liberté de choix et qui avaient été les plus touchées par la radicalisation de la jeunesse dans les années 1960 qui, les premières, permirent l'expression organisée des « griefs » des femmes.

Cela a conduit certains, qui se disent marxistes, à conclure que

Documents de la Quatrième Internationale

le mouvement de libération des femmes est fondamentalement un mouvement de protestation des couches moyennes ou de la bourgeoisie, et qu'il n'a aucun intérêt pour les révolutionnaires ou pour la masse des femmes de la classe ouvrière. Ils ne pouvaient pas se tromper davantage.

Le tout premier développement du mouvement de libération des femmes a surtout servi à souligner la profondeur et l'étendue de l'oppression des femmes. Même des femmes, qui avaient de nombreux privilèges en matière d'éducation ou en d'autres domaines, sont entrées et continuent à entrer en action. Les plus opprimées et les plus exploitées ne sont pas nécessairement les premières à exprimer leur mécontentement.

5. La tendance des pays capitalistes les plus avancés à restreindre les dépenses sociales a contribué à la croissance du mouvement de libération des femmes ces dernières années, entraînant une participation toujours plus grande en son sein de femmes de la classe ouvrière. Après la Seconde Guerre mondiale, dans un contexte où la classe ouvrière exigeait la prise en charge croissante par l'État des services sociaux, la bourgeoisie, surtout en Europe, fut obligée d'étendre les facilités de logement, les services de santé, et les allocations familiales. Plus tard, comme le boom des années 1950-60 augmentait les besoins en main-d'œuvre féminine, les systèmes de garde d'enfants, les garderies, etc., furent développés pour pousser les femmes à prendre un emploi.

Aujourd'hui, face aux difficultés économiques croissantes, la bourgeoisie effectue des coupes claires dans les dépenses sociales, et tente en retour d'obliger la famille à en supporter le fardeau, avec toutes les conséquences que cela a pour les femmes. Mais la résistance des femmes à se voir arracher les places qu'elles ont récemment acquises sur le plan du travail et l'opposition dont elles font preuve face à la suppression des services sociaux, tels que les fermetures de crèches, crée d'épineux problèmes de façon inattendue pour les classes dirigeantes dans de nombreux pays.

Libération des Femmes & Révolution Socialiste

Ayant acquis une conscience féministe grandissante, les femmes sont plus combatives et acceptent moins que jamais d'avoir à supporter la part la plus importante des conséquences de l'actuelle crise économique.

6. Bien que la radicalisation des femmes ait sa propre dynamique indépendante, déterminée par le caractère spécifique de l'oppression des femmes et les transformations objectives décrites plus haut, elle n'est pas isolée de la montée plus générale de la lutte des classes. Certes, elle n'est pas directement dépendante d'autres forces sociales, subordonnées à leur direction, ou soumise à leur initiative. Mais en même temps, le mouvement des femmes a été, et demeure, profondément lié à la montée des autres luttes sociales qui, tout comme lui, ont influencé la conscience de l'ensemble de la classe ouvrière.

A) Dès le départ, la nouvelle montée des luttes de femmes fut fortement marquée par la radicalisation internationale de la jeunesse, par la crise des valeurs bourgeoises et des institutions qui l'ont accompagnée. En effet, les jeunes - hommes et femmes - se mirent à contester la religion; à refuser le patriotisme ; à mettre en question toute forme d'autorité hiérarchique, que ce soit au sein de la famille, à l'école, à l'usine ou à l'armée, à rejeter le caractère inéluctable d'une vie entièrement consacrée à un travail aliéné. Les jeunes qui se radicalisaient se mirent à exprimer leur refus de la répression sexuelle, à mettre en cause la morale traditionnelle qui tire un trait d'égalité entre sexualité et reproduction. Pour les femmes, cela entraîna la contestation de l'éducation traditionnelle voulant qu'elles soient passives sur le plan sexuel, sentimentales, craintives et timides. De manière massive, les jeunes, y compris les femmes, devinrent plus conscients de leur misère sexuelle, recherchant des formes plus épanouissantes de relations affectives et personnelles.

B) L'un des facteurs qui a contribué à la radicalisation internationale de la jeunesse, c'est le rôle qu'ont joué les luttes de libération des nations et des minorités opprimées, aussi bien dans le monde colonial que dans les pays capitalistes avancés. De plus, ces dernières ont eu un impact décisif dans la prise de conscience concernant l'oppression des femmes en général. La lutte des Noirs aux États-Unis, par exemple, a joué un rôle crucial pour la compréhension massive et dans le rejet des schémas racistes. Les similitudes évidentes entre les attitudes racistes et les schémas sexistes représentant la femme comme inférieure, émotive, dépendante, comme une créature muette mais heureuse, ont suscité une sensibilité croissante et un refus toujours plus grand de telles caricatures.

Alors que le mouvement féministe se développait dans les pays capitalistes avancés, les femmes des nationalités opprimées ont commencé à jouer un rôle toujours plus important. En tant que minorités opprimées, en tant que femmes, et fréquemment en tant que travailleuses surexploitées, ces femmes subissent une double et souvent une triple oppression. Leur place objective dans la société implique qu'elles soient en position de jouer un rôle important sur le plan stratégique, au sein de la classe ouvrière comme parmi ses alliés.

Mais il y a généralement eu un retard dans le rythme selon lequel les femmes des minorités opprimées ont pris conscience de l'oppression spécifique qui les touche en tant que femmes. Il y a plusieurs raisons à cela. Pour beaucoup d'entre elles, dans un premier temps, le poids de l'oppression nationale qui les accable masque leur oppression en tant que femmes. De nombreux mouvements nationalistes ont refusé de prendre en charge les revendications des femmes, considérant qu'elles représentaient un facteur de division de la lutte de libération nationale.

Le mouvement des femmes, pour sa part, a souvent failli dans ses tâches, s'avérant incapable de répondre aux besoins des couches de femmes les plus opprimées et les plus exploitées, ou de comprendre les difficultés spécifiques auxquelles ces dernières étaient confrontées. De plus, le poids de la famille est souvent particulièrement fort parmi les femmes des minorités opprimées, dans la mesure où celle-ci apparaît comme un certain havre face aux pressions dévastatrices du racisme et à la négation des valeurs culturelles.

Quoi qu'il en soit, une fois que la radicalisation est amorcée, l'expérience a déjà montré qu'elle prenait un caractère explosif, portant les femmes des minorités opprimées à la tête de nombreuses luttes sociales et politiques, y compris des luttes sur le lieu de travail, dans les syndicats, dans les campus ou dans les quartiers, les portant aussi à la tête des luttes du mouvement féministe. Ces femmes en viennent rapidement à comprendre que la lutte contre leur oppression en tant que femmes n'affaiblit pas mais renforce, au contraire, la lutte contre l'oppression nationale.

C) La crise des religions traditionnelles, et en particulier de l'Église catholique, a contribué à la naissance du mouvement des femmes. L'affaiblissement du poids de l'Église (qui s'accompagne d'un développement de l'occultisme et du mysticisme) est une manifestation évidente de la crise idéologique de la société bourgeoise. Toute religion organisée, qui fait partie des superstructures de la société de classes, prêche et renforce l'idée que les femmes sont des êtres inférieurs quand elles ne sont pas présentées comme l'incarnation du mal et de l'animalité. Le christianisme et le judaïsme, qui ont marqué la culture des pays capitalistes avancés, ont toujours affirmé l'inégalité des femmes, et leur ont toujours refusé le droit à une vie sexuelle indépendante de la reproduction.

Dans les pays où l'Église catholique a une influence particulièrement forte, ce sont souvent les femmes radicalisées qui sont à la pointe du combat contre le pouvoir et contre l'influence idéologique de l'Église, comme le montrent les manifestations de dizaines de milliers de femmes pour l'avortement en Italie, ou les manifestations contre les lois sur l'adultère en 1976 en Espagne.

Documents de la Quatrième Internationale

En Israël également, la lutte pour le droit à l'avortement a ébranlé la stabilité du gouvernement Begin jusque dans ses fondements en 1979.

Dans beaucoup de nations opprimées, comme le Québec, l'Irlande, l'Euzkadi (pays basque) et chez les Chicanos, l'idéologie répressive de l'Église catholique s'est combinée de manière particulièrement oppressive avec le mythe de « la femme-mère i, comme centre de la famille, seul pôle de stabilité sociale, affective et politique, seul refuge contre les ravages de l'oppression nationale. Au Québec, depuis des années, cet amalgame s'est exprimé à travers l'idée de « la revanche des berceaux.» suggérant que les femmes doivent sauver la nation de l'assimilation en ayant beaucoup d'enfants.

D) Le mouvement des féministes lesbiennes est apparu comme un aspect à la fois lié mais aussi distinct de la radicalisation des femmes.

Les lesbiennes se sont organisées en tant que courant du mouvement pour les droits des homosexuels, éprouvant en général le besoin de lutter au sein du mouvement homosexuel afin de faire valoir leurs revendications en tant que femmes homosexuelles. Beaucoup d'entre elles se sont radicalisées en tant que femmes d'abord, et elles ont découvert que les discriminations dont elles étaient victimes en raison de leur orientation sexuelle n'étaient qu'un aspect des obstacles économiques et sociaux auxquels elles sont confrontées quand elles cherchent à décider du cours de leur vie. C'est pourquoi beaucoup de lesbiennes se sont trouvées à la tête du mouvement des femmes dès son origine. Elles ont fait partie de tous les courants politiques du mouvement de libération des femmes, depuis les courants de lesbiennes séparatistes jusqu'aux marxistes-révolutionnaires, et elles ont contribué à ce que le mouvement dans son ensemble devienne plus conscient des aspects spécifiques de l'oppression des lesbiennes.

Libération des Femmes & Révolution Socialiste

Parce que les lesbiennes insistent sur le droit des femmes à vivre indépendamment des hommes, elles sont souvent la cible privilégiée des attaques de la réaction : de la propagande haineuse aux violences physiques, les attaques contre les lesbiennes et leur mouvement sont de fait dirigées contre l'ensemble du mouvement des femmes. Les tentatives faites pour diviser le mouvement des femmes par le rejet des lesbiennes doivent être refusées clairement et sans compromis pour que la lutte de libération des femmes puisse progresser.

E) Dans de nombreux pays capitalistes avancés, les femmes immigrées ont également joué un rôle spécifique. Non seulement elles sont surexploitées en tant que main-d'œuvre salariée, mais elles sont victimes de lois discriminatoires particulières. En tant que femmes, elles n'ont souvent pas le droit de suivre leur mari dans un pays donné à moins qu'elles n'aient pu s'assurer de trouver un emploi avant d'émigrer. Et lorsqu'elles trouvent du travail, elles sont souvent obligées de suivre leur mari ailleurs. Les mesures gouvernementales adoptées récemment dans plusieurs pays capitalistes avancés pour réduire le nombre des travailleurs immigrés ont rendu ces lois encore plus discriminatoires.

Dans un pays comme la Suisse où les travailleurs immigrés représentent près de 30 % de la force de travail industrielle, ainsi que dans d'autres pays européens où les femmes immigrées représentent la majorité de ta force de travail dans certains secteurs (comme les hôpitaux), les travailleuses immigrées ont joué un rôle décisif dans la prise de conscience politique du mouvement des femmes. Elles ont contribué à impulser des luttes dans les secteurs industriels employant une majorité de femmes travailleuses. Plus encore, elles ont permis de stimuler les débats du mouvement des femmes concernant la politique de la classe dominante sur le plan économique et social. Les lois discriminatoires à l'égard de l'immigration en général; la xénophobie et le racisme; les divisions qui en résultent au sein de la classe ouvrière; la façon

Documents de la Quatrième Internationale

dont les femmes immigrées sont particulièrement touchées par ces divisions; la nécessité que les syndicats et le mouvement des femmes luttent pour défendre les intérêts des couches les plus exploitées; les problèmes auxquels sont confrontées ces femmes isolées à la fois dans leur foyer et par un environnement qui leur est hostile: ce sont autant de questions qui se posent au mouvement des femmes, amenant celui-ci à débattre de certains problèmes essentiels dans une perspective de lutte de classes.

7. La fin du boom de l'après-guerre, les problèmes économiques, sociaux et politiques qu'a rencontrés l'impérialisme à l'échelle mondiale, problèmes mis en lumière par la récession internationale de 1974-75, ont entraîné une intensification des attaques contre les droits des femmes à tous les niveaux. Cela n'a pas conduit au déclin des luttes de femmes, pas plus- que cela- ne les a reléguées en marge alors qu'apparaissaient des forces sociales plus puissantes. Au moment où les luttes de la classe ouvrière organisée s'aiguisaient durant ces dernières années, la prise de conscience féministe et les luttes de femmes, loin de décroître, continuent au contraire à s'étendre: elles sont ancrées de plus en plus profondément dans le développement de la conscience sociale et de la combativité politique des hommes et des femmes de la classe ouvrière. La résistance des femmes à l'offensive économique, politique et idéologique de la classe dominante a été consolidée par l'élévation de la conscience féministe. Leurs luttes ont été une force motrice de la contestation sociale et de la radicalisation politique.

Les réponses de la bourgeoisie et des divers courants du mouvement ouvrier

1. Des divisions sont rapidement apparues au sein de la classe dominante quant à la meilleure façon de répondre à la nouvelle montée des luttes de femmes, dans le but de réduire leur impact et de les faire dévier de leur objectif. Après les tentatives initiales pour casser le mouvement des femmes en le couvrant de ridicule et

Libération des Femmes & Révolution Socialiste

de mépris, l'attitude qui prévalut dans la classe dominante fut une reconnaissance formelle du fait que les femmes avaient quelques justes motifs de mécontentement.

On vit alors la bourgeoisie essayer de se montrer concernée en mettant en place des départements ministériels particuliers, des commissions, des projets pour capter l'attention des femmes tout en travaillant assidûment à gagner la direction du mouvement des femmes à ses schémas politiques de collaboration de classes. Dans la plupart des pays, la classe dominante fut obligée de faire quelques concessions - apparaissant comme peu dangereuses sur le plan économique comme sur le plan idéologique - pour tenter ensuite de revenir en arrière.

Dans chaque cas le but était le même, quelle que soit la tactique adoptée : contenir la radicalisation naissante grâce, à quelques réformes minimes du système capitaliste.

Dans beaucoup de pays européens, on a pu constater une amélioration de la protection de la maternité : extension des congés maternité, augmentation du pourcentage du salaire touché par les femmes bénéficiant de ce congé, garantie pour les femmes de retrouver un emploi après un congé sans solde pour maternité, etc. Dans d'autres pays, les gouvernements ont ostensiblement mené des débats sur l'opportunité de passer des lois sur l'égalité des salaires, ou des lois libéralisant le divorce. Aux USA, les deux partis capitalistes se sont disputés l'honneur de l'adoption d'un amendement à la constitution sur l'égalité des droits, alors que dans la pratique, ils sabotent tout ce qui est fait pour réunir suffisamment de votes afin que cet amendement prenne force de loi.

Quant aux mesures sociales qui pourraient avoir un résultat économique immédiat et significatif - telle, par exemple, l'extension des crèches - les acquis sont pratiquement inexistants.

La victoire la plus sérieuse remportée par le mouvement des

femmes sur le plan international durant les dix années qui se sont écoulées depuis sa naissance, ce fut l'extension importante des droits donnant la possibilité aux femmes d'avorter légalement. Dans plus de vingt pays, une libéralisation marquée des lois sur l'avortement a vu le jour.

Dans tous les pays où les femmes ont obtenu que soient faits des pas en avant vers la reconnaissance du droit à l'avortement, il est très vite apparu clairement que ce droit n'est jamais vraiment acquis dans le système capitaliste. Partout où les femmes commencent à se battre pour le droit de contrôler leur fonction reproductive, l'aile la plus réactionnaire des défenseurs du capitalisme s'est aussitôt mobilisée pour empêcher que ne soit acquise cette précondition élémentaire à la libération des femmes. Le droit de choisir remet trop fortement en cause les fondements idéologiques de l'oppression des femmes.

Quoi qu'il en soit, il est politiquement important de comprendre clairement que les organisations d'extrême-droite telles que Laissez-les vivre, Oui à la vie, *Right to Life* (Droit à la vie) et la Société pour la protection de l'enfant non né (*Society for the Protection of the Unborn Child*) qui ont des liens avec les courants xénophobes, cléricaux, racistes ou fascistes, s'appuient sur la politique gouvernementale officielle. Ils ont pour fonction la défense fanatique du statu quo, faisant tout ce qui est en leur pouvoir pour en appeler aux préjugés les plus arriérés qui sont ancrés dans la classe ouvrière et la petite bourgeoisie, et ils rendent un service important à la classe dominante. Mais sans les encouragements en coulisse - mais aussi parfois de façon ouverte - des secteurs dominants de la bourgeoisie, leur rôle serait de beaucoup moins influent.

2. L'émergence du mouvement de libération des femmes a posé de gros problèmes à tous les courants politiques qui affirment représenter les intérêts de la classe ouvrière.

Les staliniens et les sociaux-démocrates en particulier ont été

Libération des Femmes & Révolution Socialiste

pris de court par le développement rapide d'une radicalisation importante qui ne se tournait pas vers eux pour trouver une direction.

Les réponses données par les deux courants réformistes de masse implantés dans la classe ouvrière, ont varié d'un pays à l'autre selon leur force numérique, leur base ouvrière et leur degré de pénétration dans la bureaucratie syndicale, ou la proximité de leur venue au gouvernement. Mais dans tous les cas les réflexes des staliniens et des sociaux-démocrates ont été déterminés par deux objectifs, parfois contradictoires: leur respect des institutions fondamentales de la domination de classe, y compris la famille; et leur besoin de maintenir ou de renforcer leur influence sur la classe ouvrière de façon à pouvoir contenir les luttes de la classe ouvrière dans le cadre des rapports de propriété capitalistes.

La naissance du mouvement des femmes a obligé les staliniens aussi bien que les sociaux-démocrates à s'adapter à une situation politique en pleine évolution. L'année 1975 en particulier a vu une floraison de prises de position, partiellement en réponse aux initiatives de la bourgeoisie dans le contexte de l'Année internationale de la femme.

3. Sous la pression d'une partie de leur propre base, les partis sociaux-démocrates ont généralement réagi plus rapidement que les partis communistes à la montée du mouvement des femmes. Même si les PS ont montré des résistances à reconnaître officiellement l'existence du mouvement autonome des femmes, des militantes des PS, à titre individuel, ont souvent participé activement aux regroupements de femmes qui se créaient.

Les positions formelles prises par les PS se sont souvent avérées plus progressistes que celles des partis staliniens en particulier à propos de l'avortement en tant que droit des femmes. Partout où les partis socialistes ont pu, sans que cela leur coûte, améliorer leur image de marque en se déclarant favorables à des lois libérales sur l'avortement, ils n'ont pas hésité à le faire. Kreisky en Autriche,

Brandt en Allemagne ont choisi dès le départ cette tactique. Face à la croissance du mouvement des femmes en Australie, le Parti travailliste australien a essayé d'améliorer son image de marqué en accordant des subventions à de nombreux projets du mouvement, tels que des centres de soins pour les femmes et des refuges. Bien qu'en termes financiers, cela coûtât Peu aux sociaux-démocrates, cela leur permit temporairement de détourner l'attention des femmes par rapport à l'inadéquation de leur politique d'ensemble. (A propos de l'avortement et des crèches par exemple.) Cela permit au Parti travailliste de se poser comme un gouvernement « favorable aux femmes ».

Mais lorsqu'ils se trouvèrent confrontés aux premiers signes de réaction de certains secteurs de la bourgeoisie, les partis sociaux-démocrates ont vite battu en retraite. Alors que le Parti travailliste en Grande-Bretagne s'était formellement prononcé en faveur du droit à l'avortement, ce parti resta silencieux face aux propositions réactionnaires faites au parlement, qui visaient à imposer un retour en arrière, ramenant la toi sur l'avortement au statut antérieur à 1967. Introduites au départ par la motion d'un député du Parti travailliste en 1975, les nouvelles propositions tendaient toutes à restreindre la période durant laquelle les femmes peuvent obtenir un avortement, à limiter le droit à l'avortement des femmes immigrées, et à infliger de fortes pénalisations pour toute infraction à la loi. Ce n'est qu'en 1977, après une campagne de masse impulsée par le mouvement indépendant des femmes au travers du NAC (*National Abortion Campaign* - Campagne nationale pour l'avortement) et sous la pression de sa propre base que le congrès du Parti travailliste adopta une résolution en défense de la loi de 1967.

Les sociaux-démocrates se sont montrés particulièrement utiles au patronat quand il s'est agi d'imposer des mesures d'austérité pour réduire le niveau de vie de la classe ouvrière. Bien que faisant de grandes déclarations sur leur volonté d'alléger

Libération des Femmes & Révolution Socialiste

les charges des femmes ouvrières, les gouvernements sociaux-démocrates n'ont pas hésité à réduire les subventions accordées aux services sociaux comme le demandait la bourgeoisie. Récemment au Danemark ils ont supprimé d'un seul coup 5 000 emplois de personnes travaillant dans les crèches comme fonctionnaires de l'État.

4. Depuis les années 1930, après que la bureaucratie stalinienne eut consolidé son pouvoir en URSS et qu'elle eut transformé les partis de la IVe Internationale en apologistes de la politique contre-révolutionnaire du Kremlin, la défense de la famille comme mode idéal des relations humaines est devenue la ligne des partis staliniens à travers le monde. Cela n'a pas seulement servi les intérêts de la caste bureaucratique en Union soviétique: cela répondait aussi à la nécessité de défendre le statu quo capitaliste partout ailleurs. Les théories ouvertement réactionnaires du PC français sur la famille furent développées pour la première fois quand le nouveau code de la famille fut introduit en URSS en 1934 et quand les avortements furent interdits en 1936.

Quelle que soit la démagogie des PC en ce qui concerne la double journée de travail des femmes, les revendications qu'ils avancent aujourd'hui vont servir dans le sens d'un aménagement de celle-ci afin de permettre aux femmes de remplir plus aisément les tâches domestiques qui leur incombent. Que ce soit à propos de l'amélioration des congés maternité, de la réduction des heures de travail, ou de l'amélioration des conditions de travail, là lutte est souvent justifiée par la nécessité de libérer les femmes pour qu'elles puissent accomplir leurs tâches ménagères - plutôt que dé lés libérer de ces tâches en socialisant ces dernières. L'outré Solution parfois proposée, étant de demander aux hommes de partager plus équitablement le travail au - foyer.

Mais la naissance du mouvement des femmes, les tentatives de la bourgeoisie pour récupérer celui-ci, les réponses apportées par d'autres courants du mouvement ouvrier ainsi que les pressions de leurs propres rangs ont obligé les partis communistes modifier et ajuster leur ligne. Même les plus suivistes et les plus inconditionnels par rapport au Kremlin, comme le PC américain, ont été finalement obligés d'abandonner certaines de leurs positions les plus réactionnaires, comme leur opposition à un amendement à la constitution sur l'égalité des droits.

Plus la radicalisation s'est approfondie, plus les PC ont été contraints de manœuvrer et de faire preuve de souplesse, prenant part eux-mêmes au mouvement autonome des femmes et adoptant un langage toujours plus radical.

Les PC ont laissé leurs militantes s'engager dans dès débats publics et dénoncer de manière cinglante les responsabilités du capitalisme en ce qui concerne le statut scandaleux des femmes. Mais quant au programme et à l'action, l'opposition de fait des PC à la libération des femmes reproduit leur opposition à foute lutte sur des bases de classe pour la satisfaction des besoins de la classe ouvrière en général. Ils sont prêts à enterrer n'importe quelle revendication, à dévoyer n'importe quelle lutte, pour préserver les alliances de collaboration de classes auxquelles ils tendent. Ainsi, malgré un changement de position formel du PC italien, malgré sa décision de soutenir la libéralisation des lois sur l'avortement en 1976, les députés communistes ont fait bloc avec la Démocratie chrétienne, empêchant la réforme de ces lois, parce que c'était un obstacle à la réalisation du « compromis historique ». De plus, il existe souvent un conflit entre les positions adoptées par les PC au niveau local - où ils apportent parfois leur soutien aux luttes pour la mise en place de crèches ou de centres avortement-contraception - et la politique nationale des PC qui appuient les mesures d'austérité entraînant des coupures dans les budgets des secteurs sociaux.

Le fossé existant entre les positions formelles des PC et les trahisons dont ils font preuve dans la lutte des classes a déjà provoqué de violentes tensions en leur sein ainsi que dans les

Libération des Femmes & Révolution Socialiste

syndicats qu'ils contrôlent. Et ceci en particulier parce que l'absence de démocratie interne accroît les frustrations des femmes qui commencent à percevoir les contradictions entre leur engagement personnel dans la lutte de libération des femmes et la ligne de leur parti. Elles n'ont aucun moyen d'influer sur les positions de leur organisation. Ainsi, quand le PC espagnol a signé le pacte de la Moncloa, pacte de collaboration de classes, des femmes du PC de Madrid, ont formé un groupe oppositionnel pour lutter pour la démocratie interne.

En France, au moment où des noyaux oppositionnels commençaient à se former dans le PC en 1978, des militantes de ce parti se regroupèrent autour du journal « Elles voient rouge ». Elles entendaient défendre leur point de vue et lutter contre la politique sectaire du parti qui refusait toute unité d'action avec d'autres forces politiques, que ce soit à propos de l'avortement ou d'autres objectifs de lutte.

Sur le plan organisationnel aussi, les staliniens ont été contraints à des ajustements. Dans un certain nombre de pays, les PC avaient constitué leurs propres organisations de femmes après la Seconde Guerre mondiale. Face à la nouvelle radicalisation des femmes, ils ont presque toujours tenté de faire passer ces organisations pour le seul vrai mouvement des femmes aux yeux de la classe ouvrière. Le mouvement autonome met en question leur prétention à être le parti qui parle au nom des femmes de la classe ouvrière, et leur réaction première a été de renforcer leur position sectaire.

En Espagne par exemple, le MDM (*Movimiento Democratico de la Mujer* - Mouvement démocratique des femmes) contrôlé par le PC, déclarait être, lui seul, le mouvement des femmes; et le PC s'est autoproclamé le parti de la libération des femmes. Mas 'malgré la force du PC, le MDM était incapable de contrôler la radicalisation des femmes qui s'exprimait à travers la multiplication des groupes femmes à tous les niveaux de l'État espagnol. Vu son incapacité à imposer le MDM comme seul mouvement des femmes, le PC fut obligé de reconnaître l'existence d'autres groupes et de travailler avec eux.

5. Des contradictions semblables sont apparues dans les partis sociaux-démocrates avec l'engagement de certaines militantes dans le mouvement des femmes. Mais en même temps, la capacité des staliniens et des sociaux-démocrates à s'adapter aux nouvelles exigences mises en ayant par les femmes radicalisées, â accru leur possibilité d'influencer le mouvement. Lorsque ces partis décident d appuyer des mobilisations de masse comme ils l'ont fait récemment dans plusieurs pays à propos de la question de l'avortement, les positions réformistes qu'ils défendent ont d'autant plus d'impact sur la masse des femmes. Ce serait une erreur de sous-estimer leur poids politique.

6. Les organisations maoïstes et centristes ont pour la plupart adopté des positions sectaires et économistes sur le mouvement de libération des femmes, considérant ce dernier comme un mouvement petit-bourgeois, en contradiction avec leur conception du mouvement ouvrier.

Deux types de réponse se sont néanmoins dégagés dans ces organisations. Certaines ont refusé de participer aux structures autonomes et aux actions du mouvement de' libération des femmes. Beaucoup de ces groupes sectaires ont mis en place leurs propres groupes de femmes, qui leur sont subordonnés et qui opposent au véritable mouvement des femmes arguant qu'une telle démarche constitue la seule stratégie authentiquement révolutionnaire.

D'autres groupes maoïstes et centristes se sont orientés vers la participation au mouvement des femmes. Mais ils n'ont pas de compréhension claire de l'articulation entre la lutte de classe et la lutte de libération des femmes. Ils rejettent toute politique de front unique et sont suivistes par rapport au mouvement des femmes. Cela fut un facteur important dans les crises qui ont fait éclater plusieurs de ces groupes à la fin des années 1970.

7. Le mouvement syndical a lui aussi ressenti l'impact de la radicalisation des femmes et la bureaucratie a été obligée de répondre aux pressions des femmes dans et hors du mouvement ouvrier organisé.

Comme les staliniens et les sociaux-démocrates, dans le meilleur des cas, les directions syndicales ont essayé de limiter leur engagement quant aux revendications des femmes à des questions économiques comme l'égalité des salaires ou les congés maternité. Ils ont tardé à s'engager dans des luttes comme celle de l'avortement. Cependant le caractère de masse des syndicats, el nombre croissant dans leurs rangs de femmes dont beaucoup sont de plus en plus actives dans les commissions féminines, rend cette position des bureaucrates beaucoup plus difficile. Cela est apparu clairement en octobre 1979 lorsque le TUC (Confédération nationale des syndicats) de Grande-Bretagne, sous la pression toujours plus grande de sa propre base, a appelé à une manifestation nationale en défense du droit à l'avortement. Près de 50.000 personnes – hommes et femmes y participèrent.

Des questions telles que les crèches, la socialisation du travail domestique, les conditions de travail des travailleuses à temps partiel, les revendications préférentielles pour les femmes, sont de plus en plus fréquemment posées dans le mouvement syndical à l'heure actuelle. Dans certains cas, les femmes lient explicitement ces revendications à la nécessité plus générale de briser la division traditionnelle du travail entre hommes et femmes.

En imposant ces revendications, les femmes travailleuses remettent en cause les tentatives des réformistes de maintenir la division entre questions économiques et luttes politiques et de limiter par ailleurs toute lutte susceptible' de sa développer. Elles aident la classe ouvrière à poser lés problèmes, non en termes individuels, mais en termes collectifs et elles encouragent la base des syndicats à se tourner vers ses organisations de classe et à s'appuyer sur elles pour engager la lutte pour la satisfaction de tous les besoins sociaux.

Quand les femmes essayent de gagner le soutien des syndicats

Documents de la Quatrième Internationale

et de leurs directions pour défendre leurs revendications, elles sont obligées de poser en même temps la question de la démocratie syndicale. Elles doivent se battre pour avoir el droit de s'exprimer librement, d'organiser leurs propres commissions ou réunions non-mixtes, pour être représentées dans les directions ; elles ont à se battre pour que les syndicats organisent des crèches pendant les réunions, qui leur permettent d'être réellement actives dans les organisations ouvrières.

Certains syndicats ont sorti des publications spéciales, ont réactivé des commissions femmes moribondes, ont organisé des réunions de femmes syndiquées, ont mis sur pied des cours de formation pour les responsables syndicales.

Dans un certain nombre de pays, des comités intersyndicaux de femmes ont été organisés par les directions syndicales au niveau national, régional ou local. Ailleurs, de tels comités ont été créés sous l'impulsion de la base. La radicalisation des femmes et la crise économique grandissante ont aussi conduit à une montée du taux de syndicalisation des femmes dans certains pays capitalistes avancés.

Dans la plupart des cas, la création de commissions femmes dans les syndicats s'est faite avec la bénédiction des bureaucrates syndicaux. Ils espèrent ainsi contenir la radicalisation des femmes qui s'exprime dans les syndicats et canaliser leur énergie dans une voie ne menaçant pas le confortable statu quo qui existe à tous les niveaux - depuis le monopole masculin dans les postes de direction syndicale jusqu'à l'entente entre bureaucratie et patronat pour ignorer les besoins spécifiques des femmes travailleuses. Mais cela reflète l'impact énorme que le mouvement de libération des femmes a déjà sur les organisations du mouvement ouvrier. Aujourd'hui, les commissions féminines syndicales sont de plus en plus souvent le produit du mouvement des femmes autant qu'elles font partie du mouvement ouvrier. Elles sont à l'intersection de ces deux mouvements et peuvent, si elles ont une orientation correcte, aider à montrer la voie à chacun d'entre eux.

Libération des Femmes & Révolution Socialiste

La libération des femmes dans les pays coloniaux et semi-coloniaux

1. La libération des femmes ne concerne pas seulement les femmes des pays capitalistes avancés ayant un niveau d'éducation et un niveau de vie relativement élevés. Il s'agit au contraire d'un élément vital pour la masse des femmes dans le monde entier. Les pays coloniaux et semi-coloniaux ne font pas exception.

Il existe une grande diversité dans les conditions socio-économiques et dans les traditions culturelles des pays coloniaux et semi-coloniaux. Cela va de conditions extrêmement primitives dans certaines régions à un degré d'industrialisation considérable dans des pays comme Porto-Rico ou l'Argentine. Tous les pays coloniaux et semi-coloniaux souffrent cependant des effets de la domination impérialiste qu'ils subissent en commun. Ce qui se traduit de manière spécifique pour les femmes de ces pays.

La domination impérialiste signifie que les rapports de production capitalistes se sont superposés et combinés avec des modes de production et des rapports sociaux précapitalistes, de type archaïque, transformant et intégrant ces derniers à l'économie capitaliste. En Europe de l'ouest, l'apparition du capitalisme fut marquée, dans les pays les plus avancés, «par des révolutions démocratiques bourgeoises visant à briser le pouvoir économique et politique des anciennes classes féodales dominantes. Mais dans les pays coloniaux, la pénétration impérialiste a le plus souvent renforcé les privilèges, la hiérarchie et les traditions réactionnaires des classes dominantes précapitalistes, sur lesquelles elle s'est appuyée, partout où elle le pouvait, pour maintenir la stabilité et renforcer l'exploitation impérialiste.

Usant de la torture, de l'extermination, du viol et d'autres formes de terreur à une échelle de masse, allant même jusqu'à la mise en esclavage ouverte des populations natives d'Afrique, l'expansion du capitalisme européen s'est exprimée par une colonisation brutale de l'Amérique latine et de certaines parties de l'Asie et de l'Afrique, les précipitant sur le marché mondial. Le christianisme, dont l'introduction fut simultanée à la pénétration des conquérants européens et parfois américains représenta souvent l'un des principaux moyens de domination utilisés par ces derniers.

Pour les femmes du monde colonial et semi-colonial, la pénétration de l'économie de marché capitaliste a un effet contradictoire : d'une part, elle introduit de nouveaux rapports économiques qui jettent les bases permettant aux femmes de commencer à dépasser leur oppression séculaire. Mais d'autre part, elle reprend à son compte et elle utilise les traditions archaïques, les codes religieux et les préjugés hostiles aux femmes, renforçant ces derniers au travers de nouvelles formes de discrimination - et de surexploitation.

De manière générale, la situation des femmes est directement liée au degré d'industrialisation existant. Mais le développement inégal et combiné peut être à l'origine de contradictions frappantes dans certaines sociétés: dans certaines régions d'Afrique, par exemple, les femmes qui sont responsables de l'agriculture - à un stade encore très primitif -, jouissent parfois d'une indépendance économique relative.

2. Dans les pays coloniaux, le développement de la production capitaliste s'effectue en fonction des besoins de l'impérialisme. C'est pourquoi l'industrialisation ne progresse que lentement et, pour autant que ce soit le cas, de manière déséquilibrée et déformée. Dans la plupart des pays semi - coloniaux, la majorité de la population vit encore à la campagne; elle dépend de cultures de subsistance, utilisant des méthodes agricoles extrêmement arriérées. La famille qui inclut en général tantes, oncles, nièces, neveux et grands-parents - demeure l'unité de base de la petite production agricole.

Les femmes jouent un rôle économique décisif. Non seulement elles travaillent aux champs durant de longues heures, mais elles

Libération des Femmes & Révolution Socialiste

mettent au monde des enfants qui, plus tard, prendront en charge leur part de travail et assureront la sécurité des vieux sur le plan économique. Elles se marient à l'âge de la puberté et donnent souvent naissance au plus grand nombre d'enfants possible. Leur valeur est généralement déterminée par le nombre d'enfants qu'elles ont eus. Une femme stérile est considérée comme un déshonneur social et comme une calamité économique. La stérilité est souvent source de divorce.

En raison de sa fonction économique, la famille maintient sur tous ses membres, mais en particulier sur les femmes, une emprise qui reste extrêmement forte. Cette combinaison entre une situation économique primitive et le poids des relations familiales place tes femmes paysannes vivant dans les régions agricoles dans un état de privation et d'avilissement profonds. En pratique, elles n'ont quasiment aucun droit en tant qu'individus sur le plan légal comme sur le plan social, et souvent, c'est à peine si elles sont considérées comme des êtres humains. Elles vivent de fait sous la domination et sous le contrôle absolu des individus mâles de leur famille. Très souvent, le peu de ressources de l'unité familiale est réparti d'abord entre les hommes; il n'est pas rare que les petites filles aient droit à moins de nourriture et à moins de soins que les garçons, ce qui se traduit par une stature chétive ou une mort précoce pour cause de malnutrition. L'infanticide des fillettes est encore pratiqué dans de nombreuses régions, que ce soit de manière directe ou par le biais de négligences délibérées. Le taux d'analphabétisme chez les femmes atteint souvent près de 100 %.

3. L'incorporation des pays coloniaux et semi-coloniaux dans le marché capitaliste mondial a des conséquences inévitables dans les régions agricoles. L'inflation et l'impossibilité d'être compétitif face à des unités de production plus grandes, qui usent de méthodes plus rentables, est à l'origine des vagues continuelles de migration de la campagne vers les villes. Souvent, cette migration commence par les hommes de la famille qui laissent aux

Documents de la Quatrième Internationale

femmes, aux enfants et aux vieillards un fardeau encore plus lourd lorsque ces derniers doivent se débrouiller pour tirer eux-mêmes de la terre ce qui leur permettra tout juste de subsister.

La recherche désespérée d'un travail finit par entraîner des millions de travailleurs à quitter leur pays d'origine pour émigrer vers les pays capitalistes avancés. Pour autant qu'ils aient la chance d'y trouver un emploi, ce sera dans des conditions de surexploitation généralement atroces.

L'isolement et les traditions arriérées des régions agricoles tendent à être mis en question et à disparaître, non seulement en raison de la migration vers et en provenance des villes, mais aussi en raison de la pénétration des mass-médias comme la radio et la télévision.

4. Avec la migration vers les villes, les nouvelles conditions de vie et de travail commencent à remettre en cause les normes traditionnelles et les mythes relatifs au rôle des femmes.

Dans les villes, la famille petite-bourgeoise disparaît rapidement dans la plupart des cas comme unité de production. Chacun de ses membres est obligé de vendre individuellement sa force de travail. Néanmoins, vu la situation extrêmement précaire de l'emploi, et vu les responsabilités qu'ont souvent les masses semi-prolétaires des villes vis-à-vis de leurs parents restés à la campagne, l'unité familiale continue fréquemment à comprendre les tantes, les oncles, les cousins, les frères, les sœurs et leur progéniture, en plus du père, de la mère et des enfants.

Au sein de la bourgeoisie moyenne comme dans les secteurs plus stables du prolétariat urbain, l'unité familiale tend cependant à se réduire.

Quand elles émigrent vers les villes, les femmes sont mieux placées pour avoir accès à l'éducation, pour entretenir des contacts sociaux plus larges et jouir d'une certaine indépendance 'économique. Les besoins du capitalisme, qui entraînent un nombre toujours plus grand de femmes à sortir de leur isolement familial, entrent en contradiction» avec les vieux schémas sur le rôle des femmes dans la société. En prenant des emplois comme travailleuses industrielles ou comme employées dans les services, les femmes se mettent à occuper des positions qui leur étaient interdites auparavant vu les préjugés et les traditions arriérées. Celles qui parviennent à acquérir une formation leur permettant d'entrer dans des professions comme celles d'institutrice ou d'infirmière font figure d'exemples qui apparaissent comme conflictuels avec les attitudes traditionnelles, et ceci même aux yeux des femmes qui ne travaillent pas. Le mythe de l'infériorité des femmes est de plus en plus ébranlé par cette réalité qui met en cause leur soumission ancestrale.

Même pour les femmes qui ne peuvent avoir accès à l'éducation ou à un travail extérieur à leur foyer, les conditions de vie en ville leur permettent d'échapper à la prison mentale que faisait peser sur elles l'isolement de la famille rurale. Ceci tant en raison de l'impact des mass media, que de la proximité de la vie et des luttes politiques ou de l'existence d'appareils ménagers modernes, de laveries, etc.

5. Dans les pays coloniaux et semi-coloniaux, les femmes représentent généralement un pourcentage de la main d'œuvre beaucoup plus faible que dans les pays impérialistes. Cela varie entre 8 et 15 % - avec des pointes qui vont parfois jusqu'à 20 %'par comparaison avec les pays capitalistes avancés où cette proportion va de 30 à 40 %.

Comme de bien entendu, les femmes occupent surtout les emplois les moins qualifiés, les moins bien payés et les moins protégés en ce qui concerne les conditions de travail, la garantie d'un salaire minimum, etc. C'est particulièrement vrai pour les travaux agricoles, pour le travail à domicile et pour les emplois de travailleuses domestiques où elles forment l'essentiel de la main-d'œuvre. Le salaire moyen des travailleuses représente à peu près le tiers ou la moitié de celui des travailleurs masculins. Lorsque les femmes ont accès à l'éducation et qu'elles acquièrent une certaine qualification, elles sont confinées, encore plus strictement que dans les pays capitalistes avancés, dans des emplois r typiquement féminins » comme ceux d'infirmières et d'institutrices.

Mais les femmes sont aussi présentes dans les industries du textile, de l'habillement, de l'alimentation et de certaines parties de l'industrie électrique où elles forment souvent la majorité de la main-d' œuvre employée. Compte tenu de la prédominance absolue de l'industrie légère dans les pays coloniaux les plus industrialisés, cela signifie que, malgré leur faible pourcentage dans l'ensemble de la force de travail, les travailleuses peuvent occuper une place stratégique décisive. A Porto-Rico, par exemple, les femmes forment la majeure partie des secteurs pharmaceutique et électrique qui sont les principales industries du pays.

L'emploi des femmes dans de tels secteurs industriels est crucial pour les surprofits impérialistes, à la fois parce que cela représente une source de travail bon marché et parce que l'emploi des femmes dans des travaux moins bien payés permet aux capitalistes de diviser et d'affaiblir la classe ouvrière, ainsi que de maintenir au plus bas le niveau général des salaires. Le processus d'accumulation impérialiste ne peut être clairement compris si l'on n'explique pas le rôle que joue la surexploitation des femmes travailleuses dans les pays semi-coloniaux.

Dans l'ensemble du monde colonial, le chômage et le sous-emploi sont sources de crise permanente et ce sont avant tout les femmes qui font les frais de cette situation. Pour aider leur famille à survivre, elles sont souvent contraintes d'avoir recours à des sources de revenus précaires telles que la vente d'objets de pacotille ou de plats cuisinés à la maison, les lessives à domicile. La prostitution est souvent leur seul recours. Le chômage endémique exacerbe également l'alcoolisme et le recours à la drogue qui se traduisent par un renforcement de la violence à l'égard des femmes et par un état de pauvreté encore plus désespéré.

6. Dans beaucoup de pays coloniaux et semi-coloniaux, les femmes n'ont pas encore obtenu les droits démocratiques les plus élémentaires que les femmes des pays capitalistes avancés ont acquis au 19' et au 20' siècle. Dans de nombreux pays, les lois continuent à assujettir les femmes au contrôle légal des hommes. Cela inclut notamment les lois exigeant l'autorisation du mari pour qu'une femme puisse travailler, permettant à celui-ci de disposer du salaire de son épouse, ou les lois accordant automatiquement au mari la garde des enfants et le contrôle du lieu de résidence de sa femme. Dans certains pays, les femmes sont encore vendues en mariage. Elles peuvent être assassinées impunément pour avoir violé l'honneur de leur mari.

Là où des réformes sont intervenues dans le code légal, assurant plus de droits aux femmes, cela reste le plus souvent formel. En pratique, les femmes sont incapables de faire valoir leurs droits vu le poids écrasant de la pauvreté, l'analphabétisme, la malnutrition, leur dépendance économique et les traditions arriérées qui forment les limites de leur existence. L'impérialisme à l'agonie représente donc un obstacle à l'obtention des droits démocratiques les plus élémentaires pour les femmes du monde colonial.

7. Le pouvoir et l'influence de la religion sont particulièrement forts dans les pays coloniaux et semi-coloniaux en raison de l'arriération économique, ainsi que du renforcement et de la protection des hiérarchies religieuses de la part de l'impérialisme. Dans beaucoup de pays, il n'y a pas de séparation entre les institutions religieuses et les institutions d'État. Et même là où une séparation officielle existe, les coutumes et les dogmes religieux gardent tout leur poids. Certaines lois, notamment parmi les plus barbares à l'égard des femmes, se fondent sur des codes religieux. En Inde, la misère de millions de femmes est accentuée par le système de castes qui, bien que n'étant plus

sanctionné par la loi, se base sur la religion hindoue. Dans les pays musulmans, la tradition voulant que les femmes soient voilées - tradition encore très influente -, vise à exclure totalement les femmes de la vie publique et à leur dénier toute existence propre. Dans les pays catholiques, le droit au divorce est souvent limité quand il n'est pas tout simplement nié.

8. La violence contre les femmes, qui a toujours été une composante inhérente de leur soumission économique, sociale et sexuelle tout au long des divers stades de développement de la société de classe, est encore accentuée avec les contradictions introduites par la domination impérialiste. Les plus grandes facilités d'accès pour les femmes à l'éducation et au travail, liées à une plus grande participation de leur part à la société en général, leur permet de mener une existence moins confinée, plus ouverte à la vie publique, en rupture totale avec les anciennes valeurs et la tradition. Mais la tentative des femmes d'user de ces possibilités et de briser avec leur rôle traditionnel provoque bien souvent des réactions chez leur mari ou chez leurs parents de sexe masculin, réactions qui peuvent se traduire par leur exclusion du cercle familial, par le fait qu'elles sont battues, mutilées, voire assassinées. Ce type de violence barbare vis-à-vis des femmes est souvent sanctionné par la loi. Et même là où elle est illégale, la violence est souvent si largement admise dans la pratique qu'elle reste impunie.

9. Les possibilités d'éducation pour les femmes dans les pays coloniaux et semi-coloniaux demeurent extrêmement limitées en comparaison de celles qui existent dans les pays capitalistes avancés. Cela se traduit par un taux très élevé d'analphabétisme parmi les femmes. Depuis l'école primaire jusqu'à l'université, le pourcentage des filles est beaucoup plus faible et le fossé se creuse généralement dans les degrés supérieurs.

Tout le système d'éducation dans les pays coloniaux et semi-coloniaux est organisé - de manière encore plus criante que dans

Libération des Femmes & Révolution Socialiste

les pays impérialistes - pour maintenir l'exclusion des femmes de toute vie sociale et pour inculquer aux filles leur rôle de femme-mère-ménagère. La mixité est très peu fréquente et les écoles de filles doivent presque toujours faire face à des budgets moindres, à un moins grand nombre d'enseignantes et à de plus mauvaises conditions d'enseignement. Là où la mixité existe, les filles sont encore obligées de suivre des cours séparés comme la couture, la cuisine ou les travaux domestiques.

En dépit de ces discriminations, la pression du marché mondial a provoqué un certain nombre de modifications en ce qui concerne l'éducation des femmes. Le besoin d'une couche de techniciens plus qualifiés a ouvert les portes de l'éducation supérieure aux femmes, même si leur nombre reste limité.

10. Les femmes du monde colonial ont encore moins de possibilités de contrôler leurs fonctions reproductives que les femmes des pays impérialistes. Le peu d'opportunité sur le plan de l'éducation, lié à la forte emprise de la religion dans le contenu même de l'éducation, signifie que les femmes ont très peu, voire pas du tout accès à l'information scientifique concernant la reproduction ou la sexualité. Sur te plan économique comme sur le plan social, elles subissent des pressions les incitant à avoir plus, et non pas moins d'enfants. Lorsqu'elles peuvent obtenir une information sur le contrôle des natalités et sur les moyens permettant de limiter les naissances, c'est presque toujours dans le cadre d'une politique raciste de contrôle des populations imposée par l'impérialisme. Dans certains pays, le gouvernement a mis en place un programme de stérilisation forcée touchant la masse des femmes. A Porto-Rico, plus d'un tiers des femmes en âge d'avoir des enfants a été victime de la politique de stérilisation forcée impulsée par le gouvernement américain. La stérilisation forcée est également parfois imposée à des groupes de minorités opprimées, comme la population indienne en Bolivie.

Même dans les pays où la stérilisation forcée n'est pas une

Documents de la Quatrième Internationale

politique officielle, la propagande raciste pour le contrôle de la population imprègne la société tout entière et constitue un obstacle à la lutte des femmes pour imposer le contrôle sur leur propre corps.

Les femmes du monde colonial et semi-colonial ont été massivement utilisées comme cobayes pour tester les méthodes contraceptives. Et l'avortement lui aussi découle d'une contrainte et non d'un choix. Chaque année, des millions de femmes sont obligées d'avorter illégalement dans les pays coloniaux, dans les pires conditions possibles, et le nombre de décès qui s'ensuit, est incalculable.

Dans tous les cas, on refuse aux femmes le droit de décider si, et quand elles veulent des enfants.

Dans le cadre de la crise économique, la politique de contrôle des populations ne fera que se renforcer, multipliant les exemples semblables à celui de Porto Rico. La prétendue « explosion démographique » sera mise au compte des difficultés économiques des pays coloniaux et semi-coloniaux dans le but de détourner l'attention des responsabilités incombant à l'impérialisme qui provoque et maintient la misère.

Le racisme et le sexisme sont également imposés au monde colonial par le biais d'une propagande mettant en avant des schémas culturels étrangers aux coutumes de ces pays. Si les normes de « beauté » imposées par les industries cosmétiques sont source d'oppression pour les femmes européennes ou d'Amérique du Nord, c'est encore plus vrai lorsque ces normes sont imposées aux femmes des pays coloniaux et semi-coloniaux au travers de publicité, oie films ou de toute autre forme de propagande.

11. La forte influence de la religion renforce l'extrême arriération en ce qui concerne la sexualité, ce qui se traduit par une situation particulièrement avilissante pour les femmes. La conception générale qui fait des femmes des êtres asexués, mais en même temps esclaves des besoins sexuels de leurs époux, est imposée

Libération des Femmes & Révolution Socialiste

encore plus brutalement aux femmes des pays coloniaux et semi-coloniaux qu'à celles des pays impérialistes. Elle s'exprime dans les traditions, dans les lois et dans l'usage de la violence incluant la mutilation sexuelle des fillettes. Les femmes sont censées rester vierges pour leur époux. Très souvent, si les femmes ne donnent pas satisfaction à leur mari sur le plan sexuel, ou si elles sont accusées de n'être pas vierges au moment du mariage, c'est une raison suffisante pour le divorce. La double morale sexuelle pour les hommes et pour les femmes est une réalité encore plus forte que dans les pays impérialistes. La pratique de la polygamie n'en est qu'un exemple extrême.

Un autre aspect de l'arriération sur le plan de la sexualité, c'est l'oppression extrême qui touche les homosexuels, hommes et femmes, dans les pays coloniaux.

12. Le fait que le développement capitaliste dans le monde colonial ait incorporé des relations économiques et sociales de type précapitaliste (dont beaucoup subsistent de manière déformée), implique que pour parvenir à se libérer, les femmes - comme toutes les couches opprimées et exploitées - sont confrontées à des tâches combinées. La lutte contre la domination impérialiste et contre l'exploitation capitaliste commence souvent par les problèmes non résolus de l'indépendance nationale et de la réforme agraire, ou de l'obtention de droits démocratiques.

Les revendications démocratiques élémentaires, comme celles qui donnent aux femmes des droits en tant qu'individus indépendants du contrôle de leur mari, auront un poids décisif dans la lutte de libération des femmes au sein des pays coloniaux. Mais en même temps, ces revendications seront posées et se combineront immédiatement avec des problèmes économiques et sociaux dont la solution exige une réorganisation de la société tout entière sur des bases socialistes. En font partie les questions de l'inflation, du chômage, du logement, du système inadéquat de la Sécurité sociale et de l'éducation. Cela inclut également les revendications générales mises en avant par le mouvement des femmes dans les pays capitalistes avancés, portant sur les crèches, sur le droit à l'accès aux moyens médicaux qui permettraient aux femmes d'exercer un contrôle sur leur fonctions reproductives, sur le droit au travail et à l'éducation, etc. Mais aucune de ces revendications, même celles qui touchent aux droits démocratiques les plus élémentaires, ne pourra être imposée sans la mobilisation et sans l'organisation de la classe ouvrière qui représente la seule force sociale capable de mener de telles luttes à leur terme et de remporter la victoire.

13. A cause de la faiblesse relative du capitalisme et de la classe dominante dans les pays coloniaux et semi-coloniaux, les droits civiques, quand ils existent, sont en général restreints, et souvent éphémères. La répression politique est très étendue. Quand les femmes entrent en lutte - de même que lorsque d'autres secteurs de la population commencent à se rebeller, elles sont souvent rapidement confrontées à la répression, ce qui entraîne pour elles la nécessité de lutter pour l'obtention de libertés politiques telles que le droit de tenir des réunions, d'avoir leur propre organisation, de pouvoir publier un journal ou d'autres publications, ou le droit de manifester. La lutte de libération des femmes ne peut être dissociée de la lutte plus générale pour les libertés politiques.

La participation toujours plus grande des femmes aux luttes sociales et politiques s'est traduite par le fait qu'elles représentent une proportion croissante des prisonniers politiques dans les pays coloniaux et semi-coloniaux. Dans les, prisons, les femmes sont confrontées à des formes de torture particulièrement brutales et humiliantes. La lutte pour la libération de 'tous les prisonniers politiques, mettant particulièrement en évidence la situation des femmes dans les prisons, a été et sera un aspect important de la lutte de libération des femmes dans ces pays.

Cette lutte possède une dimension internationale très claire. Il existe des prisonniers politiques non seulement dans le monde

Libération des Femmes & Révolution Socialiste

colonial, mais dans l'ensemble des pays capitalistes avancés. L'exigence de leur libération continuera à être un point de ralliement pour des campagnes de solidarité internationale, au sein même du mouvement des femmes.

14. La lutte de libération des femmes a toujours été étroitement liée à la lutte de libération nationale. Quoi que fassent les femmes, elles s'affrontent au pouvoir impérialiste et la nécessité de briser les chaînes de cette domination est une tâche urgente et imprescriptible pour tous les opprimés de ces pays, comme les exemples de l'Iran et du Nicaragua l'ont clairement démontré une fois de plus. De nombreuses femmes s'engagent pour la première fois dans une action politique à travers leur participation aux mouvements de libération nationale. Dans le processus de développement des luttes, il devient évident que les femmes pourront et devront jouer un rôle encore plus grand pour remporter la victoire. Les femmes sont transformées par l'action, notamment parce qu'elles font des choses qui leur étaient défendues selon les anciennes coutumes. Elles deviennent des combattantes, des dirigeantes, des organisatrices et des individus à part entière qui pensent politiquement. Les profondes contradictions qu'elles vivent stimulent leur révolte contre l'oppression qui les touche en tant que sexe, et font surgir des exigences de plus grande égalité à l'intérieur même du mouvement révolutionnaire. Au Vietnam, en Algérie, à Cuba, en Palestine, en Afrique du Sud, au Sahara et ailleurs, les luttes que les femmes ont menées pour mettre fin aux formes les plus brutales de l'oppression dont elles sont l'objet sont étroitement liées aux luttes anti-impérialistes qui se sont développées.

Au Nicaragua, les femmes organisées dans l'AMPRONAC (Association des femmes face à la problématique nationale) ont joué un rôle décisif dans la préparation de l'insurrection finale contre la dictature de Somoza. Et 30 % des forces du FSLN étaient composées de femmes organisées dans des brigades féminines aussi bien que dans d'autres unités.

En Iran, la participation des femmes à la lutte pour renverser le shah amena des millions d'entre elles à participer pour la première fois à la vie politique et sociale, ce qui éveilla en même temps leur désir de changer leur propre statut. En dépit du poids des idées religieuses réactionnaires et des mesures prises contre les femmes, l'approfondissement de la conscience et de la lutte anti-impérialistes parmi les masses iraniennes ne peuvent qu'améliorer les conditions dans lesquelles les femmes auront à lutter pour une égalité et une liberté plus grandes.

La participation des femmes aux luttes de libération nationale commence également à modifier la conscience des hommes en ce qui concerne les capacités et le rôle des femmes. Dans le cadre de la lutte qu'ils mènent contre leur propre exploitation et contre leur propre oppression, les hommes peuvent devenir plus sensibles à l'oppression des femmes, plus conscients de la bataille à mener à cet égard, et plus sensibles à l'importance de gagner les femmes comme alliées dans la lutte.

15. Il existe aussi des minorités nationales opprimées au sein des pays coloniaux et semi-coloniaux. En Iran, par exemple, les nationalités opprimées constituent 60 % de la population. En Amérique latine, la population indigène indienne est une minorité opprimée. Les femmes de ces minorités sont confrontées à une double dimension de l'oppression nationale. Une fois qu'elles ont commencé à se mettre en marche, leur lutte peut se développer de manière explosive.

Les revendications des femmes et celles des minorités opprimées seront souvent étroitement liées et se renforceront mutuellement. Par exemple, la revendication des femmes pour le droit à l'éducation sera combinée à la revendication des hommes et des femmes des minorités opprimées pour le droit à l'éducation dans leur propre langue.

16. Dès le commencement de la révolution coloniale au début

Libération des Femmes & Révolution Socialiste

de ce siècle, les femmes ont participé aux soulèvements anti-impérialistes, mais il n'a pas existé de tradition concernant l'organisation des femmes en tant que telles, autour de leurs revendications spécifiques, comme une composante distincte de ces luttes. Cependant, le développement du système capitaliste mondial depuis la Seconde Guerre mondiale a accentué les contradictions économiques, sociales et politiques dans les pays coloniaux et semi-coloniaux, et cela permettra de plus en plus qu'à l'avenir les femmes entrent en lutte pour imposer leurs propres revendications.

A) Dans la période suivant la Seconde Guerre mondiale, il y eut une croissance de l'industrialisation dans les pays coloniaux et semi-coloniaux, bien que le degré de cette croissance ait varié considérablement selon les différents pays et en fonction des besoins des puissances impérialistes. Cela impliqua une possibilité accrue pour les femmes d'avoir accès au travail et à l'éducation.

B) Les progrès technologiques dans le domaine des tâches domestiques et du contrôle de la reproduction - bien que beaucoup moins accessibles que dans les pays développés - commencèrent à être connus, et montraient la possibilité de libérer les femmes d'un travail fastidieux et de leur permettre de contrôler l'un des éléments les plus importants de leur existence: leur fonction reproductive.

C) La crise économique du capitalisme mondial dont la dépression internationale en 1974-75 fut un signe évident, a eu un effet amplifié dans le monde colonial dans la mesure où les impérialistes tentaient de faire supporter les effets de la crise aux masses du monde colonial. Une part disproportionnée de cette crise retombe sur le dos des femmes, sous forme de montée des prix, de coupures dans les budgets déjà rudimentaires du système de la santé et de l'éducation, et dans l'augmentation de la misère à la campagne. Ainsi, le fossé entre ce qui est possible pour les femmes et ce qui existe va s'amplifiant.

Documents de la Quatrième Internationale

D) L'impact de cette contradiction dans la prise de conscience des femmes est renforcé aujourd'hui par l'écho du mouvement international de libération des femmes qui a inspiré les femmes tout autour du monde, popularisant et justifiant leurs revendications. Ces divers facteurs nous amènent à conclure que les luttes des femmes vont devenir une composante toujours plus importante des luttes révolutionnaires à venir dans les pays coloniaux et semi-coloniaux.

Cette lutte des femmes peut prendre une dimension explosive en raison du fossé existant entre les normes et les valeurs archaïques, et les possibilités ouvertes par les progrès technologiques du capitalisme en ce qui concerne la libération des femmes. De même, les normes et les valeurs traditionnelles maintenues par les impérialistes et leurs valets entrent en constante contradiction avec le mode de vie de nombreuses femmes. Cela signifie qu'une fois que les femmes commencent à mettre en question leur oppression, même d'un point de vue encore élémentaire, cela se combine avec d'autres formes d'explosion sociale et cela peut conduire très rapidement à des mobilisations de la masse des femmes dans des luttes qui prennent une orientation radicale, anticapitaliste.

17. Les attitudes et la politique concernant les revendications et les besoins des femmes dans les pays coloniaux et semi-coloniaux sont l'un des tests décisifs du caractère révolutionnaire, des perspectives et du programme de toute organisation aspirant à prendre la tête de la lutte contre l'impérialisme. Le rôle et l'importance que nous assignons à la lutte de libération des femmes dans ces pays, et le programme que nous mettons en avant dans ce but, nous distinguent des forces non prolétariennes prétendant à la direction de la lutte de libération nationale.

Il y a un élément qui a toujours été un trait distinctif du programme des marxistes révolutionnaires, et qui était reflété dans les résolutions du III° Congrès de l'internationale communiste.

Ces résolutions accordaient une attention particulière au travail exemplaire des communistes chinois, organisant et dirigeant les mobilisations de femmes qui précédèrent la seconde révolution chinoise en 1925-27.

Si le parti marxiste révolutionnaire ne parvient pas à voir l'importance d'organiser, de mobiliser les femmes, et de prendre la tête de la lutte pour leur libération, les courants bourgeois et petit-bourgeois auront alors tout loisir de prendre la direction de ces mouvements, les faisant dévier vers une orientation réformiste, si ce n'est carrément anti-ouvrière.

18. Seule la voie de la révolution socialiste peut ouvrir la voie à une transformation qualitative dans la vie de la masse des femmes des pays semi-coloniaux. Les exemples de Cuba, du Vietnam et de la Chine sont des points de mire importants pour les femmes d'Asie, d'Afrique et d'Amérique latine. Ces révolutions socialistes offrent la preuve évidente que des changements rapides sont possibles à partir du moment où la classe ouvrière, en alliance avec la paysannerie, brise les chaînes de la domination impérialiste. Lorsque les lois de l'accumulation capitaliste sont remplacées par celles de l'économie planifiée basée sur la nationalisation des secteurs clés de la production, il devient possible, même dans les pays pauvres du monde semi-colonial, de consacrer des ressources massives au développement de l'éducation et des crèches, des services médicaux et du logement.

Une fois que le capitalisme est éliminé, le chômage et le sous-emploi deviennent des résurgences du passé. On voit au contraire se développer une réduction du temps de travail qui permet aux femmes de sortir de leur foyer et de s'intégrer massivement dans tous les secteurs du travail productif. Les mœurs et les traditions sociales enracinées dans les modes de production précapitaliste et capitaliste disparaissent progressivement au fur et à mesure que s'accomplit cette transformation et que la classe ouvrière devient plus large et plus puissante.

19. En raison de l'extrême oppression qu'elles subissent, et vu qu'il n'existe aucune perspective pour que leur vie s'améliore dans

Documents de la Quatrième Internationale

le cadré du système capitaliste, les femmes des pays coloniaux et semi-coloniaux se retrouveront à l'avant-garde de la lutte pour le changement social.

Par le biais d'écoles internes et d'autres méthodes d'éducation, les sections de la IV° Internationale doivent préparer systématiquement leurs propres membres à comprendre l'importance de la lutte de libération des femmes, même si aucune lutte de masse ne se profile encore à l'horizon. Nous devons adopter une orientation politique consciente nous permettant de gagner les femmes à la lutte pour le socialisme, éduquant et intégrant les plus déterminées d'entre elles comme dirigeantes de notre mouvement.

Les femmes dans les Etats ouvriers et la révolution trahie

1. La révolution d'Octobre 1917, ainsi que toutes les révolutions socialistes victorieuses qui l'ont suivie se sont traduites par des acquis substantiels pour les femmes, y compris l'obtention de droits démocratiques et leur intégration dans la force de travail productive. Les mesures prises par les Bolcheviks sous la direction de Lénine et de Trotsky ont montré explicitement que la révolution prolétarienne impliquait des progrès immédiats pour les femmes.

Entre 1917 et 1927, le gouvernement soviétique passa une série de lois établissant l'égalité entre hommes et femmes sur le plan légal pour la première fois. Le mariage devint une simple mesure d'enregistrement, basée sur le consentement mutuel. Le concept d'illégitimité fut aboli. L'avortement légal et gratuit devint un droit pour toute femme. En 1927, il n'était plus nécessaire d'enregistrer les mariages et le divorce pouvait être obtenu sur la simple demande de l'un des deux conjoints. Les lois anti-homosexuels furent abolies.

Il fut décidé que l'éducation serait gratuite et obligatoire jusqu'à l'âge de 16 ans pour tous les enfants des deux sexes. La

Libération des Femmes & Révolution Socialiste

législation accorda des avantages particuliers aux femmes en ce qui concerne la maternité.

Le programme de 1919 du Parti communiste affirmait : « La tâche du parti à l'heure actuelle, c'est d'abord d'intervenir sur le plan des idées et de l'éducation afin de détruire complètement toute trace de l'inégalité et des préjugés antérieurs, en particulier dans les couches arriérées du prolétariat et de la paysannerie. Le parti ne limite pas son action à la question de l'égalité formelle des femmes, mais s'efforce de les libérer des fardeaux matériels qui pèsent sur elles et des tâches domestiques désuètes, en les remplaçant par des maisons communautaires, par des restaurants publics, des laveries, des crèches, etc. Ce programme fut mis en pratique dans la mesure du possible, compte tenu de l'arriération économique et de la pauvreté de la nouvelle République soviétique, sans compter la dévastation causée par près de dix ans de guerre et de guerre civile.

Une tentative consciente fut effectuée pour tenter de combattre les normes et les attitudes réactionnaires envers les femmes, qui reflétaient la réalité d'un pays dont la population était encore en grande majorité paysanne, où les femmes représentaient un pourcentage relativement faible de la main-d'œuvre, et où le poids des traditions et des habitudes féodales pesait sur l'ensemble des relations sociales. Comme de bien entendu, dans un tel contexte, l'expression d'attitudes réactionnaires envers les femmes se reflétait également dans le Parti bolchevik, y compris au sein de sa direction. Le parti n'était absolument pas homogène dans sa compréhension quant à l'importance de mettre en pratique et d'affiner les mesures indispensables permettant d'appliquer le programme de 1919.

2. L'épuisement de l'avant-garde de la classe ouvrière, décimée durant les années de guerre, ainsi que l'échec des soulèvements révolutionnaires en Europe de l'Ouest au lendemain de la guerre mondiale, créèrent les bases, durant les années 1920, pour le

Documents de la Quatrième Internationale

triomphe de la caste bureaucratique contre-révolutionnaire à la tête de laquelle se trouvait Staline. Alors que les fondements économiques du nouvel Etat ouvrier n'étaient pas détruits, une couche sociale privilégiée parvint à croître rapidement sur le terrain fertile de la pauvreté de la Russie, s'appropriant toute une part des bénéfices provenant de la nouvelle économie. Dans le but d'étendre ses nouveaux privilèges, la bureaucratie inversa la politique de Lénine et de Trotsky dans presque tous les domaines, depuis l'existence d'un gouvernement basé sur la démocratie soviétique jusqu'au contrôle des travailleurs sur l'économie planifiée en passant par le droit à l'autodétermination des nationalités opprimées et par le caractère internationaliste et prolétarien de la politique étrangère.

A la fin des années 1930, la contre-révolution avait physiquement anéanti tous les survivants de la direction bolchevique, établissant une dictature qui, à ce jour, continue à maintenir des centaines de milliers de prisonniers dans les camps et dans les hôpitaux psychiatriques, qui exile et qui réprime férocement tous ceux qui font preuve de la moindre velléité d'opposition.

Pour les femmes, la contre-révolution stalinienne s'est traduite par une remise sur pied et un renforcement du système familial. Trotsky a décrit ce processus dans les termes suivants:

«L'émancipation réelle des femmes est inconcevable sans une élévation générale du niveau économique et culturel, sans la destruction de l'unité familiale économique petite-bourgeoise, sans la socialisation de l'éducation et de la préparation de la nourriture. Cependant, guidée par son instinct de conservation, la bureaucratie s'est alarmée de la «désintégration», de la famille. On s'est mis à chanter les louanges du repas familial, de la lessive familiale, c'est-à-dire de l'esclavage domestique de la femme. Pour couronner le tout, la bureaucratie a restauré les peines criminelles à propos de l'avortement, renvoyant officiellement les femmes à leur statut de bête de somme. En contradiction absolue avec l'ARC du communisme, la caste dominante a donc restauré la structure la plus réactionnaire et la plus obscurantiste de la société de classe: la famille petite-bourgeoise. *(Writings of Leon Trotsky, 1937-38, II édition, 1976, p. 129)*

3. Le facteur essentiel qui facilita ce retour en arrière, ce fut l'arriération culturelle et matérielle de la société russe qui ne disposait pas des ressources nécessaires pour construire des crèches, des logements et des laveries en nombre suffisant, pour financer les services indispensables sur le plan du ménage et de l'alimentation permettant d'éliminer les bases matérielles de l'oppression des femmes. Cette arriération contribua aussi et plus généralement à maintenir la division sociale du travail héritée de la période tsariste.

Mais au-delà de ces limitations objectives, la bureaucratie stalinienne réactionnaire renonça consciemment à mettre en avant toute perspective allant dans le sens d'une socialisation qui permettrait d'alléger le fardeau qui reposait sur les épaules des femmes, et elle se mit au contraire à glorifier le système familial, cherchant à renforcer ce dernier par le biais de restrictions légales et de contraintes économiques.

Comme Trotsky le soulignait dans *La Révolution trahie*, « Ce recul ne s'effectue pas seulement sur un mode hypocrite absolument répugnant, mais il va beaucoup plus loin que ne l'exigent des contraintes économiques implacables ».

La bureaucratie a renforcé le système familial pour l'une de ces mêmes raisons qui font qu'il est maintenu dans la société capitaliste - c'est-à-dire comme moyen d'inculquer des attitudes de soumission à l'autorité et afin de perpétuer les privilèges d'une minorité. Trotsky expliquait que « la raison la plus importante du culte actuel de la famille, c'est sans aucun doute la nécessité pour la bureaucratie de maintenir des relations hiérarchiques stables et d'imposer une discipline à la jeunesse qui se traduise en autant de points d'appui pour imposer son pouvoir et son autorité. »

Documents de la Quatrième Internationale

Dans la foulée de ce processus contre-révolutionnaire, les anciennes lois tsaristes contre l'homosexualité furent réintroduites après qu'on les eût dépoussiérées. Le renforcement de la famille permit à la bureaucratie de perpétuer une importante division au sein de la classe ouvrière: la division entre l'homme, considéré comme « chef et gagne-pain de la famille », et la femme, responsable des tâches liées à l'entretien du foyer, quelles que soient par ailleurs ses autres activités.

De manière plus générale, cela signifia le maintien de la division entre vie privée et vie publique, avec l'isolement qui en résulte, aussi bien pour les hommes que pour les femmes. Le renforcement de la famille nucléaire renforça aussi la bureaucratie par l'encouragement que cela représentait à des attitudes de repli de chaque famille sur elle-même et, dans le cadre d'une politique générale de planification allant dans tous les sens sauf dans le sens de la satisfaction des besoins des travailleurs, cela permet à la bureaucratie de réduire les coûts des services sociaux.

La situation créée par la révolution prolétarienne et par la contre-révolution stalinienne en Union soviétique n'a pas été systématiquement reproduite dans tous les Etats ouvriers déformés d'Europe de l'Est et d'Asie. Des différences importantes reflètent les disparités existant d'un pays, voire d'une région, à l'autre, sur le plan historique, culturel, économique ou social. Cependant, en dépit de variations dans le degré de participation des femmes au processus de production, dans le nombre de crèches ou d'autres services sociaux, le maintien des inégalités économiques et sociales des femmes ainsi que la politique visant à renforcer et à justifier le travail domestique des femmes reste la politique officielle dans tous les Etats ouvriers déformés.

4. En 1970, selon les statistiques officielles d'Union soviétique, 90 % de toutes les femmes de 16 à 54 ans habitant les villes travaillaient à l'extérieur de la maison. En moyenne, néanmoins, les femmes soviétiques passent de 4 à 7 heures par jour à des tâches domestiques en plus des huit heures qu'elles effectuent dans leur travail salarié.

Le maintien, pour les femmes de la responsabilité des tâches domestiques impliquant l'éducation des enfants, la cuisine, le nettoyage, la lessive et le soin de veiller aux besoins de tous les autres membres de la famille, représente la base économique et sociale sur laquelle se fondent les désavantages et les préjugés concernant les femmes, ainsi que les discriminations qui en résultent sur le plan du travail et du salaire. Cela influence profondément la façon dont les femmes se perçoivent elles-mêmes, leur rôle dans la société, et les objectifs qu'elles se fixent.

Une enquête faite en Tchécoslovaquie à la fin des années 1960 révèle que près de 80 % des femmes interviewées acceptaient l'idée de rester à la maison jusqu'à ce que leur enfant ait atteint l'âge de trois ans, si leur mari était d'accord et que le salaire de ce dernier soit suffisant pour subvenir aux besoins de la famille. C'est à peine surprenant si l'on considère que, durant la même période, sur 500 femmes interrogées qui avaient une position de cadre sur le plan professionnel, la moitié déclaraient qu'elles effectuaient la totalité des travaux domestiques à la maison (*elles y passaient de 4 à 5 heures par jour*).

Alors que 50 % des salariés en URSS sont des femmes, ces dernières sont confinées avant tout dans des travaux mal payés, peu qualifiés, dans les secteurs « féminins » de l'industrie et dans les services. C'est ainsi que 43,6 % de l'ensemble des femmes actives travaillent encore dans l'agriculture, alors qu'un quart d'entre elles est employé dans le textile. Dans le primaire et le secondaire, 80 % des enseignants sont des femmes, et elles représentent la totalité du personnel dans les maternelles. En 1970, seuls 6,6 % de l'ensemble des entreprises industrielles étaient dirigées par des femmes. D'après les statistiques de 1966, la moyenne des salaires féminins en URSS était de 69,3 % de ceux des hommes, contre 64,4 % en 1924 !

Documents de la Quatrième Internationale

En 1970, dans l'ensemble des pays de l'Est, l'écart salarial allait de 27 à 30 % en dépit des lois sur l'égalité des salaires qui ont été passées dans ces pays depuis des décennies. Cela reflète le fait que les femmes ne font pas le même travail que les hommes. Non seulement elles continuent à être orientées vers les emplois «féminins» moins bien payés, non seulement elles ont souvent des qualifications supérieures aux postes qu'elles occupent, mais parmi les femmes qui effectuent un apprentissage débouchant sur des emplois qualifiés et mieux payés (notamment dans l'industrie lourde), très peu d'entre elles continuent à travailler dans ces secteurs par la suite. Les responsabilités familiales font qu'il est difficile de se tenir à jour face aux nouveaux développements dans une spécialité donnée. Les lois protectrices déterminant des conditions de travail particulières pour les femmes ont aussi souvent des effets discriminatoires qui les empêchent d'occuper des postes identiques à ceux des hommes.

En 1976, plus de 40 % de tous les scientifiques soviétiques étaient des femmes, mais il n'y en avait que trois parmi les 243 membres de l'Académie des sciences en URSS. Du point de vue des responsabilités politiques seules huit femmes étaient membres du comité central du PC soviétique sur 287 élus, et il n'y en avait aucune au bureau politique.

En URSS et dans les pays de l'Est, tout comme dans les pays capitalistes avancés, les sciences médicales et la technologie ont suffisamment progressé pour permettre d'alléger considérablement le double fardeau qui repose sur les femmes. Cependant, l'absence de tout contrôle démocratique sur la production de la part des travailleurs ainsi que la domination de la caste bureaucratique privilégiée sont à la source de distorsions entre le processus productif et la planification économique qui provoquent de forts ressentiments. De ce point de vue, les femmes ressentent le poids de la bureaucratie encore plus que les hommes dans la mesure où ce sont elles qui sont obligées de combler les carences existant sur le plan économique en accomplissant une double journée de travail.

Durant la dernière décennie, la potentialité explosive de ce ressentiment a contraint différentes castes bureaucratiques à planifier une augmentation dans la production des biens de consommation ainsi qu'une amélioration des services sociaux. Mais le niveau des biens de consommation à disposition continue à être bien en deçà des besoins et des aspirations qui vont croissant. Les services sociaux, eux aussi, demeurent inadéquats. Les statistiques officielles montrent par exemple qu'en 1978 en URSS, même si le nombre de crèches était plus élevé que dans les pays capitalistes avancés, celles-ci ne pouvaient cependant accueillir que 13 des 35 millions d'enfants en âge préscolaire.

En Tchécoslovaquie et en Pologne au début des années 1970, il n'y avait de place dans les maternelles que pour 10 % des enfants de moins de trois ans, et, respectivement, pour 37 et 45 % des enfants de trois à six ans. Et ceci, alors même que les femmes représentent de 40 à 45 % de la main d'œuvre active dans ces pays. En dépit de toutes les difficultés que suppose une telle situation pour les travailleuses, certains officiels staliniens remettent à l'honneur la théorie de la « division naturelle du travail » entre hommes et femmes. En Tchécoslovaquie et en Hongrie, la « solution » mise en avant pour pallier les carences des services sociaux et, en même temps, pour tenter de renverser la tendance à la baisse de la natalité, c'est en quelque sorte un a salaire ménager » accordé aux mères d'un ou de deux enfants de moins de trois ans. En Tchécoslovaquie, ce système s'accompagne d'une augmentation substantielle de l'allocation de naissance pour chaque enfant (presque l'équivalent d'un mois de salaire). De telles mesures tendent évidemment à faire pression sur les femmes pour qu'elles restent à la maison, compte tenu de la double journée qui s'ajoute à leur travail extérieur.

Le nombre de laveries publiques est insignifiant (en

Tchécoslovaquie, en Pologne et en URSS, elles ne couvrent que de 5 à 10 % des besoins).

Parallèlement, le nombre d'hommes et de femmes qui mangent dans des restaurants publics a énormément diminué depuis les années 1950. Vu l'élévation des prix et la mauvaise qualité, seuls 20 % de la population tchécoslovaque prennent leurs repas à l'extérieur de la maison - comparés aux 50 % de la période précédente.

Tous ces éléments vont dans le sens d'enfermer les femmes à la maison, une tendance renforcée par la propagande de la bureaucratie en faveur du travail à temps partiel. En Allemagne de l'Est, par exemple, cela s'exprime par la journée de congé mensuelle attribuée aux femmes pour qu'elles puissent effectuer leurs tâches domestiques. Bien sûr, ce « privilège particulier n'est accordé qu'à elles.

En octobre 1977, la même tendance réactionnaire se traduisait par l'incorporation, dans la Constitution soviétique en révision, d'un amendement à l'article 35, censé garantir l'égalité des droits de la femme. La Constitution amendée prévoit « la réduction graduelle de la durée de la journée de travail pour les femmes ayant des enfants en bas-âge ». Les dirigeants soviétiques expliquèrent que cette nouvelle disposition dans la Constitution reflétait la ligne du parti et de l'Etat soviétique tendant à améliorer la situation des « femmes en tant que travailleuses, mères, éducatrices et ménagères ».

Le renforcement de la division sociale du travail entre hommes et femmes se traduit également par la politique gouvernementale dans ces pays où tout est mis en œuvre pour tenter d'augmenter le taux de natalité afin de satisfaire les besoins en main-d'œuvre. (L'Allemagne de l'Est est le seul pays à faire exception à l'heure actuelle). Au moment même où il est devenu plus facile d'avorter pour les femmes des pays capitalistes, la tentative d'imposer une croissance de la population a entraîné des mesures restrictives concernant l'avortement dans toute l'Europe de l'Est.

De fait, les bureaucraties staliniennes ont récusé la conception de Lénine et des autres dirigeants de la Révolution russe selon laquelle l'accès sans restriction à l'avortement est un droit démocratique élémentaire des femmes. Alors que l'avortement est généralement légal en URSS et dans les pays de l'Est, les castes dirigeantes n'ont cessé de restreindre ce droit, plaçant souvent les femmes dans des conditions humiliantes et leur imposant des sanctions sur le plan économique lorsqu'elles cherchent à avorter (comme le refus d'un congé payé en cas d'avortement ou le refus de considérer celui-ci comme un acte médical gratuit).

A l'exception de la Pologne, la plupart des pays de l'Est ont explicitement rejeté jusqu'à il y a peu de temps, toute perspective d'éducation sexuelle ou d'information massive sur les moyens contraceptifs. Les centres de Planning familial étaient quasiment inexistants, et l'accès aux moyens de contraception tels que la pilule ou la stérilisation était strictement limité (en Tchécoslovaquie, au début des années 1970, seuls 5% des femmes usaient de telles méthodes). Mais aucune de ces mesures n'est parvenue à renverser la tendance à la diminution des naissances ou à faire décroître le nombre des avortements. Confrontés à ce « problème », les bureaucrates font preuve de beaucoup d'imagination pour inventer des moyens encourageant les femmes à avoir plus d'enfants. Ils ont recours à tout, sauf à la socialisation des tâches domestiques. En Pologne, ils ont étudié la possibilité d'introduire un « salaire ménager », ou d'imposer une taxe sur le revenu des ménagères refusant d'avoir des enfants, ou de repousser l'âge de la retraite des femmes de 60 à 65 ans pour alimenter un fonds destiné aux allocations maternité, ou encore d'abaisser l'âge de la retraite des femmes à 55 ans pour leur permettre de prendre part à la garde des enfants en bas âge. En Chine, par ailleurs, la bureaucratie stalinienne a introduit des mesures économiques spéciales qui pénalisent les couples ayant plus de deux enfants,

Documents de la Quatrième Internationale

afin de tenter de limiter la croissance de la population. Le droit de choisir est subordonné aux décisions économiques prises par la bureaucratie.

Dans tous les pays d'Europe de l'Est, et en Chine, la politique de la bureaucratie tend à renforcer la répression sexuelle. Les restrictions extrêmes sur le plan du logement; le type d'éducation dispensé aux enfants dès leur plus jeune âge; le refus fréquent de louer des chambres d'hôtel aux couples non-mariés; les pressions pour que le gens se marient plus tardivement, sont autant d'éléments qui reflètent les mœurs dominantes sur le plan social et l'opposition de la bureaucratie à toute forme de libération sexuelle. Compte tenu de la place qu'elles occupent au sein de la famille, les femmes sont bien entendu les premières à faire les frais de cette politique et de ces normes répressives.

5. Les femmes des Etats ouvriers dégénérés ne verront pas leur pleine libération sans une révolution politique qui arrache son pouvoir à la caste bureaucratique et restaure la démocratie ouvrière. Bien qu'il y ait encore peu d'indications concernant une élévation du niveau de conscience à propos de l'oppression des femmes, il n'y a pas de barrière étanche entre les pays capitalistes et les Etats ouvrier, spécialement entre l'Europe de l'Ouest et l'Europe de l'Est. Les femmes des Etats ouvriers seront inévitablement influencées par la radicalisation des femmes d'autres pays et par les revendications que ces dernières mettent en avant.

La lutte des femmes pour leur libération sera un élément important du processus de remise en cause pour renverser les régimes bureaucratiques et établir une démocratie socialiste. Les revendications touchant à la socialisation des tâches domestiques en particulier sont un aspect déterminant du programme de transition pour la révolution socialiste à venir.

D'un certain point de vue, en comparaison avec les pays capitalistes avancés, l'indépendance économique et le statut des femmes dans les Etats ouvriers offre un exemple positif.

Libération des Femmes & Révolution Socialiste

Mais l'histoire de l'Union soviétique montre aussi de manière frappante que la famille est la pierre angulaire de l'oppression des femmes. Aussi longtemps que la servitude domestique des femmes est maintenue et encouragée par les mesures économiques et politiques officielles, aussi longtemps que les fonctions de la famille ne sont pas réellement prises en charge par des institutions sociales supérieures, toute insertion véritablement égale des femmes dans la vie productive et sociale est impossible. La responsabilité des femmes dans les tâches domestiques est à la source des inégalités auxquelles elles sont confrontées dans la vie quotidienne, dans l'éducation, au travail et dans la politique.

6. La contre-révolution stalinienne en ce qui concerne les femmes et la famille, le degré important d'inégalité qui touche les femmes en Union soviétique particulièrement, plus de 60 ans après la Révolution d'Octobre constituent aujourd'hui l'un des obstacles pour gagner au marxisme révolutionnaire les femmes qui se radicalisent dans d'autres pays. Comme sur beaucoup d'autres points, la politique stalinienne est souvent confondue avec le léninisme, plutôt que d'être reconnue pour ce qu'elle est: la négation du léninisme. Les femmes qui luttent ailleurs pour leur libération regardent souvent ce qui se passe en URSS et dans les Etats ouvriers déformés en disant: « Si c'est là ce que le socialisme représente pour les femmes, nous n'en avons nul besoin. » Beaucoup d'antimarxistes utilisent la situation des femmes dans ces pays pour « prouver » que le chemin qui mène à la libération des femmes ne passe pas par la lutte des classes. La bataille pour gagner les dirigeantes féministes dans d'autres pays du monde est donc étroitement liée au développement de la révolution politique dans les Etats ouvriers déformés ou dégénérés, aussi bien qu'à notre capacité à mettre en avant une image différente du socialisme pour lequel nous, en tant que marxistes authentiques, nous nous battons.

Documents de la Quatrième Internationale

La IVe Internationale et la lutte pour la libération des femmes

Notre orientation

1. La IVe Internationale salue et soutient la montée d'une nouvelle vague de luttes menées par les femmes pour mettre un terme à leur oppression séculaire. En nous battant en première ligne, nous faisons la preuve que le parti mondial de la révolution socialiste peut fournir une direction capable de mener jusqu'au bout la lutte pour la libération des femmes. Notre objectif est de gagner la confiance et la direction de la masse des femmes en leur démontrant que notre programme et nos orientations de lutte de classes mèneront à l'élimination de l'oppression des femmes en suivant la voie de la révolution prolétarienne victorieuse et de la reconstruction socialiste de la société.

2. Cette orientation de la IV° Internationale s'inscrit dans la longue tradition du marxisme-révolutionnaire. Elle se fonde sur les considérations suivantes

A) L'oppression des femmes est apparue durant la transition de la société pré-classiste à la société de classes. Elle est indispensable au maintien' de la société de classes en général et du capitalisme en particulier. Donc, la lutte de la masse des femmes contre leur oppression est un aspect de la lutte contre la domination de classe capitaliste.

B) Les femmes représentent à la fois une composante importante de la classe ouvrière et un puissant allié potentiel de la classe ouvrière dans la lutte pour le renversement du capitalisme. Sans la révolution socialiste, les femmes ne peuvent instaurer les conditions préalables à leur libération. Sans la mobilisation de la masse des femmes dans la lutte pour leur propre libération, la classe ouvrière ne peut accomplir ses tâches historiques. La destruction de l'État bourgeois, l'éradication de la propriété capitaliste, la transformation des bases et des priorités économiques de la société, la consolidation d'un nouveau pouvoir

Libération des Femmes & Révolution Socialiste

d'Etat basé sur l'organisation démocratique de la classe ouvrière et de ses alliés et la lutte permanente pour éliminer toutes les formes d'oppression dans les relations sociales héritées de la société de classes, tout cela ne peut être mené à bien, en dernière instance, sans la participation et la direction conscientes d'un mouvement autonome de libération des femmes.

Ainsi notre soutien à la construction d'un mouvement de libération des femmes indépendant est partie prenante de la stratégie du parti ouvrier révolutionnaire. Il découle du caractère même de l'oppression des femmes, des divisions sociales créées par le capitalisme lui-même et de la façon dont elles sont utilisées pour diviser et affaiblir la classe ouvrière et ses alliés dans la lutte pour l'abolition de la société de classe.

C) Toutes les femmes sont opprimées en tant que femmes. Les luttes sur des aspects spécifiques de l'oppression des femmes se mènent forcément avec la participation de femmes de différentes classes et couches sociales. Même certaines femmes bourgeoises, en se révoltant contre leur oppression en tant que femmes peuvent rompre avec leur classe et être gagnées au camp du mouvement ouvrier révolutionnaire qui incarne la voie de leur libération.

Comme Lénine le soulignait dans ses discussions avec Clara Zetkin, la lutte sur des aspects de l'oppression des femmes ouvre la possibilité de toucher au cœur l'ennemi de classe, de « susciter et d'accroître le malaise, l'inquiétude, les contradictions et les conflits au sein de la bourgeoisie et de ses amis réformistes... Tout affaiblissement de l'ennemi équivaut à un renforcement de notre camp ».

Il y a un élément encore plus important du point de vue du parti marxiste-révolutionnaire: la révolte contre leur oppression en tant que femmes peut souvent représenter un point de départ dans la radicalisation de couches décisives de femmes de la petite bourgeoisie, dont la classe ouvrière doit gagner le soutien.

D) Si toutes les femmes sont opprimées, les effets de cette

Documents de la Quatrième Internationale

oppression sont différents pour les femmes en fonction de leur classe. Celles qui subissent la plus grande exploitation économique sont généralement celles qui souffrent aussi le plus de leur oppression en tant que femmes. Ainsi le mouvement de libération des femmes ouvre la voie de la mobilisation de nombreuses femmes parmi les plus opprimées et les plus exploitées qu'on ne pourrait peut-être toucher si rapidement au travers des luttes de la classe ouvrière.

E) Si toutes les femmes sont affectées par leur oppression en tant que femmes, le mouvement de masse de libération des femmes que nous nous efforçons de construire doit être fondamentalement prolétarien dans sa composition, son orientation et sa direction. Seul un tel mouvement qui s'enracine dans les couches les plus exploitées des femmes de la classe ouvrière, sera capable de mener le combat pour la libération des femmes jusqu'au bout et sans compromission, en s'alliant aux forces sociales dont les intérêts de classe sont parallèles à ceux des femmes ou les recoupent. Seul un tel mouvement sera capable de jouer un rôle progressiste dans des conditions d'exacerbation de la lutte de classes.

F) Dans cette perspective à long terme, les luttes des femmes dans les syndicats et au travail ont une importance spéciale car elles reflètent les relations vitales entre le mouvement des femmes et le mouvement ouvrier, et leur impact réciproque. Ceci se reflète dans la radicalisation croissante des femmes de la classe ouvrière à l'heure actuelle, dans la compréhension toujours plus grande des forces du mouvement de libération des femmes qu'elles doivent s'orienter vers les luttes des travailleuses, et dans la volonté de certains secteurs de la bureaucratie syndicale de plusieurs pays de commencer à prendre des initiatives à propos des revendications des femmes. Tous ces éléments indiquent le caractère et la composition futurs du mouvement de libération des femmes, ainsi que la nature de classe des forces qui se mettront à sa tête pour lui donner une direction.

G) Les luttes des femmes contre leur oppression en tant que

Libération des Femmes & Révolution Socialiste

sexe sont intimement liées à celles des travailleurs en tant que classe, sans pour autant en dépendre complètement ni s'y identifier. Les femmes ne peuvent conquérir leur libération qu'en s'alliant à la force organisée de la classe ouvrière. Mais cette nécessité historique ne signifie nullement que les femmes devraient attendre pour mener leurs luttes, quelles qu'elles soient, que la bureaucratie ouvrière en place soit remplacée par une direction révolutionnaire qui reprenne le drapeau de la libération des femmes. Pas plus que les femmes n'ont à attendre que la révolution socialiste ait créé les bases matérielles nécessaires pour en finir avec leur oppression. Au contraire, les femmes en lutte pour leur libération n'ont à attendre de personne qu'on leur montre la voie. C'est à elles de prendre la tête dans le déclenchement des luttes et pour les faire progresser. Ce faisant elles joueront un rôle dirigeant au sein de l'ensemble du mouvement ouvrier et contribueront à créer le type de direction ayant une orientation de lutte de classe indispensable pour progresser sur tous les fronts.

H) Le sexisme est l'une des armes les plus puissantes utilisées par la classe dirigeante pour diviser et affaiblir le mouvement ouvrier. Mais il ne se contente pas de diviser et d'opposer les hommes et les femmes. Il s'enracine dans le caractère même de la société de classe, et dans les innombrables manières dont l'idéologie bourgeoise est inculquée à chaque individu dès sa naissance. Les patrons dressent chaque secteur de la classe ouvrière contre tous les autres. Ils encouragent l'idée que l'égalité des femmes ne peut être obtenue qu'aux dépens des hommes - en enlevant aux hommes leurs emplois, en abaissant leurs salaires et les privant du confort domestique. La bureaucratie réformiste du mouvement ouvrier joue bien sûr aussi sur ces divisions pour maintenir son contrôle. *(C'est un frein qui pèse aussi bien sur les femmes que sur les hommes, par-delà les clivages de sexe).* L'éducation de la masse des travailleurs, hommes et femmes, par la propagande, l'agitation, et l'action à propos des besoins des femmes, constitue une part essentielle de la lutte pour dégager la classe ouvrière de l'emprise de l'idéologie bourgeoise réactionnaire. C'est un élément indispensable de la politisation et de l'éducation révolutionnaire du mouvement ouvrier.'

I) La classe ouvrière ne peut atteindre la pleine possession de sa force de son pouvoir et de son unité que si le mouvement ouvrier commence à battre en brèche ses profondes divisions internes. Ce résultat ne sera atteint que si les travailleurs arrivent à comprendre que ceux d'entre eux qui se trouvent au sommet de l'échelle salariale ne doivent pas leurs avantages matériels relatifs au fait que d'autres subissent des discriminations et sont particulièrement opprimés. Ce sont au contraire les patrons qui profitent de telles stratifications et de telles divisions. Les intérêts de classe de tous les travailleurs sont les mêmes que ceux qui s'expriment dans les revendications et les besoins des couches les plus opprimées et les plus exploitées de la classe : les femmes, les nationalités opprimées, les travailleurs immigrés, les jeunes, les inorganisés, les chômeurs. Le mouvement des femmes a un rôle particulièrement important à jouer pour éduquer la classe ouvrière et lui faire comprendre cette vérité.

J) La lutte pour amener le mouvement ouvrier organisé à reprendre en charge les revendications des femmes s'inscrit dans la lutte pour amener la classe ouvrière à réfléchir d'un point de vue de classe et à agir politiquement. C'est un axe central de la bataille pour transformer les syndicats en instruments de lutte révolutionnaire au service des intérêts de toute la classe ouvrière. En combattant les efforts des patrons visant à maintenir la division au sein de la classe ouvrière, nous nous efforçons de gagner la base des syndicats, et en particulier les jeunes travailleurs les plus combatifs. Plus nous serons capables de remporter cette bataille, plus nous verrons la bureaucratie syndicale se diviser. Ceux qui refusent de défendre les intérêts de la grande majorité des plus opprimés et des plus exploités se verront peu à peu écartés.

La lutte du parti révolutionnaire pour conquérir l'hégémonie

Libération des Femmes & Révolution Socialiste

et la direction au sein de la classe ouvrière est inséparable de la lutte pour convaincre la classe ouvrière et ses organisations de reconnaître et d'appuyer les luttes des femmes comme partie prenante de leurs propres luttes.

K) La lutte contre l'oppression des femmes n'est pas une question secondaire ou marginale. C'est un problème vital pour le mouvement ouvrier, surtout dans une période d'accentuation de la polarisation de classe.

Parce que la place des femmes dans la société de classe engendre beaucoup d'angoisses et de craintes très profondes, et parce que l'idéologie qui cimente le statut d'infériorité des femmes garde une puissante emprise en particulier à l'extérieur de la classe ouvrière, les femmes restent une cible privilégiée pour toutes les organisations cléricales, réactionnaires et fascistes. Que ce soient les démocrates-chrétiens, la Phalange, ou les adversaires du droit à l'avortement, la réaction fait spécialement appel au soutien des femmes, en prétendant s'adresser à leurs besoins spécifiques, en profitant de leur dépendance économique sous le capitalisme, et en promettant de soulager les femmes du fardeau encore plus lourd qu'elles portent dans toutes les périodes de crise sociale.

Depuis le slogan « Kinder-Kirche-Küche » du mouvement nazi jusqu'à la mobilisation des femmes bourgeoises par les démocrates-chrétiens au Chili lors de la manifestation des casseroles vides en 1971, l'histoire a prouvé à maintes reprises que la mystique réactionnaire de la maternité et de la famille est l'une des armes les plus puissantes que la bourgeoisie ait forgée au service de la réaction.

Une fois de plus le Chili a tragiquement démontré que si le mouvement ouvrier échoue à présenter et à défendre un programme et une orientation révolutionnaires qui répondent aux besoins de la masse des femmes, nombre de femmes de la petite bourgeoisie ou même de la classe ouvrière seront soit mobilisées dans le camp de la réaction, soit neutralisées en tant que soutien potentiel du

Documents de la Quatrième Internationale

prolétariat. Les changements objectifs dans le rôle économique et social des femmes, et la radicalisation nouvelle des femmes avec les changements de mentalités et d'attitudes qu'elle a entraînés, compromettent les chances de la réaction de l'emporter. C'est une source nouvelle d'optimisme révolutionnaire pour la classe ouvrière. Le caractère massif de la prise de conscience féministe en Espagne, qui représente une des composantes les plus significatives de la montée de la lutte des classes après la mort de Franco, prouve aussi la rapidité avec laquelle l'emprise idéologique de l'Eglise et de l'Etat peut commencer à s'effriter dans une période de fermentation révolutionnaire, même dans des secteurs de la population où elle était très forte.

L) Si la victoire de la révolution prolétarienne peut créer les bases matérielles de la socialisation du travail domestique et jeter les bases de l'égalité économique et sociale complète des femmes, cette reconstruction socialiste de la société, qui posera toutes les relations humaines sur des bases nouvelles, ne s'accomplira pas immédiatement et automatiquement. Pendant la période de transition vers le socialisme, la lutte pour extirper toutes les formes d'oppression héritées de la société de classe continuera. Par exemple, la division sociale du travail en tâches féminines et masculines doit être éliminée dans toutes les sphères d'activité depuis la vie quotidienne jusqu'aux entreprises. Il faudra prendre des décisions concernant la répartition des ressources insuffisantes. Il faudra mettre sur pied un plan économique qui tienne compte des besoins sociaux des femmes et qui contribue à une socialisation accélérée des tâches domestiques. Le maintien de l'organisation autonome des femmes sera une précondition pour parvenir démocratiquement à des décisions économiques et sociales correctes. Ainsi, même après la révolution, le mouvement autonome des femmes jouera un rôle indispensable comme garant de la capacité de la classe ouvrière dans son ensemble, hommes et

Libération des Femmes & Révolution Socialiste

femmes, à mener à bien la transformation sociale.

Notre stratégie de lutte de classe pour la lutte contre l'oppression des femmes, notre réponse à la question : comment mobiliser ta classe ouvrière aux côtés des femmes et la masse des femmes aux côtés de la classe ouvrière a trois aspects : nos revendications politiques, nos méthodes de lutte, et notre indépendance de classe.

Nos revendications

A travers l'ensemble du corps de revendications que nous mettons en avant - qui traitent toutes les questions, depuis la liberté d'association politique, jusqu'au chômage et à l'inflation, en passant par l'avortement et la prise en charge des enfants, le contrôle ouvrier et l'armement du prolétariat - nous cherchons à articuler les besoins, les luttes et le niveau de conscience de la masse des travailleurs aujourd'hui avec le point culminant dé la révolution socialiste. Comme partie intégrante de ce programme de transition, nous avançons des revendications qui répondent à l'oppression spécifique des femmes.

Notre programme est orienté vers les questions sur lesquelles les femmes peuvent entrer en lutte pour desserrer l'étau de leur oppression et remettre en cause les privilèges de la bourgeoisie. Il tient compte de tous les aspects de l'oppression des femmes : légale, économique, sociale, sexuelle, et offre des réponses à tous ces problèmes.

Ces revendications s'adressent à ceux qui sont responsables des conditions économiques et sociales dans lesquelles s'enracine l'oppression des femmes la bourgeoisie, son gouvernement et ses agents. Nous fixons au mouvement de libération des femmes des objectifs clairs. Nous avançons nos revendications et notre propagande de façon à montrer comment une société qui ne serait plus fondée sur la propriété privée, l'exploitation et l'oppression transformerait radicalement la vie des femmes dans tous les domaines.

Cet ensemble de tâches et de mots d'ordre inclut des

revendications immédiates, démocratiques et transitoires. Certaines peuvent être et seront arrachées à la bourgeoisie au cours de la lutte qui mènera à la révolution socialiste. De telles victoires sont source d'inspiration, de confiance accrue et d'indépendance. D'autres revendications seront partiellement satisfaites. Les plus fondamentales rencontreront jusqu'au bout la résistance de ceux qui contrôlent la propriété et la richesse. Elles ne seront satisfaites que par la conquête du pouvoir et la reconstruction socialiste de la société.

En luttant pour ces revendications -- aussi bien celles qui apportent des solutions à l'oppression spécifique des femmes que celles qui répondent aux autres besoins des nationalités opprimées et de la classe ouvrière dans son ensemble -- la massé des femmes arrivera à saisir les liens entre l'oppression et la domination de classe dont elles sont victimes.

Nos revendications orientées vers l'élimination de l'oppression spécifique des femmes sont centrées sur les points suivants

1. Egalité totale, légale, politique et sociale pour les femmes

Pas de discrimination fondée sur le sexe. Droit pour toutes les femmes de voter, de s'engager dans une activité publique, de former ou d'adhérer à des organisations politiques, de vivre et de voyager où bon leur semble, d'entreprendre toute activité de leur choix. Abrogation de toutes les lois et règlements impliquant des discriminations à l'égard des femmes. Extension aux femmes de tous les droits démocratiques conquis par les hommes.

2. Droit des femmes à contrôler leur propre corps

Seule la femme a le droit de choisir si elle veut ou non prévenir ou interrompre une grossesse. Ce qui implique le rejet des plans de contrôle des populations qui sont des instruments du racisme ou des préjugés de classe et qui tentent de rejeter la responsabilité des maux de la société de classe sur la masse des ouvriers et des paysans. A) Abrogation de toutes les restrictions gouvernementales en matière d'avortement et de contraception, y compris pour les mineures, les travailleuses immigrées et toutes celles qui sont privées des droits civiques.

B) Avortement libre et gratuit ; ni stérilisation forcée, ni aucune ingérence du gouvernement dans le droit des femmes à choisir si et quand elles veulent des enfants. Droit de la femme à toute méthode d'avortement ou de contraception de son choix.

C) Gratuité de la contraception et information la plus large. Centres de contraception et d'éducation sexuelle financés par l'Etat dans les écoles, les quartiers, les hôpitaux et les entreprises.

D) Priorité dans la recherche médicale au développement de contraceptifs pour les hommes et les femmes, efficaces et sans aucun danger; suppression de toute expérimentation médicale et pharmaceutique sur les femmes sans leur consentement, sans qu'elles aient été pleinement informées; nationalisation de l'industrie pharmaceutique.

3. Suppression des lois familiales bourgeoises et féodales, hypocrites, avilissantes et contraignantes

A) Séparation de l'Eglise et de l'Etat.

B) Suppression de tous les mariages forcés, de la vente et de l'achat des femmes. Abrogation de toutes les lois contre l'adultère. Abolition des lois accordant aux hommes des « droits conjugaux » sur leurs femmes. Suppression de toutes les lois séculaires ou religieuses sanctionnant les abus, la violence physique ou même le meurtre des épouses, sœurs et filles coupables de prétendus crimes contre « l'honneur masculin ».

C) Abolition de toutes les lois interdisant le mariage entre hommes et femmes de différentes races, religions ou nationalités.

D) Mariage par libre consentement et enregistrement civil.

E) Droit automatique au divorce à la demande de l'un des deux époux. Allocation d'Etat et formation professionnelle pour les femmes divorcées sans ressources.

F) Abolition du concept d' « illégitimité ». Suppression de

Documents de la Quatrième Internationale

toute discrimination à l'encontre des mères célibataires et de leurs enfants. Suppression du régime quasi-carcéral en vigueur dans les centres réservés aux mères célibataires et aux autres femmes qui n'ont nulle part où aller.

G) La prise en charge matérielle et l'éducation des enfants doivent reposer sur la société plutôt que sur les parents. Abolition de toutes les lois qui donnent aux parents des droits de propriété et un contrôle total sur les enfants. Promulgation et stricte application de lois contre les mauvais traitements infligés aux enfants.

H) Suppression de toutes lois pénalisant les prostituées. Suppression de toutes les lois qui renforcent la discrimination hommes-femmes en matière sexuelle. Suppression de toutes les lois qui pénalisent les jeunes pour activités sexuelles.

I) Abolition des mutilations de femmes au travers de la pratique de l'infibulation ou de la clitoridectomie.

J) Abrogation de toutes les lois contre les homosexuels. Suppression de toute discrimination à l'encontre des homosexuels, en matière d'emploi, de logement et de garde des enfants. Suppression de l'image caricaturale des homosexuels dans les manuels et les médias, et de la représentation des relations homosexuelles comme perversion contre nature.

K) Les violences faites aux femmes - souvent entérinées par des lois familiales réactionnaires - sont une réalité quotidienne que toutes les femmes vivent sous une forme ou une autre. Quand ce n'est pas sous ta forme extrême du viol ou des coups, il y a la menace toujours présente de l'agression sexuelle implicite au travers de la circulation très large de littérature pornographique et des remarques et gestes obscènes que les femmes subissent constamment dans la rue et au travail.

Nous exigeons la suppression des lois reposant sur la présomption que les femmes victimes de viol sont les coupables; ouverture de centres - indépendants de la police et de la justice -

pour accueillir, conseiller et aider les femmes battues, violées, et les autres femmes victimes de violences sexuelles ; amélioration des transports publics, de l'éclairage des rues, et autres services publics pour une meilleure sécurité des femmes qui sortent seules.

Les violences contre les femmes sont le produit empoisonné des conditions générales, économiques et sociales, de la société de classe. Elles augmentent inévitablement pendant les périodes de crise sociale. Mais nous nous efforçons d'inculquer aux femmes et aux hommes l'idée que la violence sexuelle ne peut être extirpée sans changer les fondements sur lesquels repose la dégradation économique, sociale et sexuelle des femmes. Nous dénonçons l'utilisation raciste et anti-ouvrière des lois contre le viol qui frappe les hommes des nationalités opprimées. Nous repoussons les revendications avancées par certaines féministes visant à infliger des peines sévères aux violeurs condamnés ou à renforcer l'appareil répressif de l'État, dont les flics sont connus pour être parmi les plus brutaux à l'égard des femmes.

Nous nous opposons à toute censure littéraire, même quand elle prend pour prétexte la nécessité de lutter contre la pornographie.

4. Totale indépendance économique des femmes

A) Garantie d'emploi avec salaire au tarif syndical, pour toutes les femmes qui veulent travailler, associée à une échelle mobile des heures de travail et des salaires pour combattre l'inflation et le chômage chez les hommes et les femmes. Abaissement du temps de travail pour tous

B) Abolition des lois discriminatoires déniant aux femmes le droit de recevoir et de disposer de leurs propres salaires et propriétés personnelles.

C) A travail égal, salaire égal. Pour un salaire national minimum basé sur la grille des syndicats.

D) Pas de discrimination contre les femmes dans les métiers, professions, catégories de travail, apprentissages, stages de formation.

E) Mesures préférentielles accordées pour l'embauche, la formation, la promotion, y compris l'ancienneté, pour les femmes et les autres catégories surexploitées de travailleurs, visant à battre en brèche les effets de la discrimination systématique qui s'exerce à leur encontre depuis des siècles. Pas de mesures préférentielles pour les hommes dans les secteurs traditionnellement masculins du commerce et de l'industrie.

F) Congés maternité payés, pour le père et la mère, sans perte de l'emploi ni de l'ancienneté.

G) Attribution aux hommes comme aux femmes de congés payés pour soigner les enfants malades.

H) Extension aux hommes de la législation qui protège les femmes en leur accordant des conditions de travail particulières et plus avantageuses, afin d'améliorer les conditions de travail à la fois pour les hommes et les femmes, et d'empêcher un usage de cette législation de protection qui soit discriminatoire à l'égard des femmes.

I) Age de la retraite égal pour les hommes et les femmes, chacun étant libre de prendre ou non sa retraite.

J) Pour celles et ceux qui travaillent à temps partiel, garantie du même salaire horaire et des mêmes avantages que les travailleurs à plein temps.

K) Dédommagement au tarif syndical pour toute la durée du chômage pour les femmes et les hommes, y compris les jeunes qui ne peuvent s'insérer dans le marché du travail, sans considération du statut matrimonial ou du statut professionnel antérieur. Garantie des indemnités de chômage face à l'inflation par augmentations automatiques.

5. Egalité d'accès à l'éducation

A) Admission libre et gratuite pour toutes les femmes à toutes les institutions scolaires 'et toutes les branches de formation y compris la formation permanente. Mesures préférentielles d'admission des femmes dans certaines branches afin de favoriser leur entrée dans des secteurs traditionnellement masculins et leur accès à des formations et des métiers dont elles ont jusqu'ici été exclues.

B) Suppression de toutes pressions sur les femmes les incitant à se préparer à un travail de femmes» tel que le ménage, le secrétariat, le métier d'infirmière ou d'enseignante.

C) Stages spéciaux de recyclage pour aider les femmes à réintégrer le marché du travail.

D) Suppression dans les manuels et les média de la représentation des femmes comme objets sexuels, et créatures stupides, émotives et sans défense. Cours consacrés à l'enseignement de la véritable histoire des luttes des femmes contre leur oppression. Cours d'éducation physique pour apprendre aux femmes à développer leur force et à affirmer leurs capacités physiques.

E) Suppression des expulsions d'étudiantes enceintes ou de mères célibataires et de la ségrégation dans les centres spéciaux.

6. Réorganisation de la société pour en finir avec l'esclavage domestique des femmes

On ne peut « abolir » la famille en tant que cellule économique par décret. On ne peut que la remplacer à terme. Le but de la révolution socialiste est de créer des solutions alternatives économiques et sociales qui soient supérieures à l'institution familiale actuelle et mieux à même de faire face aux besoins auxquels répond aujourd'hui, si médiocrement que ce soit, la famille, afin que les relations personnelles découlent d'un libre choix et non de la contrainte économique. A la propagande et à l'agitation ultra-gauches pour l' « abolition » de la famille, nous opposons:

A) Ecoles et crèches ouvertes 24 heures sur 24, gratuites et financées par le gouvernement, bien situées et d'accès pratique, ouvertes à tous les enfants de la petite enfance jusqu'à la prime adolescence avec un personnel mixte formé à cet effet sans considération du revenu des pare s de leur situation professionnelle

Documents de la Quatrième Internationale

ou de la situation matrimoniale. Suppression de toutes les pratiques éducatives sexistes ; contrôle des usagers sur les soins et l'éducation donnés aux enfants.

B) Soins médicaux gratuits pour tous, et équipements d'accueil réservés aux enfants malades.

C) Développement systématique de services sociaux bon marché et de qualité tels que cafétérias, restaurants, possibilités de repas tout prêts à emporter, ouverts à tous, de laveries collectives, d'entreprises de ménage et de nettoyage.

D) Programme financé par le gouvernement de construction accélérée de logements sains et spacieux pour tous ; pas de loyer supérieur à 10 % du revenu ; pas de discrimination à l'encontre des femmes célibataires ou des femmes ayant des enfants.

Ces revendications indiquent les problèmes qui seront au centre de la lutte des femmes pour leur libération, et mettent en valeur l'imbrication de cette lutte avec les revendications avancées par d'autres couches opprimées de ta société et avec les besoins de l'ensemble de la classe ouvrière. C'est en se battant sur ce terrain qu'on éduquera la classe ouvrière à comprendre le sexisme et à le combattre sous toutes ses formes et sous tous ses aspects.

Le mouvement de libération des femmes soulève maints problèmes. L'évolution du mouvement a déjà prouvé que toutes les questions n'auront pas la même importance à tout moment. Quelles revendications avancer à un moment donné d'une lutte; quelle est la meilleure façon de formuler des revendications spécifiques pour les rendre accessibles aux masses et les mobiliser; à quel moment avancer de nouvelles revendications pour faire avancer la lutte? La réponse à ces problèmes tactiques est du ressort du parti révolutionnaire, c'est l'essence de la politique.

Nos méthodes de lutte

1. Nous utilisons les méthodes prolétariennes de mobilisation et d'action pour obtenir la satisfaction de ces revendications. Toute notre démarche consiste à amener les masses à se mettre

Libération des Femmes & Révolution Socialiste

en mouvement, à entrer en lutte, quel que soit leur niveau de conscience au départ. Les masses ne tirent pas des leçons de la seule vertu d'un discours ou de l'action exemplaire menée par d'autres. Seule leur participation directe développera, accroîtra et transformera la conscience politique des masses. Seule leur propre expérience ralliera des millions de femmes au combat révolutionnaire et leur fera comprendre la nécessité d'en finir avec un système économique fondé sur l'exploitation.

Notre objectif est d'apprendre aux masses à compter sur leurs propres forces unies. Nous utilisons les élections et les autres institutions de la démocratie bourgeoise pour présenter clairement notre programme au plus grand nombre possible de travailleurs. Mais nous opposons l'action de masse extra-parlementaire - manifestations, meetings, grèves, occupations - à la confiance dans les élections, les groupes de pression, les Parlements, les institutions, et les politiciens bourgeois et petit-bourgeois qui y passent leur temps.

Nos méthodes de lutte de classe ont pour but de susciter les initiatives de la grande majorité des femmes; de les rassembler; de briser leur isolement au foyer; de combattre leur manque de confiance en leurs propres capacités, leur intelligence, leur indépendance et leur force. En luttant à leurs côtés, nous tendons à montrer que l'exploitation de classe est la source de l'oppression des femmes et que l'élimination de cette exploitation est la seule voie de leur émancipation.

De même que nous nous efforçons de développer la conscience de classe du mouvement de libération des femmes, nous nous efforçons de faire prendre en charge par le mouvement ouvrier la lutte contre tous les aspects de l'oppression des femmes.

Dans toutes les luttes, nous cherchons à amener les femmes à prendre conscience de l'inégalité de classe qui renforce l'oppression des plus exploités. Nous essayons d'amener le mouvement à s'orienter d'abord et avant tout vers la mobilisation

Documents de la Quatrième Internationale

des femmes de la classe ouvrière et des nationalités opprimées. A travers le système de revendications que nous avançons et la propagande que nous développons, nous tâchons d'orienter la lutte dans une direction anticapitaliste. Nous mettons en lumière les implications de classe des revendications et nous dénonçons la logique du profit et les conditions de la société de classe qui limitent la capacité de la bourgeoisie à concrétiser et à respecter les concessions mêmes qui lui ont été arrachées par la lutte.

2. L'oppression des femmes en tant que sexe constitue la base objective pour la mobilisation des femmes en lutte dans le cadre de leurs organisations propres. C'est pourquoi la IVe Internationale apporte son soutien et contribue à la construction du mouvement de libération des femmes.

Par mouvement des femmes, nous entendons toutes les femmes qui s'organisent à un niveau ou un autre contre l'oppression que leur impose la société groupes femmes, groupes de conscience, groupes de quartiers, groupes d'étudiantes, groupes d'entreprises, commissions syndicales, organisations des femmes des nationalités opprimées, groupes de féministes lesbiennes, cartels de campagne sur des revendications spécifiques. Le mouvement des femmes se caractérise par son hétérogénéité, son impact sur toutes les couches de ta société, et par le fait qu'il n'est rattaché à aucune organisation politique en particulier, même si divers courants se manifestent en son sein. D'autre part, certains groupes et comités unitaires, bien que dirigés et soutenus par des femmes, sont ouverts aux hommes aussi, comme l'organisation nationale des femmes aux Etats-Unis (NOW), et la Campagne nationale pour l'avortement en Grande Bretagne (NAC). Alors que la plupart des groupes femmes sont apparus au départ en marge des organisations de masse de la classe ouvrière, la radicalisation croissante parmi les femmes de la classe ouvrière a amené un nombre toujours plus grand d'entre elles à s'organiser au sein de leurs organisations de classe. En Espagne, de nombreuses femmes ont adhéré aux CO (Commissions ouvrières)

Libération des Femmes & Révolution Socialiste

impulsant l'animation des comités féminins de ce syndicat. En France, des milliers de femmes participent aujourd'hui aux commissions féminines syndicales et aux groupes du Planning familial, ainsi qu'aux groupes femmes en général. En Bolivie, les femmes de mineurs ont formé des comités de ménagères affiliés à la COB (Centrale syndicale de Bolivie). Mais tout cela fait partie de cette réalité mouvante et encore très peu structurée qu'on appelle le mouvement indépendant ou autonome des femmes.

Indépendant ou autonome ne signifie pas pour nous indépendant de la lutte des classes ou des exigences de la classe ouvrière. Au contraire, seule la fusion des objectifs et des revendications du mouvement des femmes avec les luttes de la classe ouvrière permettra le rassemblement des forces nécessaires pour atteindre les buts des femmes.

Par indépendant ou autonome, nous voulons dire que le mouvement est organisé et dirigé par des femmes ; qu'il considère la lutte pour les droits et les exigences des femmes comme une priorité absolue, et qu'il refuse de subordonner cette lutte à d'autres intérêts, quels qu'ils soient; qu'il n'est subordonné aux décisions ou à l'orientation d'aucune tendance politique ni d'aucun groupe social ; qu'il est décidé à mener jusqu'au bout la lutte par tous les moyens, et avec toutes les forces qui se révéleront nécessaires.

Certes, la totalité du mouvement ne remplit pas ces critères au même degré, mais telle est bien la nature du mouvement de femmes que nous cherchons à construire.

3. Les groupes non-mixtes représentent un aspect décisif de la forme organisationnelle dominante dans le mouvement des femmes. Ceux-ci sont apparus sur pratiquement tous les terrains depuis les écoles et les églises jusqu'aux usines et aux syndicats. Ce phénomène reflète la volonté des femmes de prendre la direction de leurs propres organisations où elles peuvent apprendre, se révéler et jouer un rôle dirigeant sans crainte d'être dépréciées ou régentées par les hommes ou d'avoir à rivaliser avec eux d'entrée.

Documents de la Quatrième Internationale

Avant que les femmes puissent diriger les autres, il leur faut se débarrasser de leurs sentiments d'infériorité et de leur tendance à sous-estimer leurs propres capacités. Il leur faut apprendre à 'se diriger elles-mêmes. Les groupes féministes qui refusent consciemment et délibérément d'intégrer des hommes aident bien des femmes à faire les premiers pas pour se débarrasser de leur mentalité d'esclave, pour acquérir la confiance, la fierté et le courage d'agir comme des êtres politiques. Les petits « groupes de conscience » qui sont apparus partout comme une des formes les plus répandues de la nouvelle radicalisation aident maintes femmes à réaliser que leurs problèmes ne viennent pas de leurs carences personnelles, mais sont des produits sociaux, communs à d'autres femmes.

S'ils fonctionnent en cercle fermé et se limitent à la discussion interne comme substitut à l'entrée en action aux côtés des autres, les groupes non-mixtes peuvent devenir un obstacle à la progression politique des femmes qui y participent. Cependant, ils ouvrent souvent aux femmes la possibilité de rompre pour la première fois leur isolement d'acquérir de l'assurance, et d'entrer en action.

La volonté des femmes de s'organiser en groupes non-mixtes est aux antipodes de la pratique suivie par de nombreux partis de masse staliniens qui mettent sur pied des organisations de jeunesse distinctes pour les hommes et les femmes dans le but de réprimer l'activité sexuelle et de renforcer les attitudes stéréotypées selon les sexes - autrement dit l'infériorité des femmes. Les groupes non-mixtes autonomes qui se sont formés à ce jour expriment en partie la défiance que bien des femmes éprouvent à l'égard des organisations réformistes de masse de la classe ouvrière, qui ont échoué si lamentablement à lutter pour leurs exigences.

Notre soutien et notre travail de construction du mouvement autonome de libération des femmes distinguent aujourd'hui la IV° Internationale de maints groupes sectaires qui prétendent

Libération des Femmes & Révolution Socialiste

s'en tenir à l'orthodoxie marxiste telle qu'elle apparaît dans leurs interprétations des résolutions des quatre premiers congrès de la III° Internationale. De tels groupes rejettent la construction de toute organisation de femmes sauf celles qui sont rattachées directement au parti et sous son contrôle politique.

Nous soutenons et nous construisons des groupes de libération des femmes non-mixtes. Aux «marxistes» qui prétendent que tes organisations et les réunions non-mixtes divisent la classe ouvrière selon des clivages de sexe, nous répondons que ce ne sont pas ceux et celles qui luttent contre leur oppression qui sont responsables de la création ou du maintien des divisions. Le capitalisme divise la classe ouvrière selon la race, le sexe, l'âge, la nationalité, la qualification et par tous les moyens possibles. Notre tâche consiste à organiser et soutenir les luttes des couches les plus opprimées et les plus exploitées qui avancent des revendications reflètent les intérêts de toute la classe et qui sont appelées à prendre la tête de la lutte pour le socialisme. Ce sont ceux qui souffrent le plus de l'ordre ancien qui combattront le plus énergiquement pour un monde nouveau.

4. Les formes de notre intervention peuvent varier considérablement selon la situation concrète où se trouvent nos organisations. Notre tactique est dictée par notre objectif stratégique, qui est d'éduquer et de faire entrer en action des forces beaucoup plus larges que nous-mêmes, en particulier des forces décisives de la classe ouvrière, de participer à la construction d'un mouvement de femmes de masse, de renforcer l'aile « lutte de classe » du mouvement des femmes et de recruter les meilleurs cadres au parti révolutionnaire.

Parmi les facteurs à prendre en considération, il faut compter l'étendue de nos propres forces ; la taille, la nature et le niveau politique des courants de libération des femmes; la force des courants libéraux, sociaux-démocrates, staliniens et centristes auxquels nous devons nous confronter et le contexte politique

Documents de la Quatrième Internationale

général où nous intervenons. Le choix entre l'organisation de groupes de libération des femmes sur la base d'un programme socialiste large, l'intervention dans les organisations existantes du mouvement de libération des femmes, la construction de cartels larges sur des thèmes spécifiques, l'intervention dans les commissions syndicales ou dans toute autre organisation de masse ; la combinaison de plu sieurs de ces interventions, ou une intervention sous des formes complètement différentes, sont des questions tactiques. Quelle que soit la forme organisationnelle que nous adoptions, la question fondamentale à trancher est la même: quels thèmes et quelles revendications avancer dans la situation donnée afin de mobiliser le plus efficacement les femmes et leurs alliés dans la lutte ?

5. Il n'y a pas de contradiction entre, d'une part, le soutien et la construction d'organisations non mixtes pour lutter pour la libération des femmes ou pour des revendications spécifiques touchant à l'oppression des femmes, et, d'autre part, la construction de comités de masse unitaires regroupant hommes et femmes dans la lutte pour les mêmes revendications. Les campagnes pour le droit à l'avortement en ont fourni un bon exemple. Les femmes seront la colonne vertébrale de telles campagnes, mais puisque cette lutte se mène pour les intérêts de la masse des travailleurs, notre orientation consiste à gagner au mouvement le soutien de toutes les organisations de la classe ouvrière et des opprimés.

6. Notre orientation, qui vise à mobiliser dans l'action la masse des femmes, peut souvent se concrétiser le mieux dans la période actuelle, par des campagnes sur des revendications concrètes suscitant le soutien le plus large possible, sur la base d'actions de front unique. Cela est d'autant plus vrai si l'on considère la faiblesse relative des sections de la IV° Internationale et la force relative des libéraux et de nos adversaires réformistes pratiquant une politique de collaboration de classes. Pour nombre d'hommes et de femmes, la participation à des actions de ce genre a été le premier pas vers

Libération des Femmes & Révolution Socialiste

le soutien aux objectifs politiques du mouvement de libération des femmes. Les campagnes unitaires pour l'avortement dans de nombreux pays fournissent un exemple de ce type d'intervention.

A travers de telles interventions de type front unique, nous pouvons faire peser une force maximum contre les gouvernements capitalistes et faire prendre conscience aux femmes et à la classe ouvrière de leur propre force. Dans la mesure où les libéraux, « amis » des femmes, les staliniens, les sociaux-démocrates, et les bureaucrates syndicaux refuseront de soutenir ces campagnes unitaires répondant aux besoins des femmes, ils s'isoleront et se démasqueront par leur propre inaction, leur opposition ou leur volonté de subordonner les exigences des femmes à leur recherche d'alliances avec les secteurs dits « progressistes » de ta bourgeoisie. Et si la pression des masses les oblige à soutenir ces actions, cela ne pourra qu'élargir l'audience de masse de ces campagnes et accroître les contradictions au sein des organisations libérales et réformistes.

Comme on a déjà pu le voir très clairement à propos de la question de l'avortement, ces campagnes unitaires jouent un rôle particulièrement important dans le renforcement des liens entre le mouvement autonome des femmes et le mouvement ouvrier, car ce sont elles qui pèsent le plus pour obliger la bureaucratie ouvrière à réagir.

7. Parce que notre orientation est de construire un mouvement de femmes sur des bases ouvrières de par sa composition et sa direction, et à cause de l'imbrication entre la lutte pour la libération des femmes et la transformation des syndicats en instruments de défense réelle des intérêts de toute la classe, nous accordons une importance particulière aux luttes menées par les femmes dans les syndicats et au travail. Notre but est d'amener les femmes à avoir une participation active dans les syndicats comme dans le mouvement de libération des femmes. Là, comme ailleurs dans la société capitaliste, les femmes sont soumises à la domination

Documents de la Quatrième Internationale

masculine, à la discrimination en tant que sexe inférieur qui est sorti de son t rôle naturel». Mais le nombre croissant de femmes présentes dans la force de travail et la prise de conscience de plus en plus massive de la double oppression dont elles sont victimes ont déjà apporté des changements significatifs dans les attitudes des femmes travailleuses, en renforçant leur volonté de s'organiser, de se syndiquer et de lutter pour leurs droits.

Les femmes travailleuses participent à de nombreuses luttes sur des revendications générales qui touchent aux besoins économiques et aux conditions de travail de tous les travailleurs. Souvent, elles soulèvent aussi les besoins particuliers des femmes travailleuses tels que l'égalité des salaires, les allocations maternité, les crèches et la priorité à l'embauche et à la formation. Ces deux types de revendications sont décisifs pour la lutte pour ta libération des femmes comme pour la classe ouvrière en général. Ces luttes et ces revendications émanant des femmes travailleuses pèseront davantage avec l'approfondissement de la lutte des classes sous l'impact de la crise économique. Elles auront un impact toujours plus grand sur le mouvement de libération des femmes.

La plupart des femmes qui participent à ces luttes ne se considèrent pas comme féministes au départ. Elles pensent simplement qu'elles ont droit à un salaire égal quand elles font le même travail qu'un homme, ou elles croient qu'elles ont le droit d'être employées dans un secteur traditionnellement « masculin » . A ce stade, elles ont plutôt tendance à rejeter énergiquement le qualificatif de féministes.

Les femmes travailleuses qui sont amenées à participer à des luttes dans l'entreprise sont confrontées aux mêmes problèmes et aux mêmes conditions qui ont suscité l'émergence du mouvement autonome des femmes. Elles ont souvent à faire face à des agressions sexistes et à des abus organisés et provoqués par leurs chefs et leurs contremaîtres. Même lorsque de telles agressions proviennent de leurs compagnons de travail, c'est souvent le

Libération des Femmes & Révolution Socialiste

résultat d'une atmosphère entretenue par le patron. Les femmes sont parfois confrontées à la tâche difficile de devoir lutter pour convaincre le syndicat de les défendre contre les agressions dont elles sont victimes de la part de la direction du personnel. Elles ont à convaincre leurs compagnons de travail que lorsqu'ils rendent la vie difficile à une femme sur son lieu de travail, ils font le jeu du patron et facilitent sa politique du "diviser pour régner ».

Quand les femmes commencent à jouer un rôle actif, à prendre des responsabilités de direction, à prouver leurs capacités de direction à elles-mêmes et aux autres, à acquérir de l'assurance et à jouer un rôle indépendant, elles progressent dans la compréhension des objectifs mis en avant par la lutte du mouvement de libération des femmes. La présentation correcte de revendications et d'objectifs clairs et concrets par le mouvement féministe est indispensable pour gagner l'audience et la participation de millions de femmes travailleuses, dont la prise de conscience politique commence quand elles essayent d'affronter leurs problèmes, en tant que femmes qui doivent aussi prendre un emploi pour vivre.

8. Le poids et le rôle croissants des femmes dans le mouvement ouvrier ont un impact important sur la conscience de nombreux travailleurs, qui se mettent à considérer les femmes davantage comme des partenaires égales dans la lutte et moins comme des créatures faibles qu'on doit choyer et protéger.

Dans ce cadre, les revendications pour la priorité à l'embauche, la formation, et la promotion professionnelle des femmes dans les secteurs traditionnellement masculins de l'économie ont une importance particulière.

A) Elles remettent en question la division dans la classe ouvrière selon des clivages de sexes, divisions entretenues et maintenues par les patrons pour affaiblir la classe ouvrière et garantir le bas niveau des salaires et des conditions de travail de toute la classe.

B) Elles contribuent à apprendre à la fois aux travailleurs et aux travailleuses à évaluer les effets matériels de la discrimination contre les femmes, et la nécessité de mesures délibérées pour battre en brèche les effets de siècles de subordination forcée.

C) Quand les femmes commencent à combattre la division sexuelle traditionnelle du travail et à imposer l'égalité des droits à l'emploi et leur capacité à accomplir des travaux « masculins » aussi bien que les hommes, elles sapent les préjugés et les attitudes sexistes dans la classe ouvrière et elles remettent en cause la division sociale du travail dans tous les domaines.

Les luttes qui ouvrent aux femmes l'accès à des secteurs d'enseignement, à des professions et des postes de direction jusque-là hégémoniquement masculins, posent de façon on ne peut plus claire le problème du statut inférieur des femmes et de son abolition. De pair avec les revendications qui posent le problème des droits démocratiques élémentaires des femmes et celles qui s'orientent vers la socialisation du travail domestique accompli par les femmes, telles que l'extension et l'amélioration des crèches, elles ont un puissant impact éducatif dans la classe ouvrière.

9. Ces revendications ont aussi une importance particulière car elles font partie de la lutte pour transformer les syndicats en instruments révolutionnaires de lutte de classe et remettent en cause les penchants sexistes de la bureaucratie ouvrière. La bureaucratie syndicale s'appuie sur les couches les plus privilégiées des travailleurs qui considèrent habituellement les revendications préférentielles comme une menace contre leurs prérogatives immédiates. Les éléments les plus conscients de la bureaucratie s'opposent donc obstinément aux revendications avancées par les secteurs les plus opprimés et les plus exploités de la classe ouvrière qui visent à battre en brèche les divisions profondes au sein de la classe. Un aspect important de notre orientation stratégique pour le développement d'une aile gauche de lutte de classe dans le mouvement ouvrier consiste à utiliser le poids croissant de forces telles que le mouvement de libération des femmes pour poser les

problèmes sociaux et politiques cruciaux où le mouvement ouvrier devrait jouer un rôle moteur. Plus la base des syndicats apportera son soutien à de telles luttes, plus la politique antiféministe – et donc anti-ouvrière des bureaucrates deviendra évidente, et plus de nouvelles forces s'affirmeront comme direction alternative.

10. Organiser les femmes travailleuses présente beaucoup de difficultés. Précisément à cause de leur oppression en tant que femmes, elles sont moins susceptibles de se syndiquer ou d'avoir une solide conscience de classe. Leur participation à la force de travail est souvent temporaire. Le double fardeau de leurs responsabilités et des corvées domestiques est épuisant et prend du temps, leur laissant moins d'énergie pour l'activité politique et syndicale. L'insuffisance criante des crèches rend leur participation aux réunions particulièrement difficile.

C'est pourquoi, la lutte pour convaincre les syndicats de reprendre en charge les revendications spécifiques des femmes, est inséparable de la lutte pour la démocratie syndicale. La démocratie syndicale implique non seulement des questions telles que le droit pour les syndiqués de décider sur tous les problèmes, d'élire toutes les instances dirigeantes et les permanents, et le droit de former des tendances, mais aussi des mesures spéciales qui permettent aux femmes de participer à part entière: crèches organisées par le syndicat pendant les réunions, commissions syndicales qui traitent spécifiquement des besoins des femmes, droit de se réunir dans des réunions non-mixtes si nécessaire, modalités spéciales de réunion pendant les heures de travail, et mesures pour assurer une représentation appropriée des femmes dans toutes les instances dirigeantes. Dans le mouvement ouvrier, la remise en question des attitudes et pratiques sexistes fait partie intégrante de la lutte pour la démocratie syndicale et la solidarité de classe.

11. Si nous accordons une importance particulière aux luttes des femmes travailleuses, nous ne négligeons pas pour autant l'oppression subie par les ménagères. Au contraire, nous présentons

Documents de la Quatrième Internationale

consciemment un programme qui réponde aux problèmes aigus que rencontrent les femmes au foyer, dont l'écrasante majorité sont des femmes de la classe, ouvrière, qui passeront une partie de leur vie sur le marché du travail, en plus de leur obligation d'assumer les responsabilités domestiques. Nous leur offrons la perspective d'échapper à l'esclavage abrutissant du travail ménager, à l'isolement qu'il impose à chaque femme individuellement, à la dépendance économique des femmes au foyer, avec la peur et l'insécurité qu'elle engendre. Nous proposons notre programme de socialisation du travail ménager et d'intégration des femmes à égalité dans la force productive de travail comme alternative aux solutions offertes par la réaction : glorification du travail ménager et de la maternité, propositions de dédommager les femmes de leur esclavage domestique par le biais du salaire ménager ou des projets similaires a priori séduisants.

    Alors que le capitalisme en crise se décharge de plus en plus des fardeaux économiques sur la cellule familiale, ce sont souvent les ménagères qui jonglent avec le budget familial pour faire face aux nécessités vitales; ce sont elles qui sont les premières à descendre dans la rue pour protester contre le manque de vivres ou l'inflation rampante. De tels mouvements peuvent représenter un premier pas vers la prise de conscience politique et l'action collective pour des milliers de femmes. Ces mouvements de protestation interpellent le mouvement ouvrier et lui offrent la possibilité de s'y joindre et de leur fournir une direction et des perspectives; ils peuvent se répandre comme une traînée de poudre. Les revendications pour des comités de contrôle des prix regroupant travailleurs et consommateurs offrent un terrain de lutte commun au mouvement ouvrier, aux ménagères en lutte et aux autres consommateurs.

    A la différence des ménagères, cependant, les femmes travailleuses sont déjà partiellement organisées par le marché du travail. Leur place dans la classe ouvrière, dans le mouvement ouvrier, et leur statut économique les mettent en position de jouer

Libération des Femmes & Révolution Socialiste

un rôle de direction et de pivot dans les luttes des femmes et de l'ensemble de la classe ouvrière.

12. Il n'y a pas de contradiction entre la construction du mouvement autonome des femmes, la construction de syndicats, et celle d'un parti marxiste-révolutionnaire d'hommes et de femmes. La lutte pour le socialisme exige les trois à la fois. Ils remplissent des fonctions différentes. Le mouvement féministe de masse mobilise les femmes dans la lutte pour leurs exigences dans le cadre de leurs propres organisations. Les syndicats sont les organisations élémentaires pour la défense économique de l'ensemble de la classe ouvrière. Le parti marxiste - révolutionnaire, par son programme et sa pratique offre une direction à la classe ouvrière et ses alliés, y compris les femmes, et oriente sans compromission tous les fronts de la lutte des classes vers une action combinée qui vise à l'établissement d'un gouvernement ouvrier et à l'abolition du capitalisme.

Il n'y a pas de fondement objectif pour une organisation de femmes marxistes-révolutionnaires séparée. Ce n'est que si les femmes et les hommes partagent à égalité les droits et les responsabilités dans les rangs et la direction d'un parti qui développe des positions et une pratique politiques représentant les intérêts de tous les opprimés et les exploités, que le parti pourra conduire la classe ouvrière à accomplir ses tâches historiques.

Nous soutenons qu'il n'y a pas de problèmes concernant exclusivement les femmes. Toutes les questions qui concernent la moitié féminine de l'humanité relèvent aussi de problèmes sociaux plus larges d'un intérêt vital pour la classe ouvrière dans son ensemble. Si nous avançons des revendications qui touchent à l'oppression spécifique des femmes nous n'avons pas de programme séparé pour la libération des femmes. Nos revendications sont partie intégrante de notre programme de transition pour la révolution socialiste.

13. Le programme du parti révolutionnaire fait la synthèse

Documents de la Quatrième Internationale

des leçons que l'on peut tirer des luttes contre toutes les formes d'exploitation et d'oppression économique et sociale. Le parti exprime les intérêts historiques du prolétariat à travers son programme et sa pratique. Ainsi, non seulement il tire les leçons de la participation de ses militantes au mouvement de libération des femmes, mais il a un rôle indispensable à jouer. A travers notre travail de construction du mouvement des femmes, nous approfondissons la compréhension du parti à propos de l'oppression des femmes, et de la lutte contre cette oppression. Et nous nous battons aussi pour gagner des forces toujours plus larges à une stratégie efficace pour la libération des femmes, c'est-à-dire, à une perspective de lutte de classes.

Nous n'exigeons pas un accord sur notre programme comme condition préalable à la construction d'un mouvement autonome des femmes. Au contraire, un mouvement sur des bases larges, au sein duquel toute une gamme d'expériences personnelles et d'orientations politiques peuvent se confronter dans le cadre de débats et de discussions démocratiques, ne peut que renforcer l'assurance et la combativité politique du mouvement ; il accroît la possibilité de développer une orientation correcte.

Cependant nous ne nous battons pas pour l'unité organique de toutes les composantes du mouvement des femmes à tout prix. Nous luttons pour l'unité la plus large possible dans l'action, sur la base des revendications et de pratiques qui reflètent authentiquement les besoins objectifs des femmes. C'est là le programme qui répond aux intérêts de la classe ouvrière.

Au sein du mouvement de libération des femmes, nous essayons de rassembler celles qui partagent notre orientation de lutte de classes dans un courant le plus large possible. Une lutte résolue contre toutes les formes d'oppression impose de combattre dans la plus grande clarté toute tentative de dévoyer des luttes de femmes dans la voie des impasses réformistes et la gestion de l'austérité, ou encore dans la voie des solutions individuelles. Nous nous

Libération des Femmes & Révolution Socialiste

efforçons de recruter les plus conscientes et les plus combatives pour le parti révolutionnaire.

Notre but est de conquérir la direction du mouvement de libération des femmes en montrant aux femmes, par notre pratique, que nous détenons le programme et l'orientation qui peuvent mener à leur libération. Ce n'est pas une position sectaire. Il ne s'agit pas non plus d'une tentative de manipulation pour dominer ou contrôler le mouvement de masse. Au contraire, cela reflète notre conviction que la lutte contre l'oppression des femmes ne peut être victorieuse que si le mouvement féministe progresse dans une direction anticapitaliste. Une telle évolution n'est pas automatique. Elle dépend des revendications que nous avançons, de la nature de classe des forces vers lesquelles le mouvement féministe s'oriente et des formes d'action qu'il entreprend. Seules l'intervention consciente du parti révolutionnaire et sa capacité à conquérir la confiance et la direction des femmes en lutte pour leur libération offrent des garanties que la lutte des femmes sera, à terme, victorieuse.

14. Nous nous intéressons à tous les aspects de l'oppression des femmes. Cependant, en tant que parti politique qui s'appuie sur un programme représentant les intérêts historiques de la classe ouvrière et de tous les opprimés, notre tâche première est de contribuer à orienter le mouvement des femmes vers une action politique qui puisse effectivement mener au renversement de la propriété privée dans laquelle s'enracine l'oppression. A partir de chaque aspect de l'oppression des femmes, nous nous efforçons de mettre sur pied des revendications et des actions qui remettent en question la politique sociale et économique de la bourgeoisie et indiquent les solutions qui seraient possibles si toute politique sociale n'était pas définie en vue de réaliser des profits maximum.

Notre conception de la lutte pour la libération des femmes en tant que question éminemment politique nous met souvent en conflit avec les courants petits- bourgeois des féministes radicales, qui opposent le développement de nouveaux « modes de vie » individuels à l'action politique dirigée contre l'Etat. Elles s'en prennent aux hommes plutôt qu'au capitalisme. Elles opposent l'éducation des hommes en tant qu'individus pour les rendre moins sexistes, à l'organisation contre le gouvernement bourgeois qui défend et soutient les institutions de la société de classes responsables de la domination masculine et de l'oppression des femmes. Souvent, elles tentent de construire d'utopiques « contre-institutions » à l'intérieur de la société de classes.

En tant que révolutionnaires, nous reconnaissons que les problèmes que bien des femmes cherchent à résoudre de cette façon sont réels et sérieux. Notre critique n'est pas dirigée contre les individus qui essayent de trouver une issue personnelle face aux pressions intolérables que la société capitaliste leur impose. Mais nous soulignons que, pour la masse des travailleurs, il n'y a pas de solution « individuelle ». Ils doivent lutter collectivement pour changer la société avant que leur « mode de vie » ne connaisse des changements significatifs. En dernière instance, il n'est pas de solution purement personnelle pour aucun d'entre nous. Les échappatoires individuelles sont une forme d'utopie qui ne peut mener qu'à la désillusion et à la dispersion des forces révolutionnaires.

Notre indépendance de classe

1. L'indépendance politique est le troisième aspect de notre stratégie de lutte de classes pour la lutte contre l'oppression des femmes. Nous n'ajournons ni ne subordonnons aucune revendication, action ou lutte de femmes pour nous conformer aux exigences ou aux centres d'intérêts politiques des forces politiques bourgeoises ou réformistes avec leur théâtre parlementaire et leurs manœuvres électorales.

2. Nous luttons pour préserver l'indépendance des organisations et des luttes de libération des femmes par rapport aux

forces et aux partis bourgeois. Nous nous opposons aux tentatives de détournement des luttes des femmes vers la construction de commissions femmes au sein des partis capitalistes ou orientées vers la politique bourgeoise, comme tel a été le cas aux USA, au Canada ~et en Australie. Nous sommes contre la formation d'un parti politique de femmes comme celui qui est apparu en Belgique, et tel que l'ont prôné certains groupes féministes en Espagne et ailleurs. L'élection de davantage de femmes à des responsabilités publiques sur la base d'un programme libéral bourgeois ou petit-bourgeois radical, s'il reflète un changement d'attitudes, ne peut rien pour faire avancer les intérêts des femmes.

La libération des femmes fait partie de la lutte historique de la classe ouvrière contre le capitalisme. Nous nous efforçons de faire prendre conscience de ce lien aux femmes et à la classe ouvrière. Mais nous ne rejetons pas le soutien de personnalités ou de politiciens bourgeois qui expriment leur accord avec une de nos revendications ou un de nos objectifs. C'est notre camp qu'ils renforcent et non le leur. C'est leur contradiction, pas la nôtre.

3. Nous cherchons à créer une unité d'action sur certaines revendications ou campagnes spécifiques, avec les forces les plus larges possible, en particulier avec les partis de masse de la classe ouvrière. Mais nous rejetons l'orientation politique des partis staliniens et sociaux-démocrates. La politique et l'attitude de ces deux courants dans la classe ouvrière sont fondées sur la préservation des institutions du système capitaliste, y compris la famille, même s'il leur arrive de soutenir verbalement les luttes des femmes contre leur oppression. Tous deux sont prêts à subordonner les exigences des femmes à n'importe quelle négociation pour un accord de collaboration de classes à un moment donné, que ce soit avec la monarchie en Espagne, avec les démocrates-chrétiens en Italie, ou les partis bourgeois d'opposition en Allemagne de l'Ouest ou en Grande-Bretagne. Les staliniens ne se lassent jamais de répéter aux femmes que la route du bonheur passe par « la démocratie avancée » ou la « coalition antimonopoliste ». Ils

conseillent aux femmes de ne pas exiger plus que la « démocratie » (c'est-à-dire le capitalisme) ne peut accorder. Les sociaux-démocrates, surtout quand ils dirigent des plans « d'austérité », pour la bourgeoisie, ne tardent jamais à appliquer les réductions des dépenses dans les services sociaux qu'exige la bourgeoisie, mesures qui frappent souvent le plus durement les femmes.

4. C'est seulement par une rupture programmatique et organisationnelle sans compromission avec la bourgeoisie et toutes les formes de collaboration de classes que la classe ouvrière et ses alliés, y compris les femmes en lutte pour leur libération, peuvent se mobiliser pour former une force puissante et pleine d'assurance, capable de mener la révolution socialiste à son terme. La tâche du parti marxiste-révolutionnaire est de fournir une direction pour éduquer les masses, y compris le mouvement des femmes, par l'action et la propagande dans cette perspective de lutte de classes.

Les tâches de la IV° Internationale aujourd'hui

1. La nouvelle émergence du mouvement de libération des femmes a connu des développements inégaux à l'échelle mondiale, et la prise de conscience féministe a eu un impact à des degrés divers. Mais la vitesse avec laquelle les idées révolutionnaires et les leçons des luttes se transmettent d'un pays à l'autre, et d'un secteur de la révolution mondiale à l'autre, garantit l'extension continue des luttes de libération des femmes. La remise en question de plus en plus généralisée du rôle traditionnel des femmes crée un climat favorable à la formation et la propagande marxistes, ainsi qu'à une pratique concrète de soutien à la libération des femmes. A travers notre presse et nos activités de propagande, la IV° Internationale a de plus en plus de possibilités d'expliquer la source et la nature de l'oppression des femmes, notre programme pour en finir avec cette oppression en même temps qu'avec la société de classes où elle s'enracine, et la dynamique révolutionnaire de la lutte des femmes pour leur libération.

Libération des Femmes & Révolution Socialiste

2. La participation de nos sections et des organisations sympathisantes au mouvement de libération des femmes dans de nombreux pays a montré qu'il existe un potentiel considérable pour organiser et mener des campagnes sur des problèmes soulevés au cours de la lutte contre l'oppression des femmes. Ces campagnes offrent souvent des possibilités - surtout à nos camarades femmes - d'acquérir une expérience précieuse et de jouer un rôle dirigeant dans le mouvement de masse. Elles permettent souvent 'aux camarades, même en nombre relativement restreint, de jouer un rôle politique significatif et de gagner une influence au sein de forces beaucoup plus larges. Notre soutien et notre participation active au mouvement de libération des femmes nous ont déjà valu beaucoup de nouvelles adhésions.

L'orientation des sections et des organisations sympathisantes de la IV° Internationale est d'engager nos forces dans la construction du mouvement de libération des femmes et des campagnes d'intervention sur des thèmes spécifiques tels que l'avortement, les crèches, le droit à l'emploi et d'autres aspects de notre programme.

Nous stimulons aussi la solidarité internationale dans le mouvement des femmes et, là où c'est possible, la coordination internationale de campagnes d'action sur des thèmes communs.

3. Outre notre participation à toutes les diverses formes d'organisation indépendante qui sont apparues comme partie prenante de la radicalisation des femmes, il nous faut intégrer la propagande et l'activité sur Ca libération des femmes dans tous nos secteurs d'intervention, depuis les syndicats jusqu'au milieu étudiant. C'est surtout parmi la jeunesse (étudiantes, jeunes travailleuses, jeunes femmes au foyer) que nous trouverons la plus grande réceptivité à nos idées et à notre programme, et la plus grande volonté d'agir.

La responsabilité de l'intervention femmes n'incombe pas aux camarades femmes seules, bien qu'elles soient appelées à la

Documents de la Quatrième Internationale

diriger. Comme pour toutes les autres questions, la totalité des militants et de la direction doit être au courant de notre travail, participer collectivement à l'élaboration de notre ligne politique et prendre en charge nos campagnes et notre propagande dans tous les secteurs de la lutte des classes où nous intervenons. Les camarades hommes, tout comme les camarades femmes, aideront à faire progresser cet objectif.

4. Pour organiser et prendre en charge un travail femmes systématique, les sections de la IV° Internationale devraient mettre sur pied des commissions ou fractions composées des camarades qui sont impliqués dans cette intervention. Ces fractions incluraient les camarades hommes aussi bien que les femmes, selon l'intervention à laquelle ils participent. Elles devraient aider les instances de direction concernées à prêter une attention régulière à tous les aspects de notre travail concernant les questions et les revendications mises en avant par le mouvement de libération des femmes, y compris les propositions relatives à l'éducation interne de nos propres militants.

En mettant en place de telles commissions et fractions, responsables avec les directions de la discussion et de l'application d'un travail systématique, nous pouvons tirer parti au maximum des opportunités d'intervention qui nous sont offertes et rendre nos militants pleinement conscients de l'importance politique de la lutte de libération des femmes.

5. Une formation systématique sur l'histoire de l'oppression des femmes et leurs luttes, ainsi que les questions théoriques et politiques en jeu, devrait être mise sur pied dans les sections de la IV° Internationale. Cette formation ne devrait pas être limitée à des écoles de formation épisodiques mais devenir partie intégrante de la vie quotidienne de l'organisation. Elle doit faire partie de la formation politique de tous les militants, dans le cadre de leur acquisition et de leur approfondissement de la compréhension des positions fondamentales du marxisme-révolutionnaire.

Libération des Femmes & Révolution Socialiste

Nous n'avons aucunement l'illusion que les sections puissent être des îlots de la future société socialiste flottant dans un marais capitaliste, ou que des camarades puissent individuellement échapper totalement à l'éducation et au conditionnement qui découlent de la bataille quotidienne pour survivre dans la société de classes. Des attitudes sexistes s'expriment parfois dans les rangs de la IV° Internationale. Mais c'est une condition d'appartenance à la IV° Internationale que le comportement des camarades et des sections soit en harmonie avec nos principes de base. Nous formons les membres de la IV° Internationale à une compréhension pleine et entière de l'oppression des femmes, de sa nature et des voies pernicieuses par lesquelles elle s'exprime. Nous luttons pour créer une organisation où un langage, des plaisanteries, des violences et autres actes phallocratiques ne soient pas tolérés, pas plus que des attitudes et des manifestations de racisme ne sauraient être admises sans réaction.

6. Les militantes de nos organisations sont confrontées à des problèmes particuliers, à la fois matériels et psychologiques, issus de leur oppression dans la société de classes. Elles doivent souvent consacrer autant de temps aux tâches domestiques que les autres femmes, surtout si elles ont des enfants. Elles n'échappent pas à ce manque d'assurance, cette timidité, cette crainte d'accéder aux directions, que l'on apprend aux femmes depuis la naissance à considérer comme « naturels ». Ces obstacles au recrutement, à l'intégration et à l'accession aux directions des camarades femmes doivent être discutés et traités consciemment dans le parti.

Comme pour toutes les autres questions, la direction doit prendre en charge ce problème

A) Il faut accorder pleine attention à la formation, la progression politique et l'accession aux directions des camarades femmes. Ce devrait être un souci constant de toutes les structures de direction, à tous les niveaux des sections et de l'internationale. Il faut veiller à s'assurer que l'on encourage, et surtout, que l'on aide les femmes

Documents de la Quatrième Internationale

à assumer des responsabilités qui les incitent à développer pleinement leurs capacités : prise en charge de la formation, de la rédaction d'articles, des rapports politiques, du rôle de porte-parole et de candidates pour l'organisation, de direction de l'intervention. Seules de telles mesures volontaristes peuvent permettre aux cadres femmes de se développer au maximum et garantir que, lorsqu'elles sont élues à des instances de direction à tous les niveaux, il s'agisse d'un développement réel de cadres politiques dirigeantes, solides et sûres d'elles-mêmes, et non d'une mesure artificielle qui peut se révéler nocive, et pour les camarades concernées, et pour l'ensemble de l'organisation.

Dans un tel cadre de développement conscient des directions, nous nous efforçons d'augmenter au maximum le nombre de femmes dans les instances de direction centrales de nos sections, des organisations sympathisantes et de l'internationale. Ce processus sera facilité par le fait qu'un nombre croissant de camarades se trouvera à l'avant-garde des travailleuses luttant pour avoir accès aux emplois dont les femmes sont traditionnellement exclues au sein du prolétariat industriel. La confiance en elles-mêmes qu'elles gagnent en faisant partie des secteurs les plus puissants et les mieux organisés de la classe ouvrière ; le respect que cela leur vaut, tant de la part des travailleurs que des autres travailleuses ; l'expérience qu'elles acquièrent en tant que dirigeantes de notre classe : ce sont là des éléments décisifs pour la transformation de la conscience du parti et pour le développement des camarades femmes en .tant que dirigeantes de toute l'organisation.

B) Pour les camarades femmes en particulier, les difficultés créées par les énormes carences en matière de crèches subventionnées par l'Etat sont très souvent un obstacle à leur pleine participation aux réunions et autres activités

Au fur et à mesure que les sections connaissent une croissance et que leur composition devient plus ouvrière, nous recruterons plus de camarades qui ont des enfants.

Libération des Femmes & Révolution Socialiste

Dans nos activités publiques et à travers notre intervention dans le mouvement de masse, nous cherchons à faire prendre conscience à des forces sociales plus larges de la nécessité de crèches organisées. Nous essayons de gagner le soutien du mouvement ouvrier et nous mettons la priorité sur la lutte pour des équipements collectifs (crèches...) organisés et subventionnés par l'Etat.

Nous nous battons pour que les organisations ouvrières de masse comme les syndicats organisent les réunions à des heures qui facilitent la participation des femmes et qu'elles utilisent leurs ressources pour mettre en place des garderies.

Sur le plan interne, les camarades doivent être conscients en permanence des charges supplémentaires et des obstacles qui découlent des inégalités sociales et économiques engendrées par le capitalisme, surtout pour les femmes et les camarades des nationalités opprimées. Ce sont des problèmes que nous prenons en considération.

Dans cette perspective, la direction est tenue de chercher avec les camarades qui ont des responsabilités familiales, des solutions collectives leur permettant de surmonter les obstacles auxquels elles sont confrontées dans leur activité politique.

Par exemple, quand on demande à un/une camarade qui a des enfants de devenir permanent(e), la direction est responsable de discuter et d'essayer de résoudre les problèmes particuliers qui se posent, financiers ou autres.

En même temps, nous reconnaissons qu'il y a des limites à ce que le parti peut faire. Le parti lui-même ne peut assurer l'obligation matérielle d'éliminer les inégalités sociales et économiques engendrées par la société de classes. Nous ne pouvons assurer les services sociaux que le capitalisme ne prend pas en charge. Le parti n'a pas pour obligation générale d'organiser des crèches afin d'éliminer toute inégalité dans la situation des camarades, pas plus que des tâches relatives à la garde des enfants

Documents de la Quatrième Internationale

ne peuvent être imposées à un(e) quelconque camarade. Une telle approche modifierait le but et le caractère mêmes du parti, en tant qu'organisation politique. Ce qui nous lie, c'est notre détermination commune à détruire le système qui perpétue l'inégalité, notre accord sur le programme pour atteindre un tel objectif et notre loyauté envers le parti qui se base sur ce programme.

Le processus d'éducation de nos propres militants ira de pair et sera facilité par l'implication croissante de nos sections dans la lutte pour la libération des femmes. L'impact de cette lutte sur la conscience et l'attitude de tous les camarades est déjà profond. La place nouvelle qu'occupe la question de l'oppression des femmes dans l'Internationale, qui reflète notre implication dans la lutte pour la libération des femmes, est un événement d'importance historique. L'assurance, la maturité politique, et les capacités de direction croissantes des camarades femmes de la IV° Internationale représentent une avancée significative des forces effectives de la direction révolutionnaire à l'échelle mondiale.

La montée nouvelle des luttes de femmes à l'échelle internationale et l'émergence d'un puissant mouvement de libération des femmes qui précède des luttes révolutionnaires pour le pouvoir est un événement de première importance pour le parti mondial de la révolution socialiste. La puissance politique de la classe ouvrière s'en trouve accrue, ainsi que la probabilité de succès de la révolution internationale dans l'accomplissement final de ses tâches-, de reconstruction socialiste. La montée du mouvement de libération des femmes est une garantie supplémentaire contre la dégénérescence bureaucratique des révolutions à venir.

La lutte pour libérer les femmes de la servitude où la société de classes les a placées est une lutte pour libérer toutes les relations humaines des entraves de la contrainte économique et pour lancer l'humanité sur la voie d'un ordre social supérieur.

Libération des Femmes & Révolution Socialiste

Résolution sur les réunions internes de femmes

Ces dernières années, un certain nombre de sections de la IV° Internationale ont adopté des résolutions autorisant la tenue de réunions non-mixtes - c'est-à-dire de réunions internes ouvertes aux seules camarades femmes.[12]

Alors que nous soutenons et défendons le droit des femmes à tenir de telles réunions dans les organisations non-léninistes, nous sommes opposés à de tels regroupements au sein du parti révolutionnaire.

L'apparition de réunions non-mixtes dans plusieurs sections reflétait l'existence de problèmes politiques très réels, ainsi que les carences de la direction,

Cela s'exprimait par un manque de sensibilité face à l'ampleur des problèmes spécifiques auxquels sont confrontées les camarades femmes, par une incapacité à comprendre l'importance du mouvement de libération des femmes et la place qu'il occupe dans la lutte de classes, par la lenteur à répondre à la montée du mouvement féministe ou la résistance à attribuer des tâches aux camarades dans le travail de libération des femmes et à intégrer ce dernier dans toutes les sphères de notre activité politique. A cause de ces erreurs, nous avons malheureusement perdu des cadres de valeur et raté des opportunités politiques. Ce type de situation a plus d'une fois entraîné une explosion d'amertume de la part des camarades, en particulier des femmes, conscientes que ce sont souvent des attitudes sexistes qui sont à la base de ces erreurs, ce qui complique d'autant la tâche pour parvenir à les corriger.

Dans un effort pour tenter de changer une telle situation, des camarades femmes de plusieurs sections ont demandé le droit de se réunir dans des réunions non-mixtes, dont tous les camarades hommes soient exclus, pour discuter de la situation interne au parti.

---

12 *Cette résolution fut soumise par le Secrétariat Unifié. Le vote des délégués et des observateurs: 63 pour; 36,5 contre; 3 abstentions; 10,5 ne participient pas au vote.*

Documents de la Quatrième Internationale

Notre soutien au droit des femmes à tenir de telles réunions dans les organisations du mouvement de masse découle du fait que les autres organisations ne se fondent pas sur un programmé marxiste-révolutionnaire qui représente les intérêts historiques des femmes et de la classe ouvrière. Leurs directions ne sont pas démocratiquement élues pour défendre un tel programme. Il y a une contradiction, par exemple, entre les intérêts de la bureaucratie syndicale et tes exigences des syndiqués et des femmes. Dans ce contexte, le droit des femmes à organiser des réunions non-mixtes devient une question de démocratie élémentaire et fait partie de la lutte pour donner une orientation politique de lutte de classes au syndicat.

Mais le parti marxiste-révolutionnaire ne peut accomplir les tâches historiques qu'il s'est fixées que s'il est capable d'unir dans ses rangs et sa direction les représentants les plus conscients et les plus combatifs de la classe ouvrière et surtout de ses couches les plus opprimées et exploitées. Pour ce faire, il doit surmonter les divisions profondes entretenues par le capitalisme et forger une organisation qui ait une confiance profonde dans sa compréhension et son engagement communs face à ses tâches. Cela est concrétisé dans le programme du parti marxiste-révolutionnaire qui synthétise les expériences, les revendications et l'imbrication entre les luttes de tous les exploités et les opprimés, et qui les intègre dans une orientation stratégique visant à la révolution prolétarienne.

C'est de ce programme que nous faisons découler nos normes organisationnelles. De même que nous n'avons qu'un seul programme, nous n'avons qu'une seule catégorie de militants. Chaque camarade, homme ou femme, ouvrier ou petit-bourgeois, jeune ou vieux, cultivé ou illettré, a les mêmes droits quand il s'agit de déterminer le programme du parti et son intervention, les mêmes responsabilités en ce qui concerne l'application de ces décisions. Le programme politique et la ligne d'intervention du parti ainsi que son fonctionnement interne doivent être discutés et tranchés démocratiquement, avec la participation de tous ses membres.

Toutes les fractions, commissions, tendances ou autres structures internes doivent être organisées démocratiquement, c'est-à-dire ouvertes à tous les militants responsables d'une intervention particulière, ou à tous les militants qui se reconnaissent dans la plate-forme d'une tendance, sans considération de sexe, de race, d'âge, de langue, d'origine de classe ou de quoi que ce soit.

Mais dans un parti marxiste-révolutionnaire, quelles que soient ses faiblesses et ses carences, il n'y a pas de contradiction intrinsèque entre le programme, la direction et la base. C'est pourquoi l'organisation de réunions non-mixtes va à l'encontre de la démocratie interne du parti et de la construction du type d'organisations dont nous avons besoin pour mettre en œuvre notre programme de classe.

Dans la mesure où elles sont généralement créées dans le but exprès de discuter uniquement des problèmes internes, les réunions non-mixtes sont incapables d'impulser un processus permettant de résoudre les contradictions internes. Ceci ne sera possible qu'à travers l'adoption d'une ligne correcte et d'une intervention dans le mouvement de masse pour construire le parti. Seule une telle démarche permettra l'éducation et l'évolution des membres de l'organisation.

Des expériences répétées ont montré - en pratique comme en théorie - que la création de réunions non-mixtes ne contribue pas à résoudre les problèmes qui ont conduit à leur formation. Elles créent plutôt une dynamique centrifuge, donnant l'impression que le parti est une fédération de groupes aux intérêts conflictuels, chacun défendant son propre programme et ses propres priorités plutôt qu'une organisation unie sur la base d'un programme commun et d'une répartition des tâches. Souvent les réunions non-mixtes renforcent l'attitude selon laquelle c'est aux camarades

Documents de la Quatrième Internationale

femmes seules qu'il incomberait de résoudre les problèmes. De telles réunions poussent les femmes à se replier sur elles-mêmes de manière négative. Elles renforcent les frustrations et la désorientation politique aussi bien des camarades hommes que des camarades femmes, et souvent elles accélèrent plutôt qu'elles n'empêchent le départ des femmes de l'organisation. Comme elles ne se fondent pas sur la démocratie interne, les réunions non-mixtes mettent aussi en question le centralisme dans l'action. Elles sont en contradiction avec notre programme et avec nos normes organisationnelles de centralisme démocratique.

Une forte pression pour organiser de telles commissions est un signal d'alarme indiquant que c'est la direction qui n'a pas su faire face à la difficulté politique de former le parti sur tous les aspects de la lutte pour la libération des femmes et sa place dans l'intervention du parti. Les problèmes ne peuvent être résolus en condamnant les camarades femmes qui cherchent une solution. La réponse doit être fondamentalement d'ordre politique, et non organisationnel; et c'est à la direction de prendre la responsabilité de corriger les erreurs, autant qu'il lui incombe de prendre en charge la formation et l'orientation. Les problèmes qui existent ne peuvent être résolus que par une discussion politique approfondie se concrétisant par

A) existence d'un travail femmes suivi, intégré à tous les secteurs d'intervention

B) des mesures conscientes pour le développement d'un cadre qui puisse intégrer les camarades femmes et surmonter les habitudes et attitudes sexistes.

Novembre 1979

Libération des Femmes & Révolution Socialiste

Résolution sur les luttes de femmes en Amérique Latine

Situation et dynamique des mouvements de masse et des courants féministes

Résolution adoptée par le 13ᵉ congrès mondial de la QI (février 1991).

Introduction

Partant d'une analyse critique de la résolution du XI° Congrès mondial, « La révolution socialiste et la lutte pour la libération des femmes », cette résolution a pour objectif d'être un guide pour l'action de nos organisations dans la tâche centrale qui consiste à organiser, aux côtés des masses latino-américaines, d'autres secteurs féministes et d'autres organisations révolutionnaires, un mouvement pour la libération des femmes qui prenne toute sa place et joue un rôle décisif dans les processus révolutionnaires et dans la construction d'une société socialiste.

1. Les peuples latino-américains subissent le joug de la domination impérialiste, avec ce que cela implique de misère et de distorsion dans le développement de nos sociétés. Les rapports avec l'impérialisme sont changeants, et cela détermine l'apparition de nouveaux mouvements, et la prise de conscience et de force dans les masses - notamment parmi les femmes - de leur pouvoir de transformation.

Ces trente dernières années ont apporté des changements profonds et subits qui ont transformé la face de notre sous-continent et la vie de ses habitants, en particulier celle des femmes :

- la crise structurelle de l'agriculture et le processus inégal d'industrialisation qui ont provoqué une migration massive vers

Documents de la Quatrième Internationale

les villes ;
- l'apparition d'un semi-prolétariat massif dans les grandes concentrations urbaines qui constitue un nouveau secteur de pauvreté;
- le remplacement du modèle d'accumulation capitaliste reposant sur la substitution d'importations par celui qui s'appuie sur l'exportation de produits manufacturés et la modernisation ;
- la crise de la dette ;
- l'usure de l'Etat populiste ;
- la mise en œuvre par l'impérialisme de la stratégie des conflits de basse intensité, ce qui implique une transition contrôlée des dictatures militaires à des gouvernements civils "démocratiques" combinée avec la répression.
- par la suite, l'invasion de Grenade et de Panama et l'utilisation croissante de bases militaires nord américaines directement sur le sol latino-américain, souvent sous prétexte de « lutter contre la drogue ».

Tout cela a conduit à un appauvrissement croissant, au développement de la violence et à l'exacerbation des différences et des antagonismes sociaux.

Parallèlement, les victoires révolutionnaires, à Cuba et au Nicaragua, au-delà des problèmes qui les affectent, incarnent la possibilité de changement pour les masses du sous-continent.

C'est dans ce contexte, celui des années quatre-vingts, que les femmes latino-américaines ont fait leur entrée sur la scène politique du sous-continent.

I. Crise, Etat, église, famille et oppression des femmes

2. Dans le cadre de la crise économique, la gestion du budget familial et du travail domestique en général, qui est socialement assigné aux femmes, est devenu chaque jour plus difficile à réaliser. Dans les villes, l'hyperinflation impose au responsable du foyer d'aller de marché en marché à la recherche des aliments au meilleur prix, de moins manger pour permettre aux enfants d'en

avoir un peu plus et de vivre dans l'angoisse de n'avoir purement et simplement rien à donner à manger à la famille. A la campagne le travail domestique est alourdi par les soins à donner aux animaux et le conditionnement des produits destinés à la commercialisation.

L'absence des commodités élémentaires à la ville comme à la campagne maintient le travail domestique dans des conditions très ingrates. A la campagne il faut ainsi parcourir de longues distances pour se procurer de l'eau ou du bois et les divers membres de la famille, en particulier les enfants, souffrent de façon périodique et endémique de maladies pourtant curables. Dans les quartiers pauvres des villes, les femmes doivent aussi très souvent réaliser le travail domestique sans eau, sans électricité, dans des conditions insalubres, avec trop peu d'écoles pour les enfants, sans dispensaires. Ces conditions accroissent d'autant les responsabilités.

3. La paupérisation croissante des masses a forcé les femmes à chercher des revenus qui permettent à la famille de survivre.

Entre 1950 et 1980 le pourcentage de femmes économiquement actives a augmenté dans la majorité des pays d'Amérique latine. Mais en outre, entre 1975 et 1984, dans la majorité des pays pour lesquels nous disposons de données, le pourcentage de femmes dans l'ensemble de la population économiquement active a également augmenté.

4. Dans la paysannerie, la possibilité pour la femme de trouver un emploi rémunéré s'est détériorée, ce qui a conduit les femmes à accepter des emplois non-salariés, comme journalières ou métayères, tout en assumant les tâches du foyer.

5. Dans certains cas, au Brésil, au Mexique, en Uruguay, par exemple, les femmes qui sont entrées à l'usine représentent une proportion significative. Mais même dans ces cas, elles sont en général confinées dans des emplois spécifiquement féminins, et subissent une discrimination dans leurs conditions de travail, leurs salaires et leur avancement, et continuent par ailleurs à assumer

Documents de la Quatrième Internationale

les tâches du foyer « propres aux femmes » (la double journée). A la seule exception du Brésil, les femmes qui prennent un emploi le trouvent fondamentalement dans le secteur des services et dans le secteur informel de l'économie. Pour la majorité, cela implique un surtravail mais pas une prolétarisation au sens propre du terme. Ces changements sont palpables dans de nombreuses grandes villes, où se sont multipliés ces dernières années les vendeurs ambulants, la mendicité et la prostitution. Faute d'emplois stables et vu le revenu rachitique qu'ils procurent, les femmes sont sorties dans la rue gagner leur vie comme elles le peuvent.

L'Etat et les femmes

6. Face à la crise économique et politique, les bourgeoisies latino-américaines et leurs Etats cherchent en permanence à créer de nouvelles bases de consensus pour préserver leur domination sur la société. Dans la mesure où les femmes, ces dernières années, ont accédé en nombre croissant à la vie publique, même si en majorité elles sont toujours recluses au foyer, ils cherchent à se légitimer vis-à-vis d'elles en engageant le dialogue avec les mouvements de femmes organisés et en se présentant comme les champions des droits démocratiques et civiques des femmes. Cela s'est traduit par une offensive idéologique de la part de nombreux gouvernements et forces bourgeoises en direction des femmes, dans les discours électoraux comme dans la nomination de femmes à des fonctions gouvernementales.

7. Dans certains pays comme le Brésil, le Mexique, l'Argentine et l'Uruguay, les partis bourgeois au pouvoir ont impulsé la création d'institutions ou d'organismes qui ont pour objectif de développer des programmes spécifiquement dirigés vers la femme dans sa condition de sexe opprimé. La plupart de ces programmes se limitent à faire des recherches, à faire de la propagande et à proposer des réformes législatives, sans avoir de pouvoir exécutif en tant que tel.

8. La majorité des pays ont souscrit à la « Convention sur l'élimination de toutes les formes de discrimination à l'égard des femmes » adoptée par les Nations Unies. Il s'en est suivi la reconnaissance expresse au niveau constitutionnel de l'égalité des droits civiques pour les hommes et les femmes.

En outre, de nombreux gouvernements ont introduit des changements, à leur propre initiative, sur le terrain législatif concernant l'égalité formelle et les droits sociaux en matière de divorce par exemple.

L'offensive modernisatrice de nombreux Etats se reflète dans la sphère du travail où ils invoquent « l'égalitarisme » pour permettre une plus forte exploitation des femmes, ce qui contribue à légitimer leurs politiques économiques.

9. C'est au niveau des programmes économiques que la politique des Etats affecte de plus en plus la vie des femmes.

Dans de nombreux pays, les Etats ont mis en œuvre des programmes qui tendent à institutionnaliser le marché informel du travail : formation et allocation de crédits aux femmes pour qu'elles puissent trouver des revenus complémentaires sans quitter leur foyer. Cela camoufle le chômage, évite au patronat de payer leur prestations à ces travailleuses, et rend plus difficile leur organisation.

D'autres gouvernements ont mis en place des programmes d'emploi tempo raire destinés à l'origine aux hommes. Mais ce sont les femmes qui ont occupé ces postes sans aucune sécurité d'emploi et pour des salaires « d'urgence ».

D'autres accompagnent leurs programmes de modernisation par des plans de "lutte contre la pauvreté extrême" en utilisant la main d'œuvre féminine volontaire pour réaliser des travaux publics.

10. Dans nombre de pays, l'Etat réalise une politique agressive de contrôle des naissances, en recourant à la distribution sans discrimination de contraceptifs et à la stérilisation forcée. Très

souvent, cette politique est directement liée à la négociation avec les organismes internationaux qui les financent et leur ouvrent des crédits. L'absence d'alternatives de gauche pour la défense du droit des femmes à décider sur leur maternité, facilite l'application d'une telle politique dont l'objectif est de faire tomber le taux de croissance de la population et de convaincre le peuple que sa misère tient à ce que « nous sommes trop nombreux ».

11. Divers gouvernements ont créé des services de polices spécialisés dans l'aide aux femmes agressées, ce qui leur permet non seulement de se légitimer par rapport aux femmes en tant que champions de leur bien-être, mais encore de renforcer et de donner une légitimité à leur appareil répressif.

L'église

12. Le poids de l'Église catholique latino-américaine est énorme sur le plan politique, social et culturel. Pourtant, au cours des vingt dernières années, elle est entrée en crise comme en témoignent l'existence de différents secteurs en son sein, dont le secteur qui fait allégeance au Vatican et celui connu sous le nom de théologie de la libération, avec ses différentes tendances.

La hiérarchie liée au Vatican soutient en général les mesures qui tendent à maintenir le système actuel de domination et donc une position très conservatrice en ce qui concerne les femmes, s'opposant par exemple à la modification des lois sur le divorce, la contraception et l'avortement. De multiples façons, elle développe une politique de renforcement du système familial traditionnel et du rôle soumis des femmes dans ce cadre.

Le courant qu'on nomme théologie de la libération est en général lié aux processus d'auto-organisation des masses pauvres. En règle générale, un très fort pourcentage des membres des communautés religieuses de base et des groupes de réflexion biblique sont des femmes. Cela explique que certains membres du clergé soient plus sensibles à l'oppression spécifique qu'elles subissent et à la nécessité d'assumer un engagement politique sur ce terrain. Mais ce qui limite grandement leur prise de conscience politique à ce sujet, c'est la contradiction entre la vision morale traditionnelle dont ils ne se défont pas et les nécessités concrètes et nouvelles des femmes concernant en particulier la sexualité, la maternité et les contraceptifs. Il n'y a eu que quelques contributions théologiques du point de vue des femmes et de son rapport avec l'objectif de libération qu'adopte ce courant.

On a vu ces dernières années s'accroître également l'activité de divers groupes protestants en Amérique latine. Bien que parmi eux se trouvent des tenants de la théologie de la libération, la grande majorité sont caractérisés par une vision sociale et politique extrêmement conservatrice, et particulièrement réactionnaire notamment vis-à-vis des femmes.

La famille

13. Tous ces changements dans la société ont eu de profonds effets dans la vie de famille de l'ensemble des masses latino-américaines. Elle est soumise à de fortes pressions désintégratrices, alors qu'il n'existe pas de possibilité matérielle pour la majorité de la population d'adopter en pratique le modèle de la famille bourgeoise.

A la campagne, des millions de familles constituent toujours des unités de production, avec, en général, une distribution rigide des tâches en fonction du sexe, les femmes occupant l'échelon le plus bas dans la hiérarchie du pouvoir, dans la prise de décision aussi bien formellement que réellement. Mais dans ce cas, elles participent vraiment à la production, elles font partie de la communauté productive, même si celle-ci est relativement isolée du reste du monde.

Dans le même temps, vingt-six millions d'indigènes concentrés en leur majorité au Pérou, en Equateur, en Bolivie, au Guatemala et au Mexique, conservent à un certain degré leurs coutumes, leurs traditions, leurs façons d'assumer le travail productif sous forme communautaire. D'énormes pressions s'exercent sur ces nationalités pour qu'elles abandonnent leur culture, mais elles résistent à la « latinisation ».

Cependant, la crise structurelle de l'agriculture et une relative capitalisation à la campagne exercent une forte pression vers la désintégration de la famille paysanne en tant qu'unité de production autosuffisante, sans que cela la transforme pour autant en simple unité de consommation.

Avec la concentration de la population dans les villes latino-américaines, et le renforcement des relations de production capitalistes au sein de la grande et de la petite bourgeoisie comme dans des secteurs du prolétariat, se constitue la famille bourgeoise. Pourtant, la grande majorité de ces migrants ne feront pas partie de la classe ouvrière proprement dite : le capitalisme sous-développé n'a simplement pas d'autre fonction à faire jouer à sa main d'œuvre que de s'intégrer à la gigantesque armée de réserve.

Mais même dans les familles dont l'un des membres au moins réussit à trouver un emploi salarié, il est rare que le revenu de cet emploi soit suffisant pour assurer le maintien de leur propre noyau familial, même s'ils sont contraints en tant qu'individus d'affronter le marché du travail.

Mais, dans d'autres cas, la pression désintégratrice sur la famille est telle qu'elle se disperse tout simplement, d'où le phénomène massif des enfants abandonnés. Par ailleurs, de plus en plus, les femmes se retrouvent chefs de famille.

En outre, la crise engendre des tensions au niveau social, ce qui augmente non seulement les nombre d'agressions et de viols, mais aussi la violence au sein de la famille.

II. La dynamique du mouvement de femmes en Amérique latine aujourd'hui

14. A la fin du XIXe siècle et au début du XXe apparaissent les premières organisations de femmes en tant que telles sur la base d'une première identification entre les femmes d'une même communauté immédiate, pour s'accorder sur des horaires, des

problèmes urgents à régler ou des préoccupations communes. De là vient la tradition de :
- l'organisation des femmes en soutien aux luttes ouvrières depuis le siècle dernier ;
- les luttes des femmes pour leur droit au travail, en particulier dans des activités industrielles « de femmes » qui ont forgé des milliers de cadres expérimentés pour le mouvement ouvrier en général ;
- les clubs de mères dans les quartiers pour faire face à divers problèmes de la communauté.

Mais en outre, il existe une certaine tradition d'organisation des femmes autour de revendications propres à leur sexe. Les femmes bourgeoises s'organisent depuis le siècle dernier pour le droit à l'éducation, l'accès à certaines professions et, dans certains cas, le droit de vote. Mais avec l'essor général de la lutte des classes, sont apparues des organisations de masse de femmes enracinées dans la classe ouvrière, qui se sont constituées autour de revendications comme le droit de vote, le droit à la terre, au travail et à l'instruction pour les femmes des classes populaires.

15. Dans les années soixante-dix et quatre-vingts sont apparus de nombreux groupes féministes du type de ceux qu'on a connus à la même époque en Europe, aux Etats-Unis et au Canada, et sous leur influence. Mais en Amérique Latine, même si un mouvement féministe de masse s'est développé au Brésil pendant une brève période, à la fin des années soixante-dix et au début des années quatre-vingts, ce processus ne s'est jamais généralisé et n'a jamais engendré la construction d'un mouvement organiquement constitué avec un caractère de masse.

La majorité des groupes étaient caractérisés par le débat idéologique et théorique et centraient leur activité sur l'autoconscience et la propagande, avec un impact réel dans les moyens de communication de masse, introduisant ainsi pour la première fois depuis de nombreuses années la « question femme

» dans les milieux intellectuels et de gauche et dans l'ensemble de la société. Néanmoins, le travail des groupes féministes et d'autoconscience, même s'il a pu stimuler des réactions de masse, n'a pas débouché sur la construction de structures générales à caractère plus permanent dans les différents secteurs de femmes qui se sont mobilisés à cette époque, propre à maintenir la continuité d'un mouvement spécifique. L'action des groupes féministes se concentrait en outre dans les grandes villes, voire, dans certains pays, dans la seule capitale.

Se consacrer à la discussion et la propagande sur des « thèmes » liés à l'oppression - travail domestique, violence, sexualité, avortement - c'était bien toucher à des questions vitales pour l'ensemble des femmes. Mais oublier la question des perspectives politiques de la construction du mouvement rendait très difficile l'élaboration d'une plate-forme qui unifie l'ensemble des groupes ou en qui soit attractive et accessible pour la majorité des femmes.

La grande majorité des femmes étaient et sont organisées de façon permanente sur la question de leur propre survie et de celle de leur famille et sur la question de la démocratie, dans la situation où les plonge le caractère semi-colonial de nos pays et la misère qui en résulte. De plus, les couches moyennes n'ont pas subi de contradictions à un niveau suffisamment massif pour provoquer une riposte plus forte dans ce secteur relativement nombreux.

Cette situation a produit une crise de perspectives politiques des groupes autonomes, et dans de nombreux cas, leur disparition ou leur intégration dans des projets de l'Etat.

16. Mais certains groupes et beaucoup de femmes au plan individuel ont commencé à forger d'autres outils pour exprimer leurs préoccupations féministes :

A) Des institutions de soutien et/ou d'éducation, financés fondamentalement par des agences internationales. La dynamique centrale de leur activité est très variable. Elles ne se définissent pas toujours comme féministes, mais ont un poids important dans le mouvement féministe par leur activité, que facilite le financement qu'elles perçoivent.

B) Des associations de soutien et/ou de relations avec les femmes non financés (centres de services et de rencontre et de réunion, ciné-clubs, travail de quartier, chez les paysans ou les indigènes par exemple).

C) Des groupes qui éditent certaines publications,

D) Des groupes de femmes chrétiennes.

E) Des commissions ou des regroupements syndicaux.

F) des groupes de femmes au sein des partis politiques de gauche.

Toutes ces expériences du mouvement féministe ont prospéré davantage dans les années quatre-vingts, où leur travail a été orienté vers une tentative d'appréhender le comportement concret des femmes aujourd'hui.

17. Des millions de femmes latino-américaines ont vu leur vie quotidienne et leur vision du monde transformées. Elles ont dû quitter l'ombre de leur maison et entrer dans la vie publique de façon précipitée, à la recherche d'activités qu'elles n'auraient jusque-là jamais envisagées, pour subvenir à leur famille.

Une génération entière de femmes jeunes a été élevée dans des conditions de crise, souvent par des mères qui ont vécu ces changements. De ce fait, même si elles peuvent s'y référer idéologiquement, elles n'ont pas comme exemple, en pratique, le modèle de la femme exclusivement confinée aux quatre murs du foyer.

Parallèlement, le développement de l'instruction publique et la pénétration massive des moyens de communication à la campagne et dans les villes, ont conduit à un élargissement, même distorsionné, de l'horizon de millions de femmes.

18. Ainsi, avec l'augmentation de la participation des femmes au marché du travail, elles se sont vues par millions, face à

l'impossibilité de trouver une solution individuelle, forcées de donner une solution collective à la question de la détérioration du niveau de vie et des droits démocratiques. En conséquence, elles participent davantage aux mouvements sociaux et politiques en général, qui concernent des millions de femmes, ce qui leur donne souvent pour la première fois expérience de lutte.

Actuellement, la majorité des femmes se trouvent organisées en fonction de leur situation sociale, autour de leurs conditions de vie et de travail (conditions de survie de la famille, de travail domestique et de travail salarié) et autour du problème politique le plus brutal, la lutte contre la répression, pour les droits de l'homme et la démocratie.

Au cours des quinze dernières années sont apparus de nouveaux mouvements dont la base et les militants sont presque exclusivement de femmes : luttes de quartiers et lutte contre la répression, pour la liberté des militants emprisonnés ou disparus.

Les mouvements populaires civiques ou urbains luttent pour résoudre les problèmes de logement, de services et contre la cherté de la vie. Les femmes, dans la mesure où elles restent responsables du foyer sous tous ces aspects, et où elles n'ont pas dans leur majorité d'emploi salarié, avec ce que cela implique en temps passé hors de chez elles, sont les plus motivées et les plus à même de participer à ces mouvements sur leur lieu de résidence.

Par ailleurs, les comités des familles des prisonniers et des disparus politiques, trouvent leur base et leur force motrice parmi les femmes, essentiellement par leur identification à leur rôle de mères et d'épouses et leur implication dans la lutte pour arracher leurs fils, leurs époux et leurs frères aux tenailles de la répression.

Le développement des luttes syndicales et paysannes a également impliqué les femmes en grand nombre. Dans les secteurs de main d'œuvre presque exclusivement féminine, elles sont descendues par milliers dans les rues pour la première fois.

Les paysannes et les indigènes, par ailleurs, s'organisent

Libération des Femmes & Révolution Socialiste

souvent en tant que femmes pour faire face aux problèmes liés tant au besoin de meilleures conditions pour le travail domestique et le bien-être de leurs familles, qu'à la lutte pour leur propre droit à la terre et à des crédits, pour assurer leurs propres revenus qui viennent s'ajouter à ceux de la famille.

19. Cette participation à la vie publique, sous différentes formes et à différents degrés, crée une dynamique contradictoire dans la conscience des femmes : dans leur majorité, elles s'impliquent dans la vie publique en tant que mères et épouses. Une minorité, mais une minorité politiquement significative, le fait en tant que jeunes travailleuses.

Elles quittent leur foyer et leur quartier, se heurtent au pouvoir de l'Etat, du patronat, de la bureaucratie syndicale, des groupes paramilitaires et des caciques à la ville comme à la campagne. En résumé, elles font précisément ce que la morale en vigueur enseigne que la femme ne doit pas faire.

La contradiction centrale à laquelle se heurtent des millions de femmes latino-américaines est la nécessité de remplir le rôle traditionnel de la femme dans la famille, à la maison, et dans le travail domestique dans son sens plus large, et l'impossibilité où elles sont de le faire, vu les conditions générales, sans bousculer cette tradition. Cette contradiction est la base objective pour aller vers la construction d'un mouvement de masse des femmes pour leur libération en Amérique latine et dans les Caraïbes.

Les conditions qui se créent d'une mobilisation à un niveau de masse, ouvrent la possibilité d'une prise de conscience chez les femmes de leur oppression en tant que femmes. Poussées à descendre dans la rue par la nécessité et la solidarité, elles se heurtent aux obstacles qui les empêchent d'arriver à leurs objectifs. Pour y arriver, pour gagner, elles devront modifier leur comportement, leur conception d'elles-mêmes, leurs conditions de lutte. Pour créer de nouvelles conditions de solidarité et ainsi améliorer leurs conditions de lutte, elles doivent remettre en cause

Documents de la Quatrième Internationale

leur propre oppression en tant que sexe. Il n'y aura pas d'issue positive à cette contradiction sans la rupture avec leurs conditions sociales, politiques et personnelles qui créent et perpétuent le modèle traditionnel de la femme - mère, épouse et maîtresse de maison - à partir de la lutte politique de masse où les femmes sont en première ligne et à la direction.

Cette contradiction est renforcée par d'autres :

- les masses de femmes ont aujourd'hui accès aux médias et au-delà des différences, des millions de femmes ont également accès à l'instruction formelle. Ainsi, elles connaissent les possibilités énormes que le monde contemporain offre pour le développement des personnes. En même temps, on présente des modèles, aussi bien traditionnels que "modernes" de ce que les femmes doivent être. Ces nouvelles connaissances, et les modèles eux-mêmes entrent en contradiction ouverte avec la réalité de leurs vies ;

- des millions de femmes ont accès pour la première fois à des moyens anticonceptionnels, ce qui les amène à comprendre qu'il est possible de contrôler leur propre corps et à exercer de façon consciente leur maternité et sexualité dans des buts autres que la procréation, bien que cela implique des risques du fait que cet accès est lié fondamentalement à une politique de contrôle de naissances, néfaste dans sa motivation et antidémocratique dans son application ;

- la mise en place par l'Etat de programmes contre la violence sexiste, si cela implique une forme d'élargissement et même de légitimation de l'appareil répressif de l'Etat, officialise par ailleurs le caractère social de la violence sexiste, mettant à nu par les témoignages, la brutalité de cette violence et le grand nombre de cas où elle s'exerce

- la propagande bourgeoise sur l'égalité des femmes - qu'il s'agisse de soutenir une politique de contrôle des naissances, de gagner des voix, où de trouver une légitimité aux yeux de la communauté internationale - introduit à un niveau de masse comme jamais auparavant, voire pour la première fois, l'idée que les femmes et les hommes ont les mêmes droits devant la loi et la société. Parallèlement, au sein des organisations de masse indépendantes qui luttent contre la politique de l'Etat et de la bourgeoisie, et brandissent notamment le drapeau de la lutte pour une démocratie réelle, les femmes subissent une discrimination et une marginalisation dans la majorité des cas, qui est autant le fait des militants de base que des dirigeants.

20. Mais la reconnaissance de ces contradictions et leur dépassement par la lutte consciente pour la libération de la femme ne sont pas automatiques. Cela dépend de nombreux facteurs dans la lutte sociale, du niveau d'organisation des femmes et de la lutte de classe en général : le rapport de force d'ensemble entre la bourgeoisie et les travailleurs ; la capacité de la bourgeoisie et de son Etat de proposer aux femmes des politiques démobilisatrices et d'autolégitimation ; le développement, la force et les rapports des organisations révolutionnaires et réformistes avec les mouvements de femmes, etc. Tous ces facteurs ont une influence sur le développement d'un secteur du mouvement des femmes capable d'établir, dans la pratique, un lien entre le projet de création d'un mouvement de masse de nature féministe et les points de départ plus généraux de la mobilisation ou de radicalisation des femmes. Toutefois, l'existence de ces contradictions est la base objective des progrès réalisés dans les dernières années vers la construction d'un mouvement politique des femmes pour leur libération dans notre continent.

21. En termes généraux, la dynamique centrale que nous connaissons aujourd'hui en Amérique latine tend à la résolution positive de cette contradiction. Les femmes participent comme jamais auparavant aux luttes sociales et politiques ; elles s'organisent toujours plus en tant que femmes selon leur appartenance sociale ; on voit s'affirmer une frange ou un pôle féministe rénové et renforcé dans le mouvement de femmes ; les organisations politiques non

Documents de la Quatrième Internationale

bourgeoises sont davantage contraintes de remettre en question leurs positions traditionnelles hostiles à la libération de la femme. Si on tient compte des avancées et des reculs dans chaque pays selon la situation, la dynamique générale tend à la formation de mouvements de masse des femmes, avec le surgissement d'un nombre très élevé de groupes de caractère différent, qui intègrent de plus en plus des revendications propres à leur sexe à leur plate-forme de lutte et d'unité, combinées à des demandes et revendications qui se rapportent aux conditions de survie et à la démocratie.

22. Dans la lutte pour leurs revendications immédiates, les femmes se heurtent massivement à chaque pas aux obstacles qui découlent de leur oppression en tant que sexe : elles sont coincés parce qu'elles ne sont pas "autorisées" à sortir de chez elles, qu'elles ne savent pas où laisser leurs enfants, qu'elles se culpabilisent de les "abandonner" ; qu'elles sont insultées par les hommes dans les réunions du mouvement ; que leurs organisations sont affaiblies par la concurrence entre elles et le manque de confiance en elles-mêmes et de savoir-faire de leurs adhérentes. Tous ces obstacles s'aggravent au sein des organisations mixtes d'hommes et de femmes En outre, elles sont violées par la police ou l'armée et humiliées par les autorités. Ces obstacles doivent être dépassés pour pouvoir aller de l'avant. Parfois ils sont insurmontables et font reculer la lutte. Mais en d'autres occasions, ils poussent à avancer des solutions concrètes sous la forme de revendications collectives.

Dans ce dernier cas, les dirigeantes naturelles de nombreux mouvements et organisations de femmes, et souvent les groupes de femmes organisées eux-mêmes, cherchent les éléments qui expliquent l'existence et la dynamique des obstacles pour pouvoir les dépasser. Et c'est le rapprochement avec les secteurs les plus clairement féministes qui leur permet en général de comprendre et de construire les instruments de la lutte et l'organisation nécessaires pour faire face à leurs contradictions en tant que femmes. En outre, de nombreux groupes féministes sont déjà impliqués dans l'activité des organisations populaires. Par ailleurs, au cours des dix dernières années, est apparu un nombre significatif de militantes féministes dans les partis politiques, qui ont réussi à affirmer une présence beaucoup plus organique dans le mouvement des femmes, au-delà de leur lutte pour modifier la mentalité de ces partis face à l'oppression des femmes.

Tout ce processus a commencé à engendrer une recomposition sociale et politique du secteur féministe du mouvement des femmes. Incontestablement, beaucoup de femmes combatives voient le féminisme avec crainte. Mais beaucoup d'autres commencent à s'assumer comme féministes, à s'identifier avec les postulats féministes quand elles voient leur capacité à comprendre et à changer leur réalité. Par ailleurs, les secteurs féministes traditionnels ne peuvent plus nier comme par le passé la "légitimité féministe" des femmes qui combinent leur activité dans le mouvement des femmes avec leur militantisme de parti.

Une preuve empirique de cette recomposition se trouve dans la participation grandissante de femmes de secteurs populaires aux "Rencontres féministes latino-américaines et des Caraïbes" de 1981 à 1990. C'est cette dynamique combinée des contradictions dans les luttes des femmes dans les secteurs populaires pour des revendications de classe et l'interaction avec des couches féministes du mouvement des femmes - incluant sans cesse davantage des femmes qui se sont mobilisées d'abord sur des revendications de classe ou en militant dans un parti - qui a permis que dans de nombreux secteurs on ait commencé à avancer des revendications en tant que sexe dans les programmes de lutte et comme base de certaines des mobilisations de femmes ces dernières années.

23. Les formes de coordination entre les divers secteurs du mouvement des femmes varient dans leurs objectifs, leur ampleur, leur durée et leur nature.

Documents de la Quatrième Internationale

A l l'occasion, on a vu se créer une coordination permanente, avant tout comme espace de discussion politique, de contact et de soutien mutuel, pas tant autour d'actions et de campagnes, même si ces dernières pouvaient découler de cette coordination même.

D'autres formes de coordination qui combinent parfois des forces clairement féministes et d'autres, qu'il s'agisse de partis ou du mouvement plus large des femmes, sont nées de conjonctures particulières liées à la politique nationale.

Ont également vu le jour une série de réseaux de travail, au niveau national comme du sous-continent, autour de campagnes ou d'activités permanentes de leurs adhérents. Dans nombre de pays, les contacts entre les groupes féministes se sont limités à des rencontres locales, régionales ou nationales, certaines débouchant sur la mise en place de réseaux d'information entre groupes, sans que soit définie une plate-forme politique commune.

La majorité des femmes qui se coordonnent de façon permanente tendent à le faire à partir de leur situation sociale.

S'il est vrai qu'au début des années quatre-vingts, les différentes activités des femmes à l'occasion du 8 mars, du 25 novembre ou d'autres activités générales, ont été impulsées par les secteurs liés aux groupes féministes, actuellement, la composition sociale de ces activités et y compris l'initiative de leur préparation appartiennent très souvent à des femmes liées aux secteurs populaires et syndicaux du mouvement.

Au niveau du sous-continent, il y a eu différents contacts et lieux de discussion, avant tout lors des « Rencontres féministes latino-américaines et des Caraïbes » et lors des trois conférences du « Front continental des femmes contre l'intervention ». Il y a aussi une multitude de rencontres, séminaires, événements internationaux qui jouent le même rôle. Dans ce type de rencontre, les femmes pour du Nicaragua et de Cuba ont eu des contacts de plus en plus importants avec le pôle féministe latino-américain.

24. La dynamique générale que connaissent les femmes

aujourd'hui se caractérise par le fait que: a) elles s'engagent de plus en plus nombreuses dans la lutte politique et sociale et b) elles se trouvent objectivement en contradiction avec leur oppression. Mais dans le long cheminement qui conduit à la transformation de ces conditions en un mouvement politique des femmes pour leur libération, elles se heurtent à une série de problèmes politiques qu'il faudra analyser et dépasser :

A) **La diversité des revendications des femmes en lutte.**

Les revendications des femmes ont en général un point de vue local, ce qui rend objectivement difficile l'unité de leurs luttes revendicatives. Mais l'absence d'unité et donc de contacts avec un beaucoup plus grand nombre de femmes crée non seulement des difficultés pour gagner dans la lutte immédiate, mais affaiblit aussi le processus de réflexion sur leur oppression en tant que problème social.

Pourtant, même lorsqu'existent des revendications immédiates qui unifient les femmes de tout un secteur, cela ne suffit pas à former un mouvement politique général qui se reconnaisse comme mouvement de femmes. Evidemment, l'unité des femmes, organisées en tant que telles, même si c'est par secteurs, a un effet multiplicateur très important dans les autres secteurs. Mais si le mouvement ne s'étend pas politiquement de façon à y incorporer les femmes des différents secteurs, le danger s'accroît que le secteur fort lui-même subisse un recul dans ses acquis.

Finalement, quand les diverses organisations avancent des revendications spécifiques aux femmes, celles-ci sont très diverses et difficiles à unifier dans la lutte. Et c'est dans la lutte que les femmes verront toujours davantage l'utilité de leur organisation également pour leurs revendications spécifiques de femmes.

B) **Clientélisme et assistanat : deux dangers dans la construction du mouvement**

Les femmes, en particulier dans les quartiers populaires et les communautés paysannes, ont deux voies pour répondre aux problèmes de survie : présenter leurs revendications à des interlocuteurs externes ou essayer d'y apporter une solution par leurs propres moyens.

Adresser à l'Etat les revendications touchant aux problèmes sociaux et politiques a l'énorme avantage de situer la responsabilité là où elle doit l'être, dans l'ensemble de la société et de ses institutions, et donne plus facilement de ce fait à l'action de masse un caractère politique. Du succès des luttes et des mobilisations dépend le progrès aussi bien de la conscience globale que de la force et de la confiance nécessaires en leurs propres moyens.

L'expérience nous a appris, pourtant, que cette voie n'est pas exempte de dangers : d'un côté, cela peut favoriser une dynamique clientéliste et, de l'autre, ayant obtenu gain de cause sur certaines revendications, les femmes peuvent se retrouver absorbées par des tâches administratives dans la distribution ou les services.

L'autre forme d'auto-organisation pour assurer sa survie, la prise en charge ou l'administration par ses propres moyens, a l'avantage d'être un processus d'auto-organisation coopérative qui apporte des solutions immédiates à des problèmes d'urgence et valorise le travail domestique, en créant un embryon de socialisation.

Il comporte pourtant deux dangers réels : la légitimation du rôle dévolu aux femmes comme responsables des affaires domestiques et du confort du foyer, et le danger de l'assistanat apolitique.

C) Les difficultés de la participation politique des femmes travailleuses

Il est clair qu'il n'y a pas de corrélation automatique entre l'entrée massive des femmes sur le marché du travail et leur incorporation à la lutte politique et/ou syndicale en tant que travailleuses:

- Leur incorporation se produit fondamentalement dans les secteurs de main d'œuvre féminine, comme les services, les industries « de femmes » et le secteur informel en général. En règle générale, leur travail est très semblable aux tâches domestiques, ou requiert une grande minutie.

• Le secteur informel implique en général des conditions de travail isolées, en petits ateliers, où s'instaurent presque toujours des rapports extrêmement paternalistes avec le patron ou le contremaître.

• Même quand les femmes sont incorporées à la grande industrie, la majorité fournit une double journée de travail, à quoi s'ajoutent des entraves supplémentaires à une activité politique ou syndicale.

• La vision qu'elle a d'elle-même, c'est d'abord en tant que mère et/ou épouse, et pas en tant que travailleuse, quand bien même elle serait le seul revenu de la famille.

• Les collègues de travail font très souvent pression pour qu'elles ne participent pas à la vie syndicale, en tout cas pas activement ; et les directions syndicales non seulement ne se préoccupent guère des conditions spécifiques des travailleuses, mais s'opposent même très souvent à leur participation.

• La majorité des femmes qui militent activement dans les syndicats sont célibataires ou n'ont pas encore d'enfant. De ce fait, elles s'identifient moins aux problèmes de la majorité des travailleuses.

Il faut ajouter à ces difficultés le fait que les organisations révolutionnaires ne consacrent pas suffisamment d'attention au travail syndical avec les femmes.

Pour toutes ces raisons, l'organisation des femmes travailleuses n'a pas progressé au même rythme que leur entrée dans le monde du travail.

D) Les tentatives de prise de contrôle par l'Etat

Quand l'Etat a une politique relativement agressive envers les femmes, il faut évidemment répondre par des propositions politiques alternatives avec comme perspective le renforcement du mouvement de masse. Faute d'une telle alternative, il sera sans cesse plus difficile de maintenir l'indépendance de classe, vu que

Documents de la Quatrième Internationale

l'Etat semblera plus utile que le mouvement aux yeux des masses.

E) La prédominance du sexisme au sein des directions du mouvement de masse

Dans la mesure où la prise de conscience initiale de la majorité des femmes se produit à travers les luttes des mouvements les plus généraux, dirigées en général par des hommes, le machisme de ces derniers représente un obstacle important pour aller de l'avant. C'est particulièrement important alors que fait toujours défaut un mouvement politique spécifique des femmes qui défende au niveau national, unifié, les revendications spécifiques des femmes qu'elles commencent à avancer dans les différents secteurs sociaux. En retour, le sexisme des directions constitue un obstacle à la construction d'un tel mouvement.

25. Quant aux directions non bourgeoises des mouvements de masse, il s'est produit ces dernières années certains changements dans leur conception de la situation des femmes et leur rôle dans la société et les luttes.

Dans de nombreux pays, la crise des Partis communistes remet notamment en cause la vieille conception stalinienne du mouvement des femmes conçu comme un auxiliaire du mouvement de masse en général.

Parallèlement, les organisations révolutionnaires discutent de la stratégie révolutionnaire, et abordent dans ce cadre la question du rôle des femmes et de la lutte contre leur oppression spécifique, au moins potentiellement. Pourtant, presque toutes les directions refusent d'inclure ce point dans le débat de stratégie et s'opposent à toute prise en considération sérieuse de la question.

Mais au sein de tous les partis politiques de gauche apparaissent des noyaux et des courants féministes qui défendent différentes alternatives quant à la nécessité pour les femmes de lutter pour des objectifs spécifiques. Ils ont une influence sur l'orientation de leurs partis, fonction non seulement de leurs qualités politiques, mais aussi des traditions plus ou moins démocratiques de discussion, de

Libération des Femmes & Révolution Socialiste

l'insertion sociale du parti et de sa capacité politique d'ensemble à reconnaître et prendre en charge les problèmes réels des femmes dans la lutte.

26. Les débats au sein du mouvement des femmes et de son pôle féministe ont évolué positivement, partant d'une analyse initiale et de l'affirmation de principes sur l'oppression pour inclure à présent la définition des voies pour la construction d'un mouvement de masse des femmes sur leurs revendications spécifiques.

Bien évidemment influent dans ce débat des éléments propres aux débats généraux sur la politique et la société en général. De ce fait, les tendances politiques en présence exercent une certaine pression sur le débat féministe :

• l'idéologie bourgeoise modernisatrice qui légitime la concurrence comme norme sociale et réduit la démocratie au rapport entre le citoyen et l'Etat, coupée des situations et des classes sociales ;

• l'orientation social-démocrate, accompagnée aujourd'hui par une offensive politique sous-continentale, qui renforce les tactiques gradualistes et institutionnelles ;

• la propagande impérialiste qui identifie mécanismes de marché et démocratie d'une part, socialisme et dictature de l'autre ;

• la perestroïka et la crise des pays de l'Est, qui tout en reprenant à son compte cette fausse disjonction marché/démocraties et socialisme/dictature, a exercé des pressions sur les courants révolutionnaires, affaiblissant ainsi la conception de la rupture nécessaire pour résoudre les problèmes des masses latino-américaines.

Face à ces pressions, certaines féministes se sont intégrées à des projets bourgeois, en particulier dans le cadre de transitions contrôlées à la démocratie qui se sont produites dans certains pays. Vu la faiblesse du féminisme et les positions antiféministes des oppositions socialistes ou de gauche, elles ont placé leur confiance et/ou leur activité dans des projets bourgeois pour les femmes dans l'idée de « réellement changer la situation des femmes » depuis le pouvoir. Certaines croient en la nécessité de « démocratiser l'Etat », en créant des « espaces pour les femmes" en son sein, en s'appuyant sur lui. D'autres adhèrent à certains points de vue sur « l'essence féminine » qui serait d'une nature supérieure à « l'essence masculine », ce qui revient à nier la nécessité de construire un mouvement autonome de masse des femmes.

Cependant, la grande majorité des féministes sont indépendantes de la bourgeoisie et de l'Etat, et se considèrent d'une certaine façon de gauche, ce qui inclut un large éventail de positions défendant la nécessité d'éliminer le capitalisme et de passer au socialisme. Elles considèrent en général la construction d'un mouvement de masse des femmes, comme point de référence dans la lutte contre l'oppression spécifique des femmes. Mais dans ce secteur, également le débat est extrêmement diffus, ce qui rend difficile la définition de courants.

Le débat porte notamment sur :
- le rapport entre l'oppression spécifique et l'oppression/exploitation de classe ;
- la lutte pour la démocratie et les revendications féministes ;
- le pouvoir auquel aspirent les femmes ;
- les femmes en tant que sujet social et politique ;
- la validité ou non du concept d'avant-garde dans une stratégie de changement.

III. Notre orientation

27. Face à toute forme d'oppression, la seule issue se trouve dans l'auto-organisation des opprimés pour la combattre. Le cas des femmes n'est pas différent. C'est l'auto-organisation indépendante des femmes elles-mêmes qui pourra imposer les réformes légales et à le changement de la politique économique actuelle de l'Etat, comme les changements dans les organisations sociales et politiques de masse, qui constituent aussi bien des améliorations

dans leur situation immédiate que des encouragements et des conditions meilleures pour continuer la lutte. C'est à partir de cette auto-organisation, base fondamentale du mouvement pour leur libération, que pourront être réunis la force numérique et le niveau politique nécessaires pour peser favorablement sur les événements futurs ; aujourd'hui comme demain, après la révolution.

Ce n'est qu'à travers un processus d'auto-organisation que les femmes pourront se changer elles-mêmes, collectivement comme individuellement, dans leur vie publique comme privée, de sorte que le rôle traditionnel que jouent les femmes puisse céder la place à un concept nouveau et à une réalité nouvelle de ce qu'être femme veut dire, choses à construire dans la lutte-même.

28. Une lutte féministe jusqu'au bout, conséquente, ne se limite pas à l'égalité formelle entre les femmes et les hommes, mais vise à révolutionner de fond en comble les rapports entre eux, à mettre fin aux rapports historico-sociaux entre les sexes. Un tel changement ne peut pas se réaliser dans le cadre de la société de classe, en particulier dans le contexte latino-américain actuel d'exploitation et d'oppression, sous la domination impérialiste. De ce point de vue, il est de l'intérêt de toutes les femmes de lutter pour le renversement du système capitaliste patriarcal qui nous opprime et de construire une société socialiste, démocratique et pluraliste. Cette révolution et cette nouvelle société peuvent seules établir les bases de l'élimination radicale de l'oppression que subissent les femmes aujourd'hui.

Cependant, l'élimination de l'oppression des femmes n'est pas le résultat automatique de la révolution anticapitaliste ni de la société post-capitaliste. Pour que les femmes puissent transformer leur propre vie, être des acteurs révolutionnaires dans la prise du pouvoir avec le renversement des régimes bourgeois en place, et être assez fortes pour influencer favorable- ment les événements dans la société post-révolutionnaire, elles ont besoin de se constituer dès à présent en un mouvement politique basé sur leurs revendications spécifiques.

La constitution de ce mouvement les transformera en sujet politique, qui lutte pour ses propres intérêts ; l'intérêt historique qu'ont les femmes à éliminer la société de classes patriarcale est la base de leur transformation en sujet révolutionnaire. Cette transformation pourra se produire en pratique selon le développement politique du mouvement lui-même et de son avant-garde.

29. Pour que se construise ce mouvement aujourd'hui, il faut partir des conditions, des formes d'organisation et des revendications que les femmes ressentent comme les leurs, qu'elles soient ou non spécifiques à leur sexe. L'auto-organisation des femmes selon les secteurs sociaux autour de leurs demandes les plus ressenties est une partie essentielle du renforcement des femmes du point de vue social, collectif, et donc individuel, crée des conditions plus favorables à leur prise de conscience comme genre, même si cela n'est pas automatique.

Sans aucun doute, la lutte des femmes pour leurs propres objectifs restera étroitement liée aux luttes de l'ensemble de la population laborieuse, même si se constitue un mouvement politique propre. Dans la construction de ce mouvement se combineront des revendications générales de classe avec des revendications spécifiques aux femmes, bases de son unité. De ce fait, sa dynamique lui fera connaître des hauts et des bas dans l'importance accordée aux revendications spécifiquement féministes.

Un plus haut niveau d'organisation du mouvement populaire aide les femmes à avancer dans la formulation et la défense de leurs propres revendications. Cela tient à ce qu'un plus haut niveau de coordination et d'unité implique non seulement de meilleures chances de gagner, mais également un plus haut niveau de politisation, la création de bases unitaires plus larges et la compréhension de la nécessité de s'organiser de façon permanente pour prendre en charge non pas un problème mais toute sorte de problèmes.

En termes pratiques, cela implique simplement qu'il peut y avoir une meilleure répartition des tâches au sein de l'organisme de lutte et davantage d'attention consacrée à l'analyse de la réalité.

L'association des forces qui ont pour objectif d'élargir la conscience des femmes à celle de leur oppression en tant que telles, devient plus efficace en touchant davantage de femmes.

Mais il n'y a pas de rapport mécanique entre le mouvement populaire général et le développement des femmes. Cela exige une expression politique propre en tant que femmes, et cela ne sera possible que par un effort conscient pour impulser dans chaque mouvement la mise à jour croissante et l'expression politique de l'oppression de sexe, ce qu'on pourrait appeler la féminisation des revendications, l'organisation et de la dynamique politique du mouvement des femmes.

30. Dans le processus-même de la construction du mouvement se poseront différents problèmes :

A) Face à la diversité de leurs revendications, qui reflète non seulement les différents besoins mais aussi les différents niveaux de conscience, il faut se saisir de chaque opportunité pour unifier les luttes et établir une plate-forme revendicative qui permette d'avancer vers la formation d'un mouvement politique de plus en plus clairement défini comme tel.

B) Face aux dangers du clientélisme et de l'assistanat, il faut aussi bien renforcer la démocratie interne dans les organisations de masse en général et les espaces politiques et les organisations de femmes en particulier, qu'assurer un fonctionnement démocratique du mouvement de femmes dans son ensemble. Par ailleurs, il faut souligner le caractère politique des revendications des femmes - elles ne peuvent pas être satisfaites par la charité - et la nécessité impérieuse de préserver l'indépendance de leur mouvement vis-à-vis de la bourgeoisie et de son Etat.

C) Malgré les difficultés qu'ont les femmes qui travaillent à

Documents de la Quatrième Internationale

participer à la vie syndicale et politique, il ne faut pas en tirer la conclusion que leur participation au mouvement de femmes n'est pas centrale. Vu simplement la quantité de femmes qui sont entrées sur le marché du travail, au-delà des obstacles à leur participation, il y a plus de femmes que jamais auparavant qui participent aux activités syndicales. Et quand elles s'associent à un processus collectif de prise de conscience et de lutte contre leur oppression comme femmes, en plus de leur oppression comme travailleuses, leur progression est beaucoup plus rapide que dans les autres secteurs, du fait de leurs conditions de vie et de travail, leur concentration numérique, pour tout dire, leur situation sociale.

D) Face aux tentatives de l'Etat pour récupérer le mouvement de femmes, particulièrement son aile féministe, il faut non seulement défendre résolument son autonomie pour des raisons historiques, mais aussi avancer des propositions politiques sur le type de changements d'ores et déjà nécessaires au niveau du gouvernement. Nous devrons pour ce faire avancer les critères suivants dans le mouvement : faire la distinction entre les services que l'Etat à l'obligation de développer, avec un contrôle maximum de la part des usagers, et le fait que nous acceptions ou proposions que l'Etat organise les femmes (comme avec le « Programme femme aujourd'hui » en Argentine). Tant qu'il s'agit de proposer une législation, il est n'est pas difficile de conserver l'indépendance du mouvement de femmes tout en soutenant tel ou tel projet de loi. Mais au niveau de l'exécutif (secrétariat d'Etat ou ministère de la santé, de la justice, du bien-être social ou de la famille), le type de relations que le mouvement peut établir avec différents programmes de l'Etat est plus compliqué. Si nous exigeons un programme de santé pour la maternité, par exemple, et qu'il soit obtenu, nous ne pouvons pas nous contenter de laisser aux mains de l'Etat sa définition, son développement et sa mise en œuvre, mais le mouvement ne peut pas non plus en prendre la complète responsabilité. Le critère que nous pouvons adopter est de s'en tenir à des propositions et au contrôle vigilant des programmes, mais de ne pas en assumer le fonctionnement.

Lorsque la gauche contrôle des municipalités, l'objectif de ses programmes doit être d'impulser l'auto-organisation du mouvement, comme cela s'est fait à la base avec le programme "un verre de lait" dans de nombreuses municipalités du Pérou. La simple mise en œuvre du programme, sans l'auto-organisation des femmes, ne garantit pas l'avenir, et ne renforce pas non plus le mouvement des femmes, ni de ce fait les objectifs-mêmes à long terme de la gauche.

E) Face au sexisme qui prévaut dans le mouvement de masse et dans ses directions, il faudra établir des mécanismes de discussion en son sein, consolider les espaces ouverts aux femmes dans les organisations de masse, et promouvoir le débat, non seulement autour des propositions concrètes d'action et de revendications, mais aussi sur les racines, les formes concrètes et les solutions concernant l'oppression des femmes, c'est-à-dire la discussion théorique.

31. Pour permettre que tout ce processus aille de l'avant, il faut renforcer le pôle féministe des organisations et le mouvement des femmes :

A) En renforçant la recomposition de ce pôle pour y associer sans cesse plus de femmes dirigeantes des mouvements de masse de façon qu'elles puissent, conjointement à celles des groupes autonomes, des institutions non gouvernementales, des partis politiques et des jeunes qui veulent aujourd'hui s'associer à cette lutte, se forger comme avant-garde réelle du mouvement de femmes dans son ensemble.

B) En établissant de plus larges espaces pour la discussion politique et théorique en tant qu'avant-garde par le biais de rencontres, de coordinations autour de campagnes concrètes, de publications, de séminaires, etc.

C) En orientant ce pôle de sorte que sa priorité soit celle du

Documents de la Quatrième Internationale

rapport avec le mouvement de femmes en général afin qu'il puisse :
- se saisir de chaque occasion pour avancer des revendications unitaires spécifiques aux femmes ;
- se saisir de chaque occasion pour unifier le mouvement des femmes ;
- assurer la continuité de ce dernier ;
- favoriser la réflexion et l'élaboration qui constituent une mémoire collective du mouvement ;
- développer des orientations alternatives indépendantes face aux propositions de la bourgeoisie et de son Etat.

Dans ce but, il faudra construire progressivement une alternative politique dans le pôle féministe en alliance avec d'autres secteurs ayant une vision similaire. A la construction de cette alternative contribuera également le fait que le féminisme soit accepté par d'autres courants et partis révolutionnaires, qui aujourd'hui ne participent pas à l'élaboration politique sur ce terrain.

Si les manifestations clairement féministes du mouvement des femmes s'affaiblissent, l'organisation de masse des femmes tendra à la longue à s'affaiblir. Les organisations sectorielles de masse tendront à se disperser ou à se faire manipuler par d'autres intérêts, ce qui impliquerait un affaiblissement politique, suivi par une érosion organisationnelle.

32. La raison d'être de nos organisations révolutionnaires, c'est de constituer un instrument politique utile pour que nos peuples s'organisent, définissent et propulsent leurs propres projets d'avenir en tant que nation, en accord avec leurs intérêts, à l'opposé de ceux de la bourgeoisie et de l'impérialisme. La révolution et la nouvelle société socialiste que nous voulons créer ne peuvent émaner que de l'ensemble du peuple travailleur, et c'est pourquoi notre courant marxiste révolutionnaire défend une conception du féminisme qui vise à une transformation profonde, à la subversion de l'ordre établi.

Pour cela, nous devons être les premiers à impulser le mouvement des femmes pour leur libération, le débat au sein du mouvement de masse et avec la gauche révolutionnaire sur la nécessité et les moyens de construire ce mouvement.

33. Quasiment toutes nos sections sont engagées dans la réorganisation et la reformulation de leur perspective politique quant à la construction du mouvement des femmes.

Cet effort se produit dans le contexte général qui impose d'affronter plus efficacement la construction de nos organisations, et il en fait partie. En ce qui concerne le travail femmes, les problèmes sont les suivants :

• A un degré ou un autre, nos sections n'ont pas saisi la dynamique centrale de radicalisation de la majorité des femmes et nous avons dû effectuer un tournant vers les secteurs de masse, en travaillant à partir des revendications immédiates.

• L'absence d'un féminisme de masse et de centralisation du mouvement général des femmes en tant que mouvement politique, tout comme les pressions sexistes de la société dans son ensemble sont de lourds obstacles à l'impulsion d'une position féministe conséquente.

• Nombre de nos militant(e)s aujourd'hui n'ont pas été formé(e)s à notre conception programmatique féministe et cela rend plus difficile l'élaboration d'une orientation politique concrète pour le mouvement.

• Tout cela explique que les difficultés objectives que rencontrent toutes les militantes soient peu prises en charge par les directions et qu'elles soient donc contraintes d'y faire face individuellement.

• Il en résulte de moindres efforts pour associer les femmes aux tâches de direction politique.

A l'évidence, les possibilités de chaque section pour résoudre cette situation diffèrent selon leur insertion sociale et le nombre de cadres, ainsi que le niveau de construction d'une équipe de direction collective.

34. Nous devons avoir pour objectif général d'être capables

d'élaborer des orientations politiques concrètes et de les impulser dans la lutte concrète. Pour ce faire, nous devons :

A) Former des cadres avec notre vision programmatique féministe.

B) Clarifier nos positions théoriques quant aux débats en cours dans chaque pays pour pouvoir intervenir avec une plus grande clarté.

C) trouver de nouvelles formes organisationnelles adéquates à chaque situation qui nous permettent :

- de garantir non une surcharge de travail mais l'efficacité pour les camarades qui font le travail femmes ;
- de garantir que l'ensemble du parti, et donc en premier lieu toutes les camarades, prennent part à l'élaboration de l'orientation politique quant au travail femmes.

D) Contrebalancer dans la mesure de nos possibilités les obstacles qu'affronte chaque camarade de par sa condition de femme;

- faciliter le militantisme des femmes qui ont des enfants ;
- consacrer une attention particulière à la formation des militantes ;
- confier aux femmes des responsabilités, de façon consciente et préférentielle, en cherchant notamment à établir une correspondance proportionnelle entre le nombre de femmes dans les instances de direction et à la base, en recourant s'il le faut au système des objectifs ou des quotas lors des élections.

Libération des Femmes & Révolution Socialiste

L'évolution des formes de la lutte pour la libération des femmes en Europe

Résolution sur les luttes des femmes dans les pays impérialistes- Dix ans de combat féministe et axes d'intervention

Résolution adoptée par le 13e congrès mondial de La QI (février 1991)

Introduction

Depuis la résolution adoptée au XIe congrès mondial en 1979 et intitulée : "La révolution socialiste et la lutte pour la libération des femmes", des modifications importantes sont intervenues dans les formes prises par la radicalisation des femmes.

La résolution de 1979 prenait acte de la renaissance, à une échelle de masse, d'idées et d'organisations féministes. Elle intervenait à la fin d'une période marquée par des mobilisations de grande ampleur sur la question de l'avortement, par l'auto-organisation de franges non négligeables de la population féminine et par des luttes ouvrières où les femmes avaient joué un rôle important.

Rompant avec une tradition d'indifférence ou de méfiance de notre mouvement à l'égard du féminisme, le texte prônait la construction dans tous les pays de mouvements autonomes de femmes, selon des modalités qui restaient à apprécier en fonction des situations locales. Il affirmait toutefois le caractère stratégique de la construction de tels mouvements, condition indispensable à la remise en cause de l'oppression des femmes et à la réalisation d'un socialisme authentique.

Documents de la Quatrième Internationale

Dés lors force est de constater le recul du « féminisme organisé », sans pour autant que cela signifie un déclin généralisé de la radicalisation des femmes. Le centre de gravité de cette radicalisation s'est déplacé, ainsi que les canaux par lesquels elle s'exprime. Le défi fondamental auquel sont confrontées les féministes est de trouver les moyens de se lier aux nouvelles générations de femmes qui se radicalisent, afin de construire des mouvements féministes qui préservent les acquis des années passées et qui puissent de nouveau peser sur la scène politique.

Le recul s'explique sans doute par deux facteurs qui se sont conjugués. La crise économique a permis une modification des rapports de force d'ensemble en faveur de la bourgeoisie ; les organisations réformistes ont accepté la logique de l'austérité. Dans certains pays les médias ont cultivé l'idée que nous serions maintenant dans une époque « post-féministe », où l'égalité entre les sexes serait déjà réalisée. Dans ce contexte, marqué également dans beaucoup des pays par une relative absence d'activité ouvrière, la faiblesse des mouvements des femmes a signifié que ceux-ci ne pouvaient aller à contre-courant et imposer des revendications anticapitalistes, alors que l'idée de réaliser une réelle libération des femmes paraissait relever de l'utopie.

Au cours des années soixante-dix, il était possible pour les divers courants du mouvement des femmes de s'unir et d'engager des actions de masse en alliance avec les organisations syndicales et démocratiques au niveau national et international pour gagner et défendre les droits des femmes, comme le droit à l'avortement. L'octroi de réformes légales a freiné ce type de mobilisation.

L'analyse que nous faisons de la nature de l'oppression des femmes n'a pas changé. L'impératif de construction d'un mouvement autonome - seul garant que la lutte contre l'oppression soit menée de manière radicale et efficace - n'a nullement disparu. Reste à adapter les modalités tactiques à une conjoncture nouvelle.

Libération des Femmes & Révolution Socialiste

I. Les changements dans la situation des femmes et les différentes politiques bourgeoises

Les tendances générales dans la situation sociale des femmes, comme elles avaient été décrites dans la résolution de 1979 restent fondamentalement valables aujourd'hui, mais il faudrait y incorporer des éléments nouveaux :

• Les femmes, de tous âges et situations familiales, continuent à entrer massivement au monde du travail, bien que leur intégration au salariat passe par l'intermédiaire du travail à temps partiel. La discrimination salariale et la ségrégation nette entre des emplois "masculins" et "féminins", qui se manifeste dans la formation, l'avancement, les conditions du travail, etc., continue et se renforce même.

• Il existe des possibilités techniques accrues pour que les femmes contrôlent leur propre capacité de reproduction, mais dans la majorité des cas celles-ci sont limitées par des législations limitant le droit des femmes à décider.

• Les femmes continuent à être présentes massivement dans l'éducation nationale jusqu'au niveau du baccalauréat et de la première année de faculté. Pourtant, les écoles mixtes n'ont pas signifié une véritable égalité dans l'éducation. La présence des femmes dans les universités se limite aux facultés des arts et lettres et de toute manière elle diminue nettement aux niveaux supérieurs.

• Il existe des lois qui établissent des "droits égaux" formels, interdisant par la loi la discrimination, sanctionnant les agressions sexuelles, etc., mais sans prendre des mesures positives pour aider les femmes à surmonter leur situation historiquement désavantagée.

• Le nombre de femmes qui choisissent de vivre seules, avec ou sans enfants, continue à croître, comme en témoigne l'accroissement de demandes de divorces faites par les femmes, de familles monoparentales, de femmes célibataires, etc. Evidemment

Documents de la Quatrième Internationale

cette situation n'est pas toujours le résultat du libre choix : dans la mesure où elle l'est effectivement, elle est rendue possible par l'indépendance accrue des femmes sur les plans économique et légal.

- Les femmes noires et immigrées continuent à subir le racisme, ce qui renforce leur oppression en tant que femmes.
- Il y a une plus grande reconnaissance sociale de même qu'un rejet des mauvais traitements au sein de la famille et des violences sexuelles faites par les hommes aux femmes
- La participation des femmes dans des sphères de la vie publique jusqu'ici réservées aux hommes s'est accrue mais l'exclusion a été remplacée par l'intégration dans des conditions d'inégalité, dans toutes les sphères de la vie publique et sociale.
- Les pratiques et mœurs sexuelles ont été libéralisées avec une reconnaissance des femmes en tant qu'êtres ayant le droit à leur sexualité, bien que cela ne s'exprime toujours pas par une égalité sexuelle plus grande entre les hommes et les femmes.

Tout cela reflète l'activité politique des organisations féministes et signifie un développement important de la conscience des femmes, de leur autonomie personnelle et confiance en soi ; ainsi qu'une modification des stéréotypes qui avaient été socialement établis pour les hommes aussi bien que pour les femmes. Tous ces éléments ont créé une situation différente de celle de 1979, plus complexe bien que contradictoire.

Cette réalité a été constatée par les défenseurs de l'ordre économique et social existant, qui ont été obligés de reformuler leur discours afin que celui-ci paraisse plus adapté à la nouvelle situation. Elle a aussi conduit à une différenciation dans les politiques élaborées, bien qu'il subsiste évidemment un solide accord sur le fond pour préserver l'institution de la famille, laquelle constitue le pilier fondamental de l'oppression, et du maintien des femmes dans la force de travail, sous une forme particulière. Mais la bourgeoisie est loin d'avoir un seul projet clairement défini pour atteindre ses buts.

Libération des Femmes & Révolution Socialiste

A. Les modifications dans la famille traditionnelle et les différentes politiques bourgeoises

Les changements indiqués ci-dessus ont introduit des fissures importantes dans le modèle traditionnel de la famille, lequel était défini par le cloisonnement des femmes dans le foyer, s'y consacrant aux tâches ménagères et aux enfants, ainsi que par les rapports de domination qui y existaient.

Parmi ces changements :
- l'augmentation du nombre de couples non-mariés vivant en cohabitation;
- l'accroissement important du nombre de familles monoparentales;
- la progression énorme du taux de divorces;
- l'augmentation du nombre de lesbiennes et homosexuels qui vivent leur sexualité ouvertement et avec fierté;
- le déclin des naissances, ce qui reflète un changement dans l'attitude des femmes, qui ne veulent plus avoir comme seule préoccupation d'élever leurs enfants ;
- l'augmentation du nombre de plaintes déposées devant les tribunaux pour violences au foyer constitue un indice important du développement de la confiance en soi de la part des femmes et des fissures qui s'opèrent dans les rapports de dépendance affective et sexuelle des femmes à l'égard de leurs maris.

Ce changement dans la conscience des femmes et le rejet par la société des manifestations les plus brutales de l'oppression des femmes a aussi suscité une attention accrue aux problèmes qui existent dans la famille : couverture dans les médias et campagnes sur la question des femmes battues aux années soixante-dix ; dénonciations récentes des abus corporels et sexuels des enfants au sein de la famille ; problèmes des enfants des parents séparés. Cependant, il n'existe pas d'équipements sociaux (centres pour femmes battues, etc.) en nombre suffisant pour répondre à la demande.

Documents de la Quatrième Internationale

La bourgeoisie s'est efforcée de répondre à une telle situation, y compris en tenant compte des particularités nationales :

A) une propagande a été constamment développée pour l'idéal du couple marié et heureux dans une union permanente, avec une mère de famille responsable de la maison et des deux enfants, ce malgré le fait que la plupart des femmes travaillent. Ceci s'applique tout particulièrement à la famille ouvrière blanche. Le capitalisme s'occupe moins de la défense ou de l'unité des familles noires et immigrées, qu'il brise sans trop de souci par les lois sur l'immigration, d'ordres d'expulsion ou de harcèlements policiers.

A signaler également, l'insistance par les bourgeoisies européennes sur les « conséquences dramatiques » de la chute du taux de natalité. La nécessité d'inverser cette tendance est évoquée pour renforcer l'idée que le rôle des femmes se trouve dans la famille, pour produire des enfants (ceci à l'intention des femmes blanches). En même temps cette campagne prépare le terrain pour des coupes sombres dans les dépenses sociales et pour rejeter la responsabilité - surtout en ce qui concerne les soins aux personnes âgées - sur la famille, sous prétexte qu'il n'y aura pas à l'avenir assez de travailleurs pour cotiser aux fonds de sécurité sociale.

B) Certains secteurs de la bourgeoisie sont devenus plus flexibles sur des questions telles le statut des enfants nés hors de mariage ou la reconnaissance légale du concubinage. Cette flexibilité a comme but d'incorporer les changements structurels dans le mode de vie des gens. En effet, le capitalisme a besoin que la famille nucléaire continue d'exister et de servir comme modèle général, même si d'autres variantes peuvent être acceptées.

Aucune alternative à ce mode de vie n'existe à une échelle de masse. Aux indices cités pour démontrer la « crise de la famille », peuvent être opposés dans une série pays d'autres indices, par exemple l'augmentation du nombre des mariages, la possibilité d'enregistrer des enfants « illégitimes » aux noms des deux parents, l'acceptation de certains types d'homosexuels « acceptables » (blancs, masculins et petit-bourgeois), en leur proposant la possibilité de « mariage », etc.

C) Certains secteurs ouvertement réactionnaires de la bourgeoisie utilisent la « crise de la famille » afin d'exiger des mesures de rétablissement de l'ordre moral - en Europe cela inclut souvent l'idée d'un salaire maternel, une érosion des revenus des familles monoparentales, ainsi que des attaques contre les lesbiennes et les homosexuels. Ces courants sont aujourd'hui très marqués à l'extrême droite de l'éventail politique, même si certaines églises se sont mises à l'avant-garde de ce combat. Ils ont eu un certain succès, par exemple, en Grande-Bretagne et en Allemagne, et ils ont une certaine influence sur les réflexions des courants majoritaires de la bourgeoisie sur la famille. Aux Etats-Unis, ces courants ont une base de masse plus importante et ont été ouvertement encouragés par les gouvernements de certains Etats.

Ceux et celles qui ne s'adaptent pas à la famille nucléaire ou au modèle sexuel dominant sont souvent considérés comme marginaux, alors que les femmes qui acceptent les règles du comportement social plus ou moins établies sont vues plus favorablement.

B. Une salarisation massive des femmes selon des modalités liées à leur oppression spécifique

Contrairement aux prédictions les plus pessimistes, la crise économique n'a pas entraîné un renvoi des femmes au foyer. Dans tous les pays européens, le taux d'activité féminin a continué à croître. Même si le taux de chômage des femmes est partout supérieur à celui des hommes, il y a eu, nulle part, une volonté systématique - comme ce fut le cas dans les années trente - de remplacer la main d'œuvre féminine par la main d'œuvre masculine.

Les raisons sont évidentes. Outre les réticences des femmes

accepteraient beaucoup moins qu'auparavant un renvoi au foyer, ce sont les modifications de l'organisation économique depuis quarante ans qui sont responsables de cette nouvelle attitude des bourgeoisies. Le développement du tertiaire s'est traduit par la création d'un salariat féminin nombreux, faiblement qualifié, mais tout de même difficilement remplaçable du jour au lendemain par un OS de la métallurgie ou un mineur au chômage.

En outre, la faiblesse des salaires versés aux femmes encourage le patronat à conserver cette main d'œuvre. Cette salarisation continue des femmes a une ampleur différente selon les pays. Mais les formes qu'elle prend restent partout surdéterminées par la situation de domination qui pèse sur les femmes. Le capitalisme moderne se trouve face à une contradiction, car il dépend du travail des femmes à l'extérieur du foyer, mais aussi du travail féminin « gratuit » au foyer.

Les conditions précaires dans lesquelles les femmes sont intégrées au salariat constituent un tout, qui part de la discrimination dans la formation professionnelle, les conditions d'embauche et les salaires pour finir dans la féminisation de la pauvreté.

A) L'augmentation du travail à temps partiel

C'est dans les pays où le taux d'emploi féminin est le plus élevé que la proportion du temps partiel est la plus importante. Le travail à temps partiel a tendance à être exclusivement féminin : 80 % de tous les travailleurs à temps partiel sont des femmes, et en RFA et au Danemark ce chiffre s'élève à 95 %. La majorité de travailleuses en Grande-Bretagne - le premier pays européen à introduire le travail à temps partiel sur une large échelle - sont à temps partiel. Cette forme d'emploi implique des bas salaires, un statut inférieur, un degré élevé de productivité, des carences en matière d'organisation syndicale et du point de vue des droits liés à la maternité.

Le manque d'équipements sociaux pour la prise en charge des

enfants en deçà de l'âge scolaire constitue le principal facteur poussant les femmes à travailler à temps partiel. Bien que pour elles ce type de travail semble constituer la seule issue, d'autres femmes - surtout jeunes - désirent travailler à plein temps mais ne trouvent pas d'emplois.

Les syndicats en Europe n'ont en général pas répondu aux besoins spécifiques des travailleurs et travailleuses à temps partiel.

B) La ségrégation de l'emploi

L'extension du travail féminin ne s'est pas répercutée sur l'éventail de l'ensemble des emplois et des branches professionnelles. La ségrégation de l'emploi s'est même renforcée avec l'augmentation du taux d'activité des femmes et constitue le principal facteur du maintien de salaires féminins inférieurs à la moyenne. Les femmes sont majoritairement dans les services plutôt que dans l'industrie. Parmi les ouvrières semi-qualifiées, la plupart occupent des emplois distincts de ceux des hommes, par exemple le câblage et le travail de routine à la chaîne. Et malgré des législations antidiscriminatoires et des changements dans l'éducation, on n'a pas non plus constaté de percée des femmes dans les métiers traditionnellement masculins ni une augmentation significative du nombre de femmes parmi les cadres supérieurs.

C) *Les nouvelles technologies*

Une révolution silencieuse est en cours, qui s'appuie sur les nouvelles technologies pour structurer et restructurer la division sexuelle hiérarchisée du travail dans les entreprises, au moment où le mouvement ouvrier est sur la défensive. Ces innovations sont adaptées aux intérêts d'une société capitaliste, impérialiste et patriarcale.

L'introduction des nouvelles technologies n'entraîne pas seulement une diminution d'emplois, elle se traduit également par une détérioration des conditions de travail des femmes. Selon des enquêtes récentes concernant le secteur tertiaire, les femmes n'offrent tout simplement pas les caractéristiques nécessaires qualifications acquises sur le tas, cursus professionnel continu, mobilité géographique - pour bénéficier des occasions qui se présentent au niveau de la gestion ou des postes de direction. Les hommes sont plus souvent incités à suivre les cours de formation afin de se requalifier, alors qu'on retrouve les femmes dans les postes les moins qualifiés (par exemple, traitement des données sur écran plutôt que dans le secteur de la programmation).

D) Flexibilité et réorganisation du travail

Pour rentabiliser au maximum les nouvelles machines, les capitalistes exigent que la main d'œuvre travaille jour et nuit -ce qui les amène à introduire le travail en équipes et pendant le weekend et à tenter de faire abolir l'interdiction du travail de nuit pour les femmes. Un nombre croissant d'entreprises (banques, compagnies d'assurances) proposent aussi d'exploiter le double rôle des femmes en installant des terminaux à domicile.

Les arguments utilisés pour tenter de convaincre les travailleuses d'accepter la flexibilité du travail ne sont pas les mêmes que pour les hommes. A l'égard des unes, on met l'accent sur la possibilité de combiner « leurs » responsabilités familiales avec un emploi salarié. Aux autres, on propose surtout un temps de loisir plus étendu.

Toutes les attaques que nous venons d'énumérer vont dans le sens de l'introduction des emplois, horaires, salaires et structures d'emplois flexibles. La classe dominante s'efforce de créer une ligne de démarcation entre une petite minorité de travailleurs qualifiés - en général des hommes de la nationalité dominante - et une couche marginale croissante de travailleurs (composée de femmes, d'une partie de la jeunesse, des immigrés et des hommes non qualifiés), sans qualification, ne disposant pas d'un emploi permanent et sans couverture sociale. Pour ce faire le patronat a besoin de conforter la division sexuelle du travail dans l'entreprise au moment même où il réorganise la production pour atteindre ces objectifs.

E) Le chômage et la sécurité sociale

Depuis 1974 la baisse de la croissance économique et la montée du chômage se sont avérées plus fortes qu'à aucun moment depuis la Seconde Guerre mondiale. Dans presque tous les pays le chômage féminin est supérieur au chômage masculin — en Autriche, en Grèce et au Portugal il est deux fois plus élevé. Bien sûr, les statistiques officielles du chômage cachent l'ampleur véritable du chômage féminin, car beaucoup de femmes renoncent à s'inscrire dans les agences de l'emploi.

Aucun Etat capitaliste ne reconnaît les femmes comme travailleurs à titre d'égalité avec les hommes. Nous pouvons donner comme exemple la série de mesures adoptées récemment dans plusieurs pays européens et qui vont dans le sens d'une exclusion de plus en plus grande des femmes de la protection sociale, alors que les femmes mariés sans emploi n'y ont jamais eu le droit. Les nouvelles restrictions des allocations de chômage accordent la priorité aux chefs de famille (qui sont en général des hommes). De telles mesures renforcent l'illusion que la place des femmes est au foyer et que le travail des femmes ne fournit qu'un « supplément » aux revenus familiaux. Ce faisant, elles nient le droit des femmes à l'indépendance économique.

C. Les attaques contre le droit à l'avortement et la liberté de disposer de son corps

A) C'est avant tout aux Etats-Unis qu'ont été lancés des attaques contre le droit à l'avortement, avec la tentative récente de renverser le jugement de Roe versus Wade de 1973, lequel avait accordé aux femmes le droit constitutionnel à l'avortement. Cette attaque juridique frontale se combine à une mobilisation fanatique à la base des secteurs extrémistes de la « majorité morale » et des églises évangéliques (incendies de cliniques, harcèlement des femmes qui essaient d'y pénétrer, etc.). Il semble pourtant que le Parti républicain va atténuer sa position dure contre l'avortement qui - contrairement aux prévisions - s'avère lui coûter des voix.

Documents de la Quatrième Internationale

L'offensive contre le droit à l'avortement s'est aussi développée de manière moins directe au travers des tentatives de limiter la portée de la législation actuelle : en réduisant la limite de temps ou en limitant le droit des femmes à décider elles-mêmes, en accordant des droits plus étendus aux parents, aux maris ou amants, en exigeant l'autorisation parentale pour les mineures, etc. Ces tentatives suscitent une réaction massive de rejet, exprimée dans des mobilisations. Dans certains pays (Belgique, Etat espagnol) nous avons vu des grandes mobilisations visant à étendre la portée de la législation existante.

Une autre ligne d'attaque est constituée par les restrictions sévères affectant les ressources disponibles dans le domaine de la santé, avec des conséquences négatives sur l'accès à l'avortement.

Les soi-disant mouvements pro-vie, qu'on devrait plutôt appeler « pro-fœtus », sont en train d'orchestrer une campagne internationale avec des moyens et des ressources considérables. Il faut y ajouter le soutien de secteurs de l'establishment politique, juridique et médical. On essaie ainsi de modifier un climat social que l'action du mouvement féministe avait rendu favorable à l'avortement. Ces forces tiennent un discours tendant à criminaliser et à culpabiliser les femmes, se servant des médias, de l'école, etc., avec une rhétorique et une propagande particulièrement agressives.

Toujours est-il que l'avortement comme droit n'est jamais sûr sous le capitalisme, tant il rentre fortement en conflit avec le rôle de subordination qui est attribué aux femmes dans notre société. En fait, tous les changements légaux dans ce domaine n'impliquent guère la reconnaissance de l'avortement comme un droit des femmes. Ils présentent au contraire la législation en la matière comme un « mal nécessaire » du monde moderne. Nous ne sommes certainement pas près de voir la fin de ce type d'attaques. Mais en même temps, la bourgeoisie sait qu'elle doit compter avec la capacité de résistance des femmes face à toute remise en cause de ce droit, aussi limitée soit-elle. Car la très grande majorité des femmes considèrent maintenant qu'il s'agit d'un élément fondamental dans la bataille pour leur indépendance. Il y a aussi eu une série d'attaques contre le droit des femmes à disposer de leur propre corps, par exemple, en ce qui concerne les mères porteuses, les nouvelles techniques de reproduction et l'insémination artificielle.

B) La réponse des gouvernements bourgeois à l'épidémie du SIDA a consisté en une vague d'hostilité dirigée tout particulièrement contre la communauté homosexuelle masculine, avec des exigences relatives au recensement et à la ségrégation de victimes réelles ou potentielles. Alors que les statistiques américaines montrent que seulement 8 % des malades du SIDA sont des femmes, à New York cette maladie est la principale cause de mort parmi les femmes entre quinze et cinquante ans. L'extension du SIDA au-delà de la communauté homosexuelle a contraint la plupart des gouvernements occidentaux à prendre cette maladie plus au sérieux. Cela s'est traduit par quelques campagnes d'éducation sur les relations sexuelles "sans risque" dans les médias ou dans les écoles. Toutefois, la droite s'appuie sur ce thème pour s'en prendre à la liberté sexuelle en général. Cet argument a aussi été utilisé pour renforcer l'idéologie raciste.

D. Les coupures dans les dépenses publiques

Un des symptômes de la crise économique est la tendance de la bourgeoisie à effectuer des coupes sombres dans les coûts de reproduction de la force du travail. Les services sociaux coûtent plus chers que le travail ménager effectué gratuitement par les femmes.

L'Etat vise à faire reporter le poids de ces services sur la famille individuelle. Les attaques contre le droit au congé maternité, contre les crèches et les maternelles, les services médicaux et les services communautaires contribuent non seulement à augmenter le taux de chômage féminin, dans la mesure où il s'agit de secteurs

Documents de la Quatrième Internationale

à main d'œuvre essentiellement féminine, mais également à accroître le travail gratuit et l'oppression des femmes à la maison.

E. Les femmes dans les institutions politiques bourgeoises

A) Les droits légaux

Au cours des années soixante-dix la plupart des gouvernements, de droite comme de gauche, ont introduit - sous la pression des mobilisations des femmes - une série de réformes légales fondamentales concernant les droits des femmes, bien que la tentative des féministes américaines pour consacrer l'égalité des droits dans la constitution fût mise en échec après une dure bataille. Toutefois, les lois ainsi obtenues se sont avérées peu efficaces pour introduire un changement réel. L'approfondissement de la crise économique fait que les gouvernements sont encore moins désireux qu'avant d'assumer eux-mêmes les coûts supplémentaires que l'application de ces lois impliquerait ou de les imposer aux employeurs. Mais en tout état de cause, ces lois ont eu un effet important en ce qu'elles ont accru les aspirations des femmes ainsi que leur détermination à se battre.

B) Les femmes en tant qu'électrices

Le changement de condition sociale des femmes est allé de pair avec un changement dans le type de soutien qu'elles apportent aux partis politiques existants. Avant la Seconde Guerre mondiale le schéma général était qu'un plus grand nombre de femmes que d'hommes votait pour les partis de droite. On constate maintenant une inversion de ce point de vue.

Une série de partis de droite comme de gauche ont mis en avant toutes sortes de tactiques pour remporter les suffrages féminins. Cela a pris différentes formes, y compris le recours à des arguments d'un pseudo-féminisme radical (« revalorisation de la maternité », la réconciliation entre la vie de famille et le travail), la mise en place des ministères des droits des femmes, à la féminisation de leur image, etc.

Libération des Femmes & Révolution Socialiste

C) Les femmes dans les institutions politiques bourgeoises

La très faible représentation des femmes dans les assemblées législatives et dans les gouvernements a poussé à une revendiquer de plus en plus l'introduction mesures de réforme. Certains partis bourgeois ont répondu par des propositions visant à augmenter la représentation des femmes, mais il faut souligner combien cela a eu peu d'effet jusqu'ici. On a constaté une légère augmentation, atteignant 20 % - 28 % dans les pays scandinaves et aux Pays-Bas, mais ne dépassant pas 10 % ou 12 % dans les autres pays impérialistes d'Europe.

II. Les stratégies réformistes vis-à-vis des femmes

Les directions réformistes sont prises dans la contradiction entre le maintien de leurs rapports traditionnels avec la base des organisations ouvrières de masse, et par conséquent avec les femmes en leur sein qui commencent à exprimer des aspirations spécifiques, et leur logique globale qui consiste à gérer la « crise capitaliste ».

Le discours réformiste varie de pays à pays. Le cadre général est plutôt marqué par une attitude favorable à l'égalité des droits, mais sans la volonté d'entreprendre l'action positive nécessaire pour que cette égalité devienne réelle. Dans certains pays l'argument est que "l'essentiel est gagné». Ailleurs, là où on applique un vernis plus spécifiquement féministe au discours réformiste, on entend des arguments pour que les bas salaires féminins soient augmentés au moyen d'une politique de revenus.

De plus en plus, les dirigeants réformistes, qu'ils soient au pouvoir ou non, sont poussés vers la droite - vers l'acceptation de la crise capitaliste et le refus de se battre contre les inégalités fondamentales que connaissent les femmes dans le travail et dans la société. Dans la mesure où le mouvement ouvrier se limite aux préoccupations étroites, économistes des secteurs industriels traditionnels de la classe ouvrière, les partis de la classe dirigeante auront une certaine possibilité de rallier des couches de femmes sous leurs bannières soi-disant « féministes ».

A) Les directions syndicales

En soi, les orientations adoptées formellement par de nombreux syndicats depuis vingt ans apparaissent comme relativement progressistes et pourraient représenter un vrai pas en avant pour les femmes. Mais les structures spécifiques mises en place au niveau national, local ou dans les entreprises (commissions, secrétariats ou responsables femmes) en général n'ont pas reçu un soutien réel de la part des directions et la vraie bataille est pour l'application de ces décisions. Donc leurs effets et leur succès ont été limités, bien que non négligeables, en ce qui concerne les salaires égaux, le harcèlement sexuel ou la garde des enfants.

A de nombreuses occasions, la politique des directions syndicales a été de tourner le dos aux revendications des femmes, les passant sous silence ou même s'y opposant, aggravant de la sorte les éléments de conflit entre les hommes et les femmes de la classe ouvrière. Cette attitude contribue à donner une justification aux rapports de domination qui existent entre les hommes et les femmes, rendant plus difficile la convergence avec le mouvement féministe. Les syndicats français ne se sont pas mobilisés activement en opposition à l'imposition de la flexibilité et au temps partiel, et la disparition du mensuel femmes de la CGT, *Antoinette*, consacre la volonté de cette confédération d'arrêter tout travail spécifique en direction des femmes. En Belgique nous avons vu les travailleuses des Galeries Anspach à Bruxelles ainsi que celles de l'usine sidérurgique de Bekaert-Cockerill près de Liège condamnées à se battre seules contre l'introduction du travail à temps partiel et les suppressions d'emplois. En Italie, les syndicats de chez FIAT ne se sont pas opposés à l'introduction du travail de nuit pour les femmes.

Libération des Femmes & Révolution Socialiste

B) Les directions des partis réformistes

En 1979 nous avons noté que la social-démocratie et le stalinisme (surtout ce dernier) avaient été lents à réagir face à la montée du nouveau mouvement féministe, et que leurs réponses étaient influencées par deux facteurs essentiels : leur respect de la famille ; et le besoin de maintenir et renforcer leur influence sur le mouvement ouvrier.

Depuis 1979 l'interaction entre les luttes des femmes et celles du mouvement ouvrier a exigé des réponses plus affinées. En tant qu'électrices, en tant que syndicalistes et en tant que militantes politiques, les femmes représentent une réalité politique importante et ces partis sont obligés d'en tenir compte. La plupart des partis ont adopté et développé une politique de soutien formel à l'égalité des femmes, et, en certains cas, incluant des femmes immigrées et noires, et des lesbiennes, bien ceci reste très limité. Dans certains pays, les directions traditionnelles ont même manifesté leur volonté d'intégrer les principales porte-parole du mouvement féministe comme chercheuses, journalistes, conseillères, députés et hauts fonctionnaires dans les ministères féminins ou dans les commissions des municipalités. Elles ont rencontré de un écho auprès de nombreuses femmes qui - comme le reste de la gauche - avaient attendu en vain la révolution socialiste et féministe et qui aspiraient à voir les choses changer dans l'immédiat.

La plupart des partis socialistes ont adopté des mesures spécifiques d'action positive, aussi superficielles soient-elles, pour tenter de gagner des électrices, en augmentant notamment le nombre de leurs candidates aux élections parlementaires. Les courants de gauche au sein de ces partis ont parfois su se saisir de cette opportunité pour faire passer des mesures progressistes.

Les gouvernements sociaux-démocrates en particulier ont essayé d'intégrer des féministes au travail des institutions, favorisant ainsi l'émergence d'un féminisme modéré et orienté simplement vers l'obtention de réformes mineures, effectuant

Documents de la Quatrième Internationale

des changements qui apparaissent comme le résultat naturel de l'évolution d'une société démocratique, tendant à faire disparaître le rôle et la combativité des femmes pour obtenir ces changements. Pourtant les gains sont réels, bien que petits, et peuvent être un levier vis-à-vis de la social-démocratie.

La création de ministères ou organismes des droits des femmes est le produit des pressions exercées afin que soit donnée au niveau des institutions une réponse à la pression sociale des femmes. Les expériences françaises et espagnoles montrent toutefois qu'en dépit des beaux discours sur l'égalité, les ministères des Femmes acceptent dans la pratique la division traditionnelle des tâches et ne garantissent en rien que les intérêts des femmes soient réellement défendus, surtout dans le cadre de l'application de politiques d'austérité. Leur manque de pouvoir délibératif et leur respect pour les orientations officielles fixent des limites claires à leur action, mais leur existence en tant que telle peut s'avérer positive dans la mesure où elle permet de toucher de larges couches de femmes. La contradiction entre les prises de position officielles et la pratique peut être source de débats et de différenciations parmi les femmes de ces partis, dont certaines sont prêtes à s'engager dans des actions unitaires.

Les bouleversements en cours en Europe de l'Est et le discrédit qui frappe les régimes staliniens ont eu et auront un impact majeur sur les PC. Cependant, il ne faut pas s'attendre à des changements majeurs en ce qui concerne les orientations et leur pratique à l'égard des femmes.

Ces partis continueront, en ligne générale, soit de nier la nécessité d'organisations et luttes autonomes des femmes, soit de promouvoir une version droitière (qui peut être parfois très sophistiquée) de la politique sexuelle, défendant par exemple la nécessité d'une « politique des revenus féministe » qui consisterait à augmenter les salaires des femmes au dépens de ceux des hommes. Pourtant, au fur et à mesure que leur crise produit des ruptures et

Libération des Femmes & Révolution Socialiste

des vagues de départ, on peut s'attendre à une remise en cause des orientations traditionnelles et une plus grande disponibilité de la part de certains secteurs à s'engager dans des actions féministes unitaires.

En conclusion, nous pouvons dire que l'impact du mouvement de libération des femmes et son effet sur la conscience politique ont obligé les organisations de masse à y répondre. Elles l'ont fait d'une façon insuffisante, mais cela ouvre quand même des possibilités d'actions unitaires avec les femmes qui y appartiennent.

III. Radicalisation, auto-organisation et mouvement autonome de libération des femmes

La naissance du mouvement de libération des femmes fut l'expression de profonds changements structurels dans la vie de la masse des femmes. Le mouvement féministe a réussi à démontrer le caractère social de la situation des femmes et à donner une expression à la révolte des femmes en tant que sexe. Malgré les changements qui sont intervenus dès lors, la vie des femmes continue à être marquée par la discrimination, la subordination et l'oppression. Tous ces éléments signifient que la base matérielle de l'activité et de la radicalisation des femmes est maintenue.

De nombreuses idées émanant du mouvement ont été assimilées par une large majorité dans la société. Au début des années quatre vingt, le mouvement a connu un déclin et un processus de désintégration, parfois comme conséquence d'une intégration au travail des institutions et/ou des services sociaux, ou bien la dispersion des forces dans des différents types d'organisations sectorielles. Dans beaucoup de cas des organisations de femmes se maintiennent, dispersées et tournées vers des actions concrètes ou ponctuelles.

Aujourd'hui, à l'exception de l'Etat espagnol, il n'existe pas de structures de coordination de groupes femmes au niveau national, ce qui implique un élément de faiblesse du mouvement, une sectorisation des luttes et des revendications. Cependant, il y a eu une résistance active maintenue des femmes aux attaques concrètes entamées contre leurs droits et l'apparition de nouvelles organisations formées autour de thèmes spécifiques, ou bien des initiatives de coordination temporaire, ce qui autorise l'optimisme quant à l'avenir.

L'investissement plus important des femmes aux luttes de type divers, dans les syndicats, les partis politiques et d'autres mouvements est un aspect de la situation actuelle et bien que cet investissement ne se soit pas toujours traduit par un renforcement organisationnel du mouvement, il a le potentiel pour conduire à un tel renforcement, ainsi que pour favoriser une expression politique de la conscience de l'oppression sexuelle.

Dans de nombreux pays, nous avons assisté à une convergence plus importante entre les luttes menées par les femmes autour de leurs problèmes en tant que sexe et ceux du mouvement ouvrier dans son ensemble. En fait, les organisations du mouvement ouvrier représentent pour beaucoup de femmes un point de référence pour la solution de leurs problèmes. En tant que composante active relativement nouvelle du mouvement ouvrier, les femmes peuvent souvent faire preuve d'une combativité supérieure à celle du mouvement ouvrier en général, remettant en cause les politiques de collaboration de classe de la bureaucratie. L'investissement des féministes dans les organisations de masse du mouvement ouvrier vise à transformer ces dernières pour qu'elles reflètent les besoins des femmes et pour permettre aux femmes de devenir une composante permanente de ces organisations.

A. Les femmes salariées

Dans plusieurs pays d'Europe du Nord, les femmes ont rejoint les syndicats en nombre important alors qu'elles entraient sur le marché du travail. Dans certains cas, ce processus a même contribué à empêcher une chute dramatique des effectifs syndicaux analogue à celle qu'on avait connue aux années 1930. En Scandinavie, le taux de syndicalisation des femmes atteint 50 %, et en Grande-Bretagne, en Italie et en Belgique il est de 30% - 33%. En France, compte tenu du faible taux de syndicalisation global (5% dans le privé, 10% - 12% dans le public), le taux des femmes syndiquées est très faible et quasiment nul dans certaines branches.

A) Les femmes syndicalistes

La participation active des femmes travailleuses a joué un rôle clef dans une série de luttes ouvrières. En Allemagne de l'Ouest les ouvrières de la sidérurgie ont été aux premiers rangs de la bataille des trente-cinq heures. Elles ont repris à leur compte la revendication de la journée de sept heures, formulée pour la première fois par les femmes de la social-démocratie suédoise en 1972.

La grève dans le Service national de santé (NHS) en 1982 en Grande-Bretagne a été marquée par la participation de couches importantes de travailleuses et a rencontré un large écho auprès d'autres travailleurs, tels les mineurs, les pompiers et les enseignants

Au Danemark, les femmes du syndicat non-mixte des travailleuses non qualifiées (KAD) ont joué un rôle exemplaire dans la grève quasi-générale qui a eu lieu à Pâques 1985 suite à la rupture des négociations entre les patrons et la principale confédération syndicale. Le syndicat des femmes a pris l'initiative dans la mise en place d'un comité de grève intersyndical dans une des zones industrielles, et c'est dans ce secteur que la grève a tenu le plus longtemps. Les femmes ont réussi à obliger la bureaucratie syndicale à débloquer des fonds pour la grève.

Les femmes travailleuses se battent aussi sur leurs propres revendications. En 1984, par exemple, un groupe de travailleuses des Asturies (Etat espagnol) a exigé d'être embauché dans les mines, là où les hommes de leurs communautés travaillaient depuis toujours. Avec l'appui du secrétariat femmes des Commissions Ouvrières et contre les médias et l'UGT, elles one eu gain de cause et un groupe d'entre elles a fini par être embauché pour le travail en surface avec le soutien de leurs collègues de travail. A un niveau plus généralisé, nous avons vu, à la fin des années quatre-vingts, une vague de luttes dans les professions majoritairement féminines, notamment chez les infirmières, qui a touché la plupart des pays européens et l'Amérique du Nord. Ces luttes on fait émerger sur le devant de la scène sociale toute une génération de femmes qui revendiquaient, entre autres, la reconnaissance de leurs qualifications professionnelles, soulignant l'inégalité entre leur situation et celle des techniciens masculins, et refusant leur statut de bonnes à tout faire des médecins et dépassant ainsi la revendication du simple droit à l'emploi des femmes. De plus, notamment en France, elles se sont donné des structures d'auto-organisation afin de contrôler leurs luttes de bout en bout.

B) Luttes de solidarité

Deux exemples de la participation des femmes aux luttes en solidarité avec des grévistes :

- Les femmes des sidérurgistes espagnols qui ont mis en place une coordination des femmes pour organiser la solidarité à l'échelle nationale, contre la décision du gouvernement de Gonzalez de fermer les hauts-fourneaux de Sagunto, dont toute l'économie de la ville dépendait. Elles ont souvent adopté des positions d'avant-garde, plus radicales et plus riches d'initiatives que celles des sidérurgistes menacés de la perte de leurs emplois.

- Né de l'affrontement entre le Syndicat national des mineurs (NUM) et le gouvernement conservateur en 1984-85, le mouvement des Femmes contre les fermetures des puits (WAPC), organisé à l'échelle nationale, consistait en un réseau autonome de groupes femmes basés dans les communautés minières. Ces groupes ont dû se battre pour le droit de disposer de leur leurs propres comptes en banque, d'être représentés dans les réunions des sections du NUM et de participer aux piquets de grèves aux côtés des hommes. Beaucoup des membres des groupes étaient des femmes de mineurs qui participaient à une activité politique pour la première fois : leur détermination contribua pourtant à la durée de la lutte et à lui gagner un soutien d'une telle ampleur contre Thatcher, de même qu'à établir des liens avec d'autres mouvements tels que la Campagne pour le désarmement nucléaire (CND), les femmes de Greenham, des groupes de noirs et d'immigrés, de lesbiennes et d'homosexuels et les campagnes internationales.

Ce mouvement s'inscrivait certes dans un contexte un peu particulier (rôle d'avant-garde joué par le syndicat des mineurs, longueur et intensité de la lutte, nature relativement homogène des communautés minières). Mais au-delà de cette spécificité, il faut souligner qu'il constituait un fantastique exemple du pouvoir politique des femmes de la classe ouvrière lorsqu'elles rentrent en action, et qu'il servit d'exemple à d'autres femmes en Grande-Bretagne et ailleurs.

B. Le travail féministe dans les syndicats et la féminisation de ces derniers

A) Sous la pression organisée des femmes et pour garder ou gagner des adhérentes, de nombreux syndicats ont été obligés de faire des concessions mineures sur la question de la représentation des femmes dans les instances, ou d'élargir leurs débats pour y inclure des questions telles que le salaire minimum garanti, le droit à l'avortement, le harcèlement sexuel sur les lieux de travail, la présentation des femmes dans les médias, les revendications spécifiques des femmes noires ou lesbiennes, etc.

Mais la présence et l'investissement plus importants des femmes dans les luttes et l'action syndicale n'ont pas toujours conduit au renforcement de leur niveau d'organisation en tant que femmes au sein des syndicats. Très souvent les tentatives d'avancer dans ce sens ont buté sur l'attitude négative de la bureaucratie syndicale et ont parfois dû s'affronter à la méfiance de la majorité des adhérents. Dans d'autres cas, comme dans l'Etat espagnol, les femmes ont réussi à maintenir des structures spécifiques, tout

Documents de la Quatrième Internationale

en étant confrontées à des problèmes dans l'action concrète. Des commissions et des programmes pour l'égalité des droits existent dans beaucoup de syndicats importants, mais cela ne remplace pas l'engagement en faveur de l'action positive.

Dans certains pays, la méfiance des femmes à l'égard des organisations syndicales est telle qu'elles ont créé des structures d'auto-organisation à l'extérieur des syndicats. L'exemple le plus marquant fut celui de la coordination des infirmières en France au cours de la grève de l'hiver 1988.

B) Les femmes se rendent compte que pour que leurs luttes soient appuyées et que se développe l'action sur leurs besoins en tant que femmes, la représentation des femmes doit augmenter à tous les niveaux des syndicats.

Il y a plusieurs raisons qui expliquent la sous-représentation des femmes dans le mouvement ouvrier :

- la division sexuelle du travail qui fait que les femmes se trouvent dans les secteurs les moins syndiqués ;
- l'histoire du mouvement ouvrier et le sexisme des directions traditionnelles ;
- le pourcentage important des femmes dans le secteur « informel » dans certains pays.

En Grande-Bretagne, le syndicat NUPE, qui organise les employés communaux et les travailleurs de la santé, a mené une campagne réussie à la fin des années 1970 pour encourager les femmes - qui constituaient une majorité des adhérents du syndicat - à devenir des shop stewards (déléguées d'atelier). En RFA, les femmes des syndicats du livre et du textile ont revendiqué des quotas dans les instances syndicales proportionnellement au pourcentage des femmes dans le syndicat. En Italie, les hommes qui dirigent la CGIL critiquent eux-mêmes la présence limitée des femmes dans la direction, parce qu'ils sont préoccupés du faible niveau d'activité syndicale et de la désaffection des femmes.

Libération des Femmes & Révolution Socialiste

C. La mobilisation des femmes dans les mouvements sociaux

L'un des aspects marquants de la radicalisation des femmes au cours de la dernière décennie est leur participation massive aux mouvements sociaux - mouvements écologistes, mouvements pacifistes, comités de solidarité avec les mouvements de libération nationale ou d'aide au Tiers-monde.

Cela est apparu de manière particulièrement frappante avec le mouvement des femmes pour la paix qui s'est développé dans de nombreux pays européens et qui est né de la lutte anti-missiles. Les femmes ont étés attirées par ce mouvement à la fois sur la question générale du désarmement et en raison des liens entre militarisme et patriarcat - liens mis en évidence par les coalitions féministes de l'Etat espagnol et de Grande-Bretagne. Les formes d'organisation adoptées par ce mouvement consistaient en réseaux de groupes femmes pacifistes, en initiatives d'actions de masse, et en coordinations internationales - toutes inspirées du mouvement de libération des femmes. C'est dans ce cadre que de nombreuses femmes, et particulièrement de jeunes femmes, ont eu leur premier contact avec les idées féministes. Ce sont souvent les femmes qui ont été à la tête des actions de masse les plus dynamiques, comme à Greenham Common en Grande-Bretagne.

A) Les femmes noires et les femmes immigrées

Les femmes noires et immigrées ont souvent joué un rôle de premier plan dans les luttes antiracistes, remettant en cause leur oppression spécifique, mettant l'accent sur le harcèlement sexuel et les discriminations qu'elles subissent en matière de logement, d'emploi, de santé et d'éducation, soulevant la question des lois sur l'immigration, ainsi que celle des images spécifiquement racistes sur leur corps de femmes et la violence s'exprimant à leur égard. Elles se sont prises également aux idées racistes concernant le viol et la violence des hommes noirs et immigrés.

Elles ont abordé le problème de l'oppression spécifique qu'elles subissent à cause du système familial et de la culture de leurs propres communautés. Elles ont lancé des campagnes contre la circoncision et l'infibulation des femmes. Les femmes noires et immigrées ont mis l'accent sur les thèmes anti-impérialistes, en les posant devant l'ensemble du mouvement des femmes.

Là où l'organisation des femmes noires est la plus avancée, par exemple aux Etats-Unis et en Grande-Bretagne, elles ont largement remis en cause certaines positions des féministes blanches — par exemple en abordant le problème du contrôle de son propre corps sous l'angle où il touche les femmes noires et immigrées, celui de l'avortement et de la stérilisation forcée. Cela s'inscrit dans le contexte des discours xénophobes de Le Pen en France ou de Margaret Thatcher en Grande-Bretagne, exprimant leur peur de se voir « déborder » par la fertilité « alarmante » des femmes noires et immigrées. Elles ont remis en cause l'idée qu'il peut y avoir un consensus entre femmes, soulignant qu'elles ne peuvent pas mettre le critère de sexe avant ceux de race et de classe.

B) Les jeunes femmes

L'idée qu'il existe une égalité entre hommes et femmes et qu'elles ne sont pas opprimées en fonction de leur sexe est beaucoup plus ancrée chez les jeunes femmes d'aujourd'hui, et parler du mouvement de libération des femmes leur semble "archaïque". Cependant, elles peuvent être attirées par un mouvement capable de développer les thèmes « traditionnels » du féminisme : la contraception, la sexualité, les violences. Ces thèmes permettent une radicalisation rapide des jeunes femmes qui peuvent mettre en place des structures spécifiques pour mener une action féministe dans les quartiers et les établissements scolaires.

Lors des récentes mobilisations étudiantes, les jeunes femmes ont joué un rôle plus actif, comme dans les mouvements pacifistes, antiracistes ou verts. En France, des jeunes filles beurs ont incontestablement joué un rôle d'avant-garde dans les mobilisations antiracistes. Cette activité politique leur permet

Libération des Femmes & Révolution Socialiste

de prendre conscience de leur statut d'opprimées dans la société, dans la famille et sur le marché du travail. La contradiction entre leur sentiment d'être égales et la réalité lorsqu'elles trouvent que leur mouvement est dominé par des hommes peut les amener à réagir vivement et commencer à s'organiser entre femmes.

Dans un pays comme l'Etat espagnol les mobilisations de la jeunesse ont fait naître des groupes de jeunes femmes dont le combat est focalisé tout particulièrement sur des questions telles que la sexualité, la violence, l'éducation, etc.

Il importe d'expliquer que la solution à cette oppression réside dans la lutte collective, et non dans la lutte individuelle ou la poursuite d'une carrière. Une telle lutte doit associer les jeunes femmes qui se trouvent à l'extérieur du système éducatif, les chômeuses, celles pour qui la seule solution semble résider dans la recherche d'un homme comme gagne-pain.

C) Les lesbiennes

Le morcellement du mouvement des femmes s'est largement reflété dans les mouvements des lesbiennes. Il n'y a que quelques exceptions, quelques pays où le mouvement des lesbiennes vient de commencer à se développer et s'organiser.

Le morcellement du mouvement des femmes a souvent été accompagné de divergences importantes sur des questions concernant le lesbianisme et la sexualité. L'incapacité des courants féministes socialistes à répondre de façon adéquate aux questions et aux revendications soulevées par les lesbiennes a contribué à l'hégémonie relative des idées féministes radicales dans les mouvements des lesbiennes.

La faiblesse du mouvement féministe est aussi un facteur majeur dans la dépolitisation des communautés lesbiennes. Bien que les lesbiennes restent en général beaucoup plus politiques et radicales que leurs équivalents homosexuels masculins, la fin des années quatre-vingts a vu l'apparition des deux côtés de l'Atlantique des manifestations diverses d'une préoccupation croissante en ce qui concerne le style plutôt que la libération des femmes. D'un autre côté, la campagne en Grande-Bretagne contre la Section 28 a suscité la manifestation la plus importante pour les droits des lesbiennes et des homosexuels jamais vue en Europe, et l'une des campagnes les plus dynamiques contre le gouvernement Thatcher des dernières années. Cette campagne était remarquable, non seulement par le fait d'être dirigée par des lesbiennes mais aussi par le soutien qu'elle a obtenu dans le mouvement ouvrier et sur le plan international.

D. Les partis de gauche

La présence des femmes dans les partis non-révolutionnaires de gauche est devenue plus forte de par la combinaison d'une radicalisation des femmes de la base traditionnelle de ces partis, c'est-à-dire le développement des aspirations en tant que femmes sous l'influence du mouvement des femmes, et de l'entrée dans ces partis de certaines couches de féministes, organisées auparavant dans le mouvement féministe. Celles-ci ont cherché une alternative qui semblait plus « efficace » que ce mouvement, une fois la période des grandes luttes passée. Les formations politiques nouvelles peuvent avoir une certaine attraction pour des femmes qui cherchent une alternative politique globale mais qui rejettent les partis traditionnels qui ont souvent une image « masculine ».

A) Les partis ouvriers traditionnels

Les femmes se sont organisées à la base, par exemple, dans le Parti travailliste britannique, le SPD allemand et la social-démocratie norvégienne, afin de se battre pour des orientations qui correspondent à leurs besoins en tant que femmes et pour avoir une représentation plus importante dans les instances.

Nous avons déjà souligné les possibilités ouvertes pour l'action unitaire par la contradiction entre cette bataille et l'attitude des directions. Les structures femmes dans ces partis prennent parfois sur l'ensemble des questions politiques des positions plus radicales que les partis eux-mêmes.

B) Les Verts allemands

Dans ce parti il existe des regroupements autonomes de femmes et les instances de direction sont élues sur une base paritaire du point de vue du sexe. Les orateurs dans les réunions sont désignés de manière à ce que les femmes disposent d'un temps de parole égal à celui des hommes. La direction de la fraction parlementaire des Verts, entièrement composée de femmes, a causé une véritable tempête en dénonçant publiquement des militants de leur parti accusés de harcèlement sexuel. Toutefois, la prise en compte de questions de politique sexuelle n'implique pas que soit évité le débat sur une stratégie politique, et souvent les femmes adoptent des positions politiques divergentes sur le choix des priorités dans la lutte, ou la politique d'alliances que devraient adopter les Verts.

E. Le mouvement féministe

Les thèmes féministes traditionnels resurgissent de temps en temps comme axes de nouvelles mobilisations, parfois comme en riposte aux attaques contre les droits déjà acquis, parfois sous forme de revendications concrètes visant à élargir ces droits.

Par exemple, en 1982, sous le gouvernement de gauche, le mouvement féministe en France est parvenu par sa mobilisation à imposer le remboursement de l'avortement par la sécurité sociale. En 1985, des femmes des quatre coins de l'Etat espagnol ont décidé de défier collectivement la loi restrictive du gouvernement sur l'avortement. Cette campagne a stimulé une reprise d'activités parmi les femmes sur toute une série d'autres questions concernant leur oppression et elle a renforcé la coordination nationale dominée par l'extrême gauche. En RFA deux mille femmes se sont réunies pour discuter des nouvelles technologies reproductives et en novembre 1989, cent vingt femmes de toute l'Europe sont venues participer au Forum socialiste féministe en Suède. La Journée internationale des femmes peut fournir l'occasion de mobiliser tous les courants du mouvement dans des initiatives unitaires.

Documents de la Quatrième Internationale

Des exemples divers témoignent à la force du mouvement autonome des femmes lorsqu'il est à même de prendre des initiatives sur des thèmes susceptibles de rallier de larges couches des femmes et d'entraîner derrière lui une partie des organisations traditionnelles du mouvement ouvrier. L'auto-organisation des femmes au sein du mouvement ouvrier est un mécanisme clef pour peser dans le sens de l'interaction politique nécessaire entre les mouvements des femmes pour leur libération et les organisations de la classe ouvrière.

Les changements intervenus dans la situation des femmes ont suscité une différenciation politique dans le mouvement. Cette différenciation s'est manifestée sur le terrain de la théorie. Parmi les thèmes théoriques nouveaux certains - liés aux questions de race, de classe, de l'impérialisme et de la sexualité - illustrent les situations différentes que vivent les femmes. Les attitudes et rapports différents des féministes à l'égard de l'Etat et ses institutions ont également suscité certains débats. D'autres surgissent avec l'apparition de problèmes nouveaux (comme, par exemple, les nouvelles technologies reproductives), ou autour des thèmes tels que la violence sexuelle.

Le développement de la lutte contre la violence sexuelle touche à un des aspects les plus vulnérables de la domination masculine. Nous situons l'origine de cette violence dans l'oppression des femmes et exigeons qu'elle soit considérée comme un crime social, soulignant surtout l'importance de l'auto-organisation et le respect pour elles-mêmes de la part des femmes. Une autre analyse a été développée, qui définit la violence sexuelle comme origine de l'oppression des femmes et qui élabore une série de revendications parmi lesquelles un mouvement contre la pornographie, la censure, un renforcement de la police et l'allongement des peines de prison.

Le développement de courants alternatifs fondamentalistes (« retour à la nature », qui considèrent toute forme d'industrialisation

Libération des Femmes & Révolution Socialiste

comme entièrement négative) a eu un fort impact sur la pensée féministe. Les implications possibles des nouvelles technologies reproductives ont servi à alimenter ces débats. Les tendances « naturalistes », profondément anti-scientifiques, exigent une réponse sérieuse de notre part.

Ces points de vue reposent sur l'idée que l'oppression des femmes est le produit de différences biologiques, qui trouvent leur reflet dans la sphère culturelle, et non le résultat de l'organisation économique et sociale. Une telle analyse implique un recul par rapport à la perspective de départ du féminisme moderne, pour qui la féminité et la masculinité sont un produit social, pouvant donc être modifié. Ce qui est proposé en l'occurrence, c'est la création d'un « espace des femmes » dans le cadre de la société capitaliste actuelle.

Le processus de différenciation a donné lieu à divers courants, parmi lesquels on peut identifier :

• Les féministes radicales qui, sur la base de leur analyse de l'existence de classes sexuelles, définissent la lutte entre les sexes comme seul élément dans la lutte pour la libération des femmes.

• Les divers courants du féminisme bourgeois, dont la stratégie se caractérise essentiellement par la recherche d'acquis pour une petite minorité de femmes privilégiées par des alliances avec la classe dominante et les partis bourgeois.

• Les féministes réformistes qui soit ne prennent pas en compte les éléments qui déterminent la condition des femmes en tant que sexe soit les considèrent comme produit de l'idéologie dominante, ou les réduisent à leurs aspects purement économiques. Elles ont comme perspective la réforme de l'Etat, et situent donc la lutte pour la libération des femmes dans le contexte d'un processus de réformes et de la « démocratisation » de la société.

• Des féministes socialistes pour qui les luttes des femmes sont plus directement liées à celles du mouvement ouvrier.

• Les féministes marxistes révolutionnaires, dont nous-mêmes, qui s'efforcent d'intégrer dans leur théorie, leurs analyses et leur pratique politique les différentes contradictions (*sexe, classe, race*) qui déterminent l'existence des femmes dans la société, situent la lutte des femmes dans le cadre d'une perspective révolutionnaire et reconnaissent l'importance d'une alliance avec le mouvement ouvrier dans son ensemble.

Il faut souligner que les frontières entre ces différents courants sont relativement floues et que souvent on ne peut pas appliquer ces catégories de manière rigide. D'ailleurs, nos rapports avec ces courants peuvent varier : sur certaines questions nous avons une pratique de front unique avec les féministes radicales. Par ailleurs, les idées féministes radicales ont un impact plus fort sur les femmes lorsque le mouvement ouvrier s'avère incapable de répondre à leurs aspirations.

IV. L'orientation des marxistes-révolutionnaires

Face à ceux qui nient l'oppression spécifique des femmes, qui la situent sur le terrain culturel, qui la considèrent comme produit de la biologie, ou qui pensent qu'il est possible de supprimer la domination, la subordination et l'oppression des femmes dans le cadre de la société actuelle, nous affirmons l'existence d'une base matérielle et sociale à l'oppression sexuelle, ainsi que la nécessité pour les femmes de se constituer en sujet social, avec leur propre expression politique. Le mouvement féministe rend possible la réaffirmation de l'identité des femmes, individuelle aussi bien que collective, et ce mouvement est le seul capable de donner une expression politique aux femmes en tant que sexe.

La prise de conscience féministe est un processus complexe qui prend des formes très différenciées : sur la base des contradictions générées par la participation à la production sociale ou dans la sphère publique ; sur la base d'une pratique politique dans d'autres mouvements qui rend possible une réflexion et une compréhension plus approfondies de la spécificité de la situation des femmes et des conditions nécessaires pour qu'elles s'investissent dans le combat

Libération des Femmes & Révolution Socialiste

féministe ; sur la base d'un processus d'auto-affirmation dans la recherche de leur individualité. Tous ces chemins peuvent amener les femmes à se battre pour leur autonomie économique, affective et sexuelle. Mais cette prise de conscience souvent individuelle ne deviendra force collective que si elle se transforme en conscience collective, en désir de changer son propre vécu et celui d'autres femmes.

Le travail femmes n'est pas simplement un secteur en soi mais un facteur qui doit influencer tous les autres aspects de notre activité et l'ensemble de notre organisation. Chaque section doit définir les couches de femmes au sein desquelles elle va mener un travail permanent. C'est indispensable pour être en mesure de prendre des initiatives politiques afin de défendre et d'élargir les droits des femmes.

Partant de leurs aspirations et des mouvements de radicalisation auxquels elles participent, nous faisons tout notre possible pour assurer que les femmes prennent conscience de leurs problèmes spécifiques, nous impulsons leur auto-organisation en défense de leurs intérêts et c'est ainsi que nous renforçons le mouvement autonome des femmes.

Chaque fois que possible, nous prenons des initiatives sur le lieu de travail et dans les syndicats pour défendre et élargir les droits des femmes. Nous mettons systématiquement en évidence le lien entre les responsabilités domestiques des femmes et leur statut au niveau de la force de travail. Nous soutenons le droit des femmes à l'auto-organisation et leur droit à être représentées au sein du mouvement ouvrier.

A. Les axes centraux de notre travail

Nous intervenons en défense des droits des femmes, à commencer par ceux des plus exploitées - les femmes noires et immigrées, les jeunes femmes et celles des nationalités opprimées.

Nous mettons plus particulièrement l'accent sur :
- La lutte pour le droit de la femme à disposer de son corps,

Documents de la Quatrième Internationale

qui implique notre participation aux campagnes contre tout retour en arrière dans la législation concernant l'avortement et la contraception ; et pour la libéralisation de la législation dans les pays où l'avortement n'est pas encore un droit.

• L'intervention sur les thèmes des violences faites aux femmes (viol, femmes battues, contre toute sorte de harcèlement sexuel sur les lieux de travail ou dans les syndicats...) par des campagnes de sensibilisation ou en participant à des structures du mouvement des femmes ou des mouvements sociaux qui s'occupent de ces questions. Notre objectif est l'introduction de lois qui établissent les droits des femmes et définissent la violence contre les femmes comme un crime.

• La lutte pour la réduction de la journée de travail sans perte de salaire. Cette lutte conduit les femmes à se battre contre le chômage et la flexibilité et répond aux revendications des femmes exigeant des loisirs et du temps pour satisfaire leurs besoins personnels.

• L'égalité des salaires entre les hommes et les femmes, et la reconnaissance des qualifications acquises par les femmes. Nous faisons le lien entre les revendications salariales et les thèmes du droit au travail et de l'indépendance économique des femmes, y compris par l'obtention d'un salaire national minimum garanti.

• Le refus de toutes les formes de précarisation de l'emploi. Même si nous comprenons que certaines femmes puissent choisir de travailler à temps partiel, nous mettons l'accent sur les dangers (faibles salaires, marginalisation, déqualification) de cette formule et nous nous battons résolument contre l'imposition aux femmes du travail à temps partiel. Nous encourageons la lutte collective contre la super-exploitation que constituent l'intérim, le travail à domicile, et les « petits boulots » précaires et pour le plein droit aux congés, à la protection de l'emploi et à l'activité syndicale pour les travailleuses.

• L'éducation, la formation et les programmes de requalification qui facilitent l'acquisition par les femmes des qualifications nécessaires pour remettre en cause les filières d'emploi traditionnelles. Pour l'action affirmative, qui peut nous amener à exiger des quotas pour l'emploi et la formation.

• La revendication de l'abolition de toutes les mesures discriminatoires visant à limiter les droits des femmes à la protection sociale.

• La participation à des campagnes pour l'extension maximale des services sociaux (crèches, garderies, etc..). Nous poursuivons aussi une propagande pour le partage des tâches ménagères.

• L'opposition à toutes les mesures discriminatoires à l'égard des lesbiennes et la défense du droit des femmes à définir et à vivre librement leur sexualité.

B. Notre participation à la construction d'un mouvement autonome des femmes

Tout ce qui précède montre le caractère décisif de l'existence d'un mouvement féministe indépendant, capable d'impulser des luttes sur toutes les questions concernant la vie quotidienne des femmes, c'est-à-dire contre leur oppression spécifique, particulièrement dans la famille.

C'est un élément vital pour défendre jusqu'au bout les intérêts particuliers des femmes et pour transformer les syndicats en instruments révolutionnaires. Ce but ne peut être atteint que par une remise en cause radicale des divisions traditionnelles au sein de la classe ouvrière, à commencer par la division sexuelle du travail.

Les contours d'un tel mouvement autonome des femmes varieront de pays en pays, en fonction de l'histoire et des luttes en cours. Mais le besoin d'une continuité - c'est-à-dire la transmission des acquis théoriques, des débats stratégiques, de l'expérience de luttes antérieures - fait que l'existence d'un tel mouvement est une question centrale. Faute de quoi - on peut le constater dans nos propres rangs et en particulier dans nos organisations de jeunesse

Documents de la Quatrième Internationale

- on assistera à un recul très alarmant par rapport aux acquis programmatiques du XIe congrès mondial.

La ligne de marche n'est pas simplement déterminée par la situation politique d'ensemble. Mais, en ligne générale, nous ne renonçons pas à contribuer activement à la construction des syndicats et à la constitution de courants lutte de classe en leur sein sous prétexte que les perspectives politiques sont difficiles. Nous n'abandonnons pas non plus notre engagement total dans la construction d'un mouvement autonome des femmes où nous défendons notre orientation et où nous nous battons pour être une composante de sa direction.

Action positive et construction du parti parmi les femmes

Texte adopté par le 13ᵉ Congrès mondial de la Quatrième Internationale (1991)

« Qu'y a-t-il à la base de l'attitude incorrecte de nos sections nationales ? En dernière analyse, une sous-estimation des femmes et de leurs réalisations. Voilà ce que c'est ! Malheureusement, nous pouvons dire de beaucoup des camarades : "grattez la surface communiste et le philistin apparaît." Pour en être sûr, vous devez gratter les points sensibles, comme leur mentalité par rapport aux femmes. »

Clara Zetkin, Souvenirs sur Lénine, 1919.

Introduction

Il y a trois angles possibles pour examiner l'importance d'une véritable intégration des femmes et de la lutte contre les discriminations sexuelles dans les organisations politiques et en particulier dans nos organisations.

D'abord, du point de vue de la lutte des classes, de la lutte politique générale. L'intégration des femmes est essentielle si nous voulons vraiment réaliser l'unité des travailleur (euse)s, du prolétariat. Nous ne pouvons pas négliger la situation des femmes. Mais en construisant une véritable unité de tous(te)s les opprimé(e)s, nous sommes obligés de travailler avec les diverses contradictions qui existent encore parmi les opprimé(e)s sous la domination capitaliste et patriarcale, et qui sont la conséquence de l'oppression et de la subordination des femmes. Aujourd'hui il y a un autre élément - l'augmentation du nombre de femmes dans la force de travail organisée, un changement dans la composition sociale du prolétariat, avec une différentiation plus nette dans l'exploitation basée sur les différences sexuelles - mais c'est une raison de plus, et pas la plus fondamentale, pour adopter une politique offensive pour intégrer les femmes dans les organisations révolutionnaires.

Ensuite, du point de vue des femmes, notre présence et notre participation effective aux organisations politiques constituent un aspect fondamental pour développer notre identité comme révolutionnaires. Si nous partons de la nécessité d'incorporer des militantes individuellement, alors dans la pratique, sur le long terme, cette identité est extrêmement faible s'il n'y a pas un nombre important de femmes, puisque dans ce cas-là, elle ne peut qu'être créée par un discours masculin. C'est pourquoi nous ne parlons pas de créer des annexes au projet politique révolutionnaire qui donnent aux femmes un espace, mais d'une construction qui inclut aussi les femmes, dans laquelle la lutte contre l'oppression sexuelle est davantage qu'un discours programmatique, mais la transformation de la pratique quotidienne dans le champ de la politique sexuelle, avec le développement des éléments politiques nécessaires pour transformer la société.

Dans une telle perspective la présence même des femmes, avec à la fois leur force numérique et leur poids politique réelle, est essentielle parce que, combinée avec le développement du mouvement des femmes, c'est la seule garantie que les revendications et les besoins des femmes seront présents avec la dimension radicale nécessaire à un processus révolutionnaire. L'expérience des révolutions dans une série de pays l'illustre clairement. Aussi libérés du patriarcat que puissent être les camarades hommes, toute organisation politique ou tout projet d'organisation sociale dans lesquelles les femmes ne sont pas représentées à égalité reproduit les formes de domination des

Libération des Femmes & Révolution Socialiste

femmes et leur exclusion de la vie politique.

Enfin, du point de vue du projet socialiste global que nous voulons développer, nous ne pouvons pas parler du socialisme uniquement en des termes masculins, dans lequel les femmes resteront dans le même type de division sociale et de rôles, où elles garderont une personnalité schizophrène et seront les victimes potentielles et quotidiennes du pouvoir et de la violence des hommes.

Nous devons aussi répondre à la situation actuelle dans le mouvement ouvrier et dans la société. Il y a une pression organisée, il y a une pression des femmes non seulement pour l'intégration du féminisme et des revendications des femmes, mais aussi pour une augmentation du nombre des femmes dans les organisations politiques et syndicales. Ceci découle de la pression du mouvement organisé et des changements qui sont intervenus dans les dernières décennies dans la situation sociale des femmes : aux niveaux de l'éducation, de l'intégration au marché du travail, de l'extension des moyens de contraception, de certaines modifications de la structure de la famille.

La bourgeoisie dans certaines régions du monde, en Amérique latine, en Europe et probablement dans d'autres parties du monde, a été plus flexible et rapide pour répondre aux pressions créées par cette nouvelle situation. Elle a essayé d'élargir la base de sa domination en adoptant certains aspects du discours et même en accordant quelques espaces symboliques aux femmes. Malgré les limites de telles politiques, elles ont connu plus de succès grâce à la faiblesse de nos réponses. C'est particulièrement le cas quand, dans la plupart des cas, nous nous sommes limités à adopter un discours de défense des droits des femmes sans changer notre pratique politique ni augmenter la présence effective des femmes dans les sphères de pouvoir dans nos propres organisations.

Les partis sociaux-démocrates ont fait des progrès au sens d'établir des quotas de femmes sur leurs listes électorales ou dans les instances de direction des partis. Bien qu'il soit vrai que ces mesures n'ont pas été accompagnées de revendications radicales pour les transformations sociales qui sont nécessaire pour finir avec l'oppression des femmes, il est également vrai qu'ils ont été plus audacieux dans leurs propositions pour augmenter le nombre de femmes que c'est le cas dans la plupart des partis révolutionnaires et dans nos sections.

Nous essayerons d'expliquer brièvement les difficultés pour la participation politique des femmes et les obstacles qui en découlent.

Dans les organisations politiques, il y a une dynamique générale de l'exclusion des femmes. La dynamique « naturelle » n'est pas la présence ou la participation des femmes, mais plutôt la reproduction de la dynamique sociale de discrimination et d'exclusion des femmes des espaces publics.

D'abord, nous pouvons dire que la division entre les sphères privée et publique continue au sein de nos propres organisations et dans notre vision politique elle-même. Le rôle social attribué aux femmes, en premier lieu au sein de la famille et dans la reproduction privée, empêche les femmes de développer une participation sociale et politique sur une base d'égalité. C'est aussi un élément central dans la construction de notre personnalité : la façon dont nous percevons les possibilités d'entrer dans la vie publique. La participation des femmes à la vie publique exige une rupture avec leur éducation et leur socialisation afin de leur permettre de pénétrer dans un espace qui leur n'est pas normalement assigné. Cette division, prise au niveau d'un parti, implique que les camarades hommes ont d'énormes difficultés pour avoir des rapports avec les femmes en tant qu'êtres politiques et reproduisent la façon dont ils font la division entre sphères publique et privée dans leurs rapports à l'intérieur du parti. Pour cette raison nous acceptons un comportement schizophrène où il n'y a pas de cohérence entre vie publique et vie privée. C'est une source de tensions permanentes entre les hommes et les femmes dans leurs rapports à l'intérieur d'une organisation politique.

La deuxième question est liée à la division sexuelle du travail. Il est évident que l'aspect le plus clair de cette division est l'attribution permanente aux femmes du travail ménager, de responsabilité pour la famille et pour le foyer. Bien qu'il ait eu certains progrès dans quelques pays, le gros du travail et de la responsabilité pour le ménage tombe toujours sur les femmes. Pour la plupart des militants cette idéologie bourgeoise qui vertèbre les structures familiales reste pratiquement intacte, essentiellement grâce aux privilèges et facilités qu'elle offre aux hommes dans leurs rapports politiques. Cet aspect de la division sexuelle du travail prive les femmes non seulement du temps pour une activité politique mais aussi absorbe la plupart de nos énergies personnelles, politiques et intellectuelles.

Au sein des partis ce type de division se reproduit de nombreuses façons. Les femmes font le travail ingrat et les hommes font le travail politique. Au sein des organisations politiques nous reproduisons les mêmes mécanismes de dévalorisation du travail des femmes que ceux qui fonctionnent dans le marché du travail. C'est comme l'inverse du conte sur le roi Midas : tout ce que nous touchons est dévalorisé. Le meilleur exemple est peut-être celui de la valeur différente accordée au travail organisationnel selon qu'il est fait par les hommes ou les femmes.

Le troisième point concerne la perpétuation du pouvoir patriarcal qui a été établi à l'intérieur des partis. Ce pouvoir patriarcal, le pouvoir des hommes sur les femmes, se manifeste par le maintien d'un énorme autoritarisme de la part des hommes : le discours des femmes est dévalorisé et doit être appuyé par un homme ; dans certains secteurs des dirigeants utilisent leurs positions pour obtenir des privilèges affectifs et sexuels des femmes.

Voilà quelques-uns des éléments qui créent cette dynamique d'exclusion des femmes des organisations politique de façons

Documents de la Quatrième Internationale

multiples et liées entre elles.

Pourquoi cette discussion est nécessaire dans la IVe Internationale aujourd'hui

La plupart des camarades femmes sont d'accord pour dire qu'elles ont adhéré à des partis révolutionnaires pour faire une révolution qui sera à la fois socialiste et féministe. C'est pourquoi nous voulons construire des partis qui sont socialistes et féministes, et pourquoi nous avons mis cette discussion à l'ordre du jour. Une combinaison de facteurs, internes et externes, positifs et négatifs, nécessite de revenir à cette discussion :

• Dans son ensemble, l'Internationale n'est pas parvenue à consolider sur les plans politique et organisationnel les acquis de la discussion sur la libération des femmes au Congrès mondial de 1979. Il y a eu un abaissement général du niveau politique du débat et des discussions dans les sections, ainsi qu'un processus de dépolitisation, particulièrement en ce qui concerne les questions relevant de la libération des femmes. Le débat sur des mesures spéciales est resté inachevé et a abouti à quelques conclusions erronées.

• Les sections ont pris du retard dans l'analyse du caractère changeant de la force du travail et des effets qu'il a eu sur la recomposition politique du mouvement ouvrier. Alors que nous pouvions déclarer que dans la crise économique actuelle les femmes ne seraient pas chassées de la force du travail, nous avions tendance à sous-estimer la signification de l'offensive idéologique de la classe dominante sur les questions de la famille, de la reproduction, de la sexualité et du racisme. Par conséquent, nous n'étions pas préparés pour leurs effets sur le mouvement ouvrier.

• Dans plusieurs pays d'Europe occidentale et aux Etats-Unis s'est produite une baisse de l'activité de masse du mouvement indépendant des femmes, tandis que dans d'autres cas, sous l'impact de la crise économique, le mouvement des femmes a viré à droite. Bien trop souvent, les sections y ont réagi en cessant de donner la priorité au travail femmes. Mais quand les syndicats sont sur la défensive les organisations révolutionnaires ne concluent pas qu'il est impossible de recruter des salarié(e)s. Et même quand il y a une baisse de l'activité du mouvement des femmes ou quand le pôle féministe est faible, cela ne constitue pas une excuse pour mettre nos objectifs féministes au placard.

• Certains pays du tiers monde ont connu, à une échelle de masse, un processus d'organisation des femmes autour des revendications de la lutte générale. Quand les femmes des secteurs populaires commençaient à se mobiliser, dans le même temps plusieurs de nos sections ont commencé à faire un travail plus large dans les syndicats aussi bien que dans d'autres secteurs de masse qui bougeaient, y compris les femmes. Cependant, cela impliquait une pression énorme sur les camarades femmes qui avaient travaillé dans des groupes spécifiquement féministes, pour qu'elles le quittent parce qu'il ne s'agissait pas d'organisations « de masse ». Face à ces pressions, de nombreuses camarades ont abandonné le travail dans des secteurs spécifiquement féministes, ou ont quitté les sections. De cette manière, nous avons perdu des cadres femmes formées et plus tard nous nous sommes trouvés sans participation, ni bien souvent légitimité, dans les secteurs féministes du mouvement des femmes quand celui-ci s'est rapproché de ces secteurs, et avec une retard important dans le niveau de discussion sur le féminisme, aussi bien au sein de nos organisations qu'à l'extérieur.

Dans les cas où - en effectuant le tournant vers ces mouvements de masse des femmes - le féminisme est devenu secondaire, les mesures d'action positive ont aussi été affaiblies et par conséquent la situation des camarades femmes dans le parti s'est aggravée. Il existe aussi une discontinuité organique dans nos organisations : des sections sont apparues et sont disparues depuis 1979.

• En général, les sections n'ont pas prévu ce genre de problèmes, ni réfléchi sur la manière d'aider les camarades à les confronter.

Documents de la Quatrième Internationale

Nous n'étions pas conscients du degré auquel les femmes se sont développées à partir de leur expérience directe comme participantes et dirigeantes du mouvement des femmes et nous n'avons donc pas pris des mesures conscientes pour transmettre ces leçons et ce savoir-faire aux camarades femmes plus jeunes, surtout qu'elles ne pouvaient pas obtenir cette expérience directement.

- En Europe occidentale nous avons vu le développement de jeunes femmes comme dirigeantes politiques dans les organisations de jeunesse. Cela montre l'impact que peut avoir l'action positive pour transformer le parti révolutionnaire, lui aussi. Deux facteurs expliquent la capacité des organisations révolutionnaires de jeunesse à incorporer des jeunes femmes dans les instances de direction. Le plus important est que les groupes de jeunesse sont constamment préoccupés par le renouvellement des directions. La recherche de nouveaux dirigeants met l'accent sur le développement conscient de dirigeants. Ce qui crée la possibilité pour que des jeunes femmes puissent se percevoir comme dirigeantes potentielles et recevoir la formation nécessaire.

En second lieu, la conscience des jeunes a été influencée par le féminisme et ils ont moins besoin de s'accrocher aux anciennes habitudes. Les jeunes femmes insistent davantage pour que ça change, tandis que les jeunes hommes sont au moins un peu plus ouverts aux changements.

Dans les pays du tiers monde, les jeunes constituent une proportion considérablement plus importante de la population que dans les pays industrialisés. Bien que la grande majorité de jeunes femmes n'aient pas été directement influencées par le féminisme, elles ont été élevées dans une période de crise politique et économique qui leur a présenté une situation où les femmes sont davantage présentes dans la vie publique que c'était le cas avec les générations précédentes. Néanmoins, les femmes continuent à être assujetties aux plus brutales formes d'oppression. En même temps, de nombreux enfants et adolescentes continuent eux-mêmes à avoir des enfants, ce qui signifie que leur intégration sociale et politique a lieu selon des façons beaucoup plus similaires à celles d'adultes que c'est le cas avec des jeunes femmes dans les pays développés. C'est une des raisons pour lesquelles nous n'avons assisté au développement ni de mouvements de jeunesse ni d'organisations de jeunesse en solidarité avec la IVe Internationale. Le développement de jeunes femmes comme dirigeantes révolutionnaires a lieu en général dans le cadre d'organisations adultes, ce qui implique des contradictions spécifiques dans leur participation et un besoin de consacrer une attention particulière à leur développement.

De plus, la plupart des jeunes sont plus libres de responsabilités qu'ils ne le seront jamais à l'avenir. C'est particulièrement vrai pour les femmes. Donc les compétences et attitudes acquises durant cette période de changement rapide seront importantes pour les années à venir. Si les femmes apprennent à avoir confiance en elles-mêmes en tant que dirigeantes des organisations de jeunesse, cela peut fournir un cadre essentiel pour avancer dans le parti révolutionnaire.

• Suite aux débats sur le manque de pleine intégration et/ou la perte de militantes, de nombreuses sections ont décidé d'adopter une forme ou une autre d'action positive. Ces projets varient selon la situation nationale. Parmi les exemples, des invitations aux commissions femmes d'assister aux réunions des comités centraux, la mis en place de fractions femmes à l'échelle nationale, la tenu de séances de formations spéciales sur l'oppression des femmes, l'établissement d'objectifs chiffrés pour augmenter la participation des femmes aux instances de direction, le tenue de réunions spéciales où les femmes peuvent discuter d'un plan d'action positive et contrôler son application.

Les efforts faits ces dernières années pour changer la situation en utilisant des objectifs ou des quotas de femmes dans les directions (surtout au niveau national) ont montré que :

- Il est possible dans la majorité de sections d'augmenter de manière importante le nombre de femmes dans les instances de direction ; il existe des femmes qui sont capables d'assumer ces responsabilités et si celles-ci ne leur n'ont pas été confiées auparavant c'était à cause des obstacles qui existaient.
- Dans les instances dans lesquelles davantage de femmes sont incorporées que par le passé comme conséquence de ce mécanisme - dans la mesure où celui-ci est accompagné d'une discussion entre elles des problèmes qui les confrontent en tant que militantes, et que le parti continue à construire le mouvement - ceci peut améliorer les conditions de leur travail politique. S'il y a davantage de prise en compte de la nécessité de former les femmes politiquement, les discussions internes sur les violences sexistes prennent un autre ton et reflètent une autre rapport de forces, leurs besoins sont légitimées comme besoins de l'instance de direction (et pas comme besoins personnels) en ce qui concerne les horaires des réunions et des formes de discussion ; notre politique externe sur les femmes peut être discutée avec plus d'insistance et de précision, etc. Pour résumer, les conditions sont réunies pour établir un rapport de forces entre les hommes et les femmes qui crée les conditions qui le rend possible de changer une situation défavorable aux femmes et ainsi aider le développement positif de l'organisation dans son ensemble.

Pourtant, même dans les cas où les femmes ont été majoritaires dans les instances de direction, elles n'ont pas eu le même pouvoir que les hommes. Par exemple, il leur a manqué les réseaux informels et l'autorité politique des hommes qui sont établis depuis longue date. Les hommes continuent à fixer le ton des réunions et déterminent l'ordre du jour politique. Même quand les femmes ont été assez nombreuses dans une direction, elles souffraient fréquemment de surmenage et se sentaient moins efficace. Elles voyaient qu'elles avaient moins de soutiens dans l'organisation

Libération des Femmes & Révolution Socialiste

que les camarades hommes. Ainsi, l'action positive n'a pas résolu tous les problèmes - en fait, elle a souvent aidé à en identifier des nouveaux.

• Dans la plupart des pays du tiers monde où nous avons des sections, les militantes se heurtent à des problèmes supplémentaires dans leur travail politique: les partis préfèrent que des homes traitent avec d'autres partis pour des raisons de traditions misogynes et justifient parfois l'exclusion des femmes des directions ; le manque d'acceptation des femmes dans les sphères publiques ; les difficultés auxquels sont confrontés les femmes pour remplir des tâches politiques, car il est souvent dangereux ou illégal de sortir le soir ou de voyager. Dans le cas de groupes clandestins, ou là où les cultures isolent la vie des femmes à un degré extraordinaire ou quand le mouvement féministe est faible ou complètement absent, comme c'est le cas dans de nombreux pays du tiers monde, les difficultés des militantes deviennent plus importantes. Aussi, les possibilités de recruter les femmes deviennent plus difficiles.

• Les problèmes généraux de fonctionnement des directions se reflètent souvent de la manière la plus tranchée dans le parti au niveau des couches à oppression spécifique : les femmes, les jeunes, les immigrés, les membres de nations et races opprimées, etc. Cela révèle à la fois un processus malsain de sélection des dirigeants et une faiblesse à trouver les moyens d'aider les membres du parti qui sont confrontés à des obstacles sociaux spécifiques à leur développement politique. La discussion et la collaboration informelles entre camarades pour préparer les réunions et les discussions sont des aspects importants du travail collectif, mais il s'agit d'un processus dont les femmes sont d'habitude exclues. Les discussions informelles avec les camarades femmes traitent habituellement de questions autres que les discussions politiques et les décisions à prendre. Même quand des propositions doivent être avancées qui concernent les responsabilités politiques ou les tâches d'une camarade femme, consulter avec elle n'est pas un réflexe automatique de camarades hommes.

- Etant donné les ressources limitées et les pressions sur le temps, les sections se bornent souvent à reproduire la division sexuelle du travail dans la société. Les critères de sélection des directions connaissent fréquemment des préjugés contre la promotion des femmes à cause d'un série de présomptions inhérentes qui sont basées sur un modèle « masculin » et qui n'ont pas été analysées de manière consciente. Par exemple, en proposant des tâches à des camarades femmes, parfois entrent dans la discussion les limites qu'elles peuvent avoir en tant que mères. Dans la même discussion, en proposant un camarade homme pour cette tâche, la discussion ne prend pas en compte qu'il a des enfants, ce qui risque, ou ne risque pas, de limiter ses capacités d'assumer cette tâche. Sous-entendu est l'acceptation tacite que la responsabilité des enfants retombe sur la camarade femme, pas sur le camarade homme. Il est courant qu'il y ait des critères plus stricts pour évaluer des femmes, non seulement en termes de leurs capacités politiques, mais aussi, dans certain cas, de leur comportement personnel.

Ces obstacles impliquent que la sélection des directions tend à éliminer les femmes de ces responsabilités, dépendant du niveau de l'instance de direction : il y a moins de femmes dans les directions locales qu'à la base; moins dans les instances régionales que dans les directions locales ; moins au niveau national qu'au niveau régional ; et encore moins au niveau international qu'au niveau national.

Etant donné l'ambiance compétitive qui règne dans les instances de direction et un manque de confiance en soi de la part des femmes, des femmes dans les postes de direction qui réussissent à survivre sont parfois contraintes à des rôles traditionnels d' «assistante», se reléguant à chercher des conseils d'un mentor masculin avec plus de connaissances et d'expérience ou finissant par se réfugier dans l'aspect technique de leur tâche.

• Les débats dont le but était de discuter des problèmes et questions des femmes ont souvent été détournés pour d'autres fins, ou bien les femmes ont été contraintes de discuter de leurs préoccupations dans la camisole de force d'un cadre fractionnel, étant donné qu'elles n'avaient ni le pouvoir ni l'expérience pour transformer le climat global de l'organisation.

Nous avons pérennisé des styles de débat qui ne créent pas des forums où une discussion véritable peut avoir lieu. Plutôt que de pouvoir progresser sur la base de ces discussions, les débats deviennent des champs de bataille où « gagner » implique d'utiliser des formes de terrorisme psychologique pour « écraser » l'adversaire. Les luttes fractionnelles ont souvent eu pour conséquence, soit de démoraliser les camarades femmes, les conduisant à se retirer de la direction, soit de les encourager à adopter ces normes de comportement pour « prouver » qu'elles étaient égales aux hommes.

Cette atmosphère intimidante est également difficile à affronter pour beaucoup de camarades hommes, mais, à la différence de la plupart des femmes, ils cherchent à surmonter ces problèmes en s'adaptant aux mécanismes de compétition et en se conformant aux modèles masculins de direction.

Il est donc clair que le manque de fonctionnement collectif constitue un problème central, qui renforce la division sexuelle du travail existante. (Les faiblesses dans le fonctionnement collectif se voient aussi dans d'autres divisions, telles que celles entre jeunes et adultes, ou entre travailleurs et intellectuels). Les femmes ne sont pas toujours en mesure de remettre en cause directement ces méthodes de fonctionnement - en réalité il faut beaucoup d'expérience de direction pour savoir comment réussir à les mettre en cause. Il devient donc indispensable que l'organisation toute entière développe un engagement à remettre en cause la division sexuelle du travail, tâche qui ne doit pas être laissée à quelques individus ou aux femmes seulement - mais les femmes constitueront un facteur majeur pour faire en sorte que nous atteindrions notre but. Il faut que tout le poids de l'organisation s'applique à casser la routine et l'inertie de la division sexuelle du travail.

• Les femmes sont confrontées à des problèmes spécifiques à cause de leurs responsabilités quotidiennes et leur conditionnement social. Bien sûr, les femmes viennent dans des partis révolutionnaires à partir de milieux sociaux et éducatifs différents, avec des orientations sexuelles différentes, et à des âges et périodes de lutte différentes. Elles ont donc des niveaux d'expérience, de connaissances et de confiance en soi différents. Les femmes ne manifestent pas toujours leur manque de confiance par la timidité - parfois c'est tout à fait le contraire. Placées dans des positions de responsabilité, les femmes peuvent aussi réagir en devenant défensivement agressives.

Mais quelles que soient les façons dont des femmes individuelles se sont prises aux structures de direction des sections, les structures actuelles des organisations exercent une discrimination indirecte contre les femmes, si nous n'adoptons pas des plans d'action positive et n'en contrôlons pas l'application, ce processus ne fera que continuer.

• Une conscience inégale concernant les problèmes auxquels sont confrontées les femmes a été un problème historique pour le mouvement marxiste. Elle a conduit à une appréciation différente du féminisme et de ce que constitue « la moralité prolétarienne ». Des questions telles que la violence et l'intimidation sexuelle n'ont pas été pleinement discutées et résolues dans notre mouvement. Mais les expériences positives et négatives de plusieurs sections fournissent une base qui nous permet de tirer quelques conclusions

Libération des Femmes & Révolution Socialiste

bien déterminées concernant ce qui constitue des comportements inacceptables à l'égard des camarades femmes et des femmes en général.

***

Beaucoup de ce qui a été dit ici a des implications générales pour la construction de partis et n'est pas l'expérience exclusive des militantes. Nous défendrions l'idée qu'un plan d'action positive représente une rupture avec des conceptions spontanéistes de construction de partis. Il ne peut y avoir une politique de féminisation sans un projet élaboré de construction de l'organisation révolutionnaire dans son ensemble. Le débat autour de l'action positive peut servir à renforcer toute l'organisation, son appareil, son système de formation et son fonctionnement collectif.

Quelques conclusions découlent de ce débat :

A) Les sections nationales doivent être à l'écoute des nouvelles formes de radicalisation des femmes et suivre l'évolution politique des débats dans le mouvement des femmes.

B) Les sections doivent affirmer plus audacieusement leurs objectifs socialistes et féministes.

C) Les militantes des sections doivent mener un combat collectif, avec le soutien de toute l'organisation, pour transformer la façon dont la division sexuelle du travail se manifeste au sein du parti.

D) Pour construire une direction collective dans les partis révolutionnaires, il est nécessaire d'être conscient de la façon dont la division sexuelle du travail se manifeste. La seule façon de la surmonter au sein de l'organisation révolutionnaire consiste à mettre en place un programme d'action positive et à en surveiller l'application. La formation d'une direction collective ne se fera pas spontanément, mais seulement par une série de propositions bien réfléchies.

Documents de la Quatrième Internationale

Les expériences antérieures - les femmes et le mouvement marxiste révolutionnaire

Cette section soulignera certains des traits spécifiques de la participation des femmes aux partis révolutionnaires dans le passé.

Sous le capitalisme, la montée de la lutte des classes a conduit à une montée de l'activité autonome des femmes et à leur participation dans les mouvements radicaux et socialistes. Les fondateurs du marxisme ont contribué quelques bases pour une compréhension matérialiste de l'oppression des femmes. Pourtant, les positions marxistes concernant l'auto-organisation des femmes ont évolué avec le temps, selon le degré de pressions exercées par la masse des femmes, tant dans le parti que dans la société dans son ensemble.

Au début du siècle, les révolutionnaires étaient généralement opposés à l'organisation autonome des femmes, affirmant qu'elles devaient être organisées en tant que communistes. Mais comme moyen de contourner les lois répressives de Bismarck, les femmes socialistes d'Allemagne s'organisèrent indépendamment des hommes et ainsi se développa un mouvement politique dynamique. Certaines formes spécifiques d'activité des femmes furent maintenues même après les changements de législation (par exemple la Fête de la Journée internationale des travailleuses, la publication d'une revue femmes).

Lénine, Clara Zetkin et d'autres dirigeants de la Troisième Internationale discutaient d'une approche plus large, particulièrement au cours des débats sur le Front uni et le travail dans les pays colonisés. Des mesures spécifiques visant à organiser les femmes travailleuses incluaient des départements femmes du parti et des journaux femmes. Le soutien des instances internationales des Deuxième et Troisième Internationales était vital pour combattre les manifestations d'arriération dans des différentes situations nationales. Des mesures spéciales furent

Libération des Femmes & Révolution Socialiste

adoptées pour organiser le travail femmes dans le monde colonial.[13] *(Cf. les résolutions du IIIe Congrès de l'Internationale communiste, 1921).*

Aujourd'hui, nous sommes engagés à organiser les femmes selon leurs propres besoins *(économiques, sociaux, idéologiques)*. Ceci signifie la construction d'un mouvement autonome des femmes sur une base révolutionnaire. Nous accordons la priorité à des campagnes auxquelles participent activement des masses de femmes et projetons le besoin de construire des alliances avec d'autres mouvements sociaux, œuvrant surtout à approfondir les liens entre mouvements des femmes et syndicats. Nous cherchons également à attirer les femmes vers le parti révolutionnaire.

Dans le passé, des femmes individuelles se firent remarquer dans plusieurs partis révolutionnaires. Il s'agissait avant tout d'intellectuelles au mode de vie peu conventionnel, les plus connues étant Alexandra Kollontaï et Rosa Luxembourg. Leurs biographies montrent que la vie des femmes révolutionnaires était pleine de dilemmes personnels. Mais elles étaient obligées d'effectuer une rupture avec la moralité conventionnelle et la vie de famille plus forte que celle des révolutionnaires hommes de leur époque et de leur pays. Manifestement, l'un des ingrédients essentiels à leur survie comme militantes politiques a été constitué par les réseaux d'amitiés et de soutiens féminins qu'elles s'étaient construites.

Le féminisme moderne a commencé à découvrir des informations sur le rôle des ouvrières dans les mouvements ouvriers et socialistes du passé *(par exemple, le socialisme utopique, le mouvement des suffragettes, la social-démocratie allemande)*, mais leur participation était encore plus limitée que ce qui est possible pour les femmes d'aujourd'hui.

---

13. Voir, *Résolutions du Troisième Congrès du Comintern, 1921, Méthodes et Formes de le Travail parmi les Femmes du Parti Communiste*

Documents de la Quatrième Internationale

Les changements dans l'organisation de la vie des femmes, la poursuite de l'entrée des femmes dans le salariat, l'influence du féminisme, le niveau politique et culturel plus élevé de la masse des femmes et un plus grand accès au contrôle de la fertilité, font en sorte qu'il est beaucoup plus possible aujourd'hui que jamais auparavant de gagner des couches larges de femmes aux partis révolutionnaires et de les voir se développer comme dirigeantes. Néanmoins, les étapes dans la vie des femmes et le fait qu'elles portent toujours la responsabilité primaire pour élever les enfants signifient qu'on attend toujours que les femmes fassent des choix entre être mère et être militante révolutionnaire, sans parler de prendre un rôle de dirigeante de l'organisation. Nous devons faire ce que nous pouvons pour atténuer l'impact des problèmes spécifiques auxquels les femmes sont confrontées et, par notre pratique, convaincre chaque militant(e) du parti de notre sérieux.

Les femmes et la IVe Internationale

Les informations dont nous disposons sur l'histoire des débuts de la IV de ce point de vue sont très limitées, mais notre première impression est que le recul des années 1950 incluait un faible niveau de conscience du féminisme. Pourtant un certain nombre d'articles dans la presse de la IV indiquent qu'il existait un certain niveau de compréhension de la nature de l'oppression des femmes, mais qu'il y avait peu de discussions sur le sujet. Traditionnellement, les femmes de la IV étaient des « aides », accomplissant les petites tâches d'organisation qui permettaient aux sections de survivre pendant les périodes difficiles. Elles avaient souvent des emplois à plein temps, gagnant l'argent du ménage et permettant ainsi aux sections de ne verser qu'un salaire maigre à leurs maris.

La montée de la deuxième vague du féminisme eut un grand impact sur la IV. Les camarades canadiennes ainsi que celles du SWP *(Etats-Unis)* dirigèrent le tournant vers le mouvement des femmes, en partie parce que le mouvement féministe et la campagne

Libération des Femmes & Révolution Socialiste

pour le droit à l'avortement s'y développa plus tôt que dans la plupart d'autres pays. Comme conséquence de l'investissement des camarades femmes dans le mouvement féministe et au fur et à mesure que des femmes furent recrutées aux organisations révolutionnaires à partir de ce mouvement, les sections se parvinrent à avoir une proportion assez élevée de militantes. Alors que les partis révolutionnaires du mouvement socialiste d'avant la Première Guerre mondiale n'ont jamais dépassé le seuil de 10 % de femmes, dans les années 1970 quelques sections avaient plus de 40 % de militantes.

Au milieu des années 1970 les sections de la IV furent immergées dans des campagnes féministes. Notre presse internationale reflétait les débats stratégiques du mouvement féministe et publiait des articles sur les nouvelles recherches concernant l'histoire des femmes. L'Internationale démontra son utilité en poussant en avant une campagne internationale pour le droit à l'avortement. Des commissions femmes en Europe, aux Etats-Unis et au Mexique contribuèrent toutes au débat de 1979 sur l'analyse politique et idéologique qui constitua la résolution sur la libération des femmes. Le débat sur l'action positive s'est concentré en Europe, au Canada, aux Etats-Unis et en Australie, précisément parce qu'il y avait déjà un accord sur de nombreuses questions fondamentales concernant l'oppression des femmes, en raison de l'existence d'un mouvement féministe de masse dans ces pays. Bien que dans son analyse du mouvement moderne le texte reflétât essentiellement l'expérience des pays capitalistes avancés, il était fondamental pour former les camarades aux principes de base du féminisme, bien que la discussion restât incomplète et que l'assimilation des principes déclinés fût partielle et inégale.

Aujourd'hui, nous devons réviser certaines des conclusions de la discussion. Celle-ci fut dominée par une vision inadéquate et idéaliste concernant l'assimilation de notre programme. Nous n'étions pas capable de consolider en termes d'organisation ce que nous avions compris politiquement dans les débats qui eurent lieu dans la plupart des sections, parce que le document avaient une conception idéaliste de la manière dont les attitudes sexistes et hétérosexistes des hommes pouvaient être remises en question et n'a pas réussi à analyser la façon dont ces attitudes se reproduisaient dé génération en génération, y compris parmi les révolutionnaires. Cela s'applique à toutes les questions liées à la famille et à la sexualité - non seulement à la position des femmes mais à tout ce qui met en question le modèle hétérosexuel, et aux préjugés religieux - non pas le droit individuel à la religion et à la foi, mais les traditions conservatrices à l'égard des femmes.

L'autre faiblesse du texte était de mettre en avant le but d'une pleine égalité politique, sociale et légale des femmes comme si cela aurait pu s'atteindre par une extension spontanée et graduelle des droits des hommes. Cette idée ne prenait pas en compte la dynamique d'exclusion des femmes des espaces publics, ni les privilèges des hommes.

Le degré d'organisation des femmes dans la IV à cette étape-là fut arrêté par les conséquences du tournant vers l'industrie dans certaines sections, ou dans d'autres par l'idée mal réfléchie et schématique d'être un « parti utile » avec une influence de masse, bien que les femmes eussent participé aux deux processus. En plus, un aspect du tournant vers l'industrie fut de prioriser des secteurs de la classe ouvrière industrielle qui sont quasi totalement masculins. Combiné avec l'impact déclinant du mouvement des femmes, ceci a conduit à une perte de cadres femmes, surtout les couches de femmes qui avaient été gagnées au début des années 70. Il y eut un déclin du nombre de femmes recrutées, et l'organisation voyait l'intervention des femmes qui étaient actives dans le mouvement de libération des femmes comme étant moins centrale - ce qui conduisit dans beaucoup de sections à la marginalisation du féminisme.

Libération des Femmes & Révolution Socialiste

Pour les femmes qui ont effectué ce tournant ouvrier dans des industries à prédominance masculine, nombre d'entre elles ont rencontré des problèmes de harcèlement sexuel et d'isolation par rapport aux autres travailleuses. Les femmes qui sont restées dans les syndicats du secteur public, ou dans des emplois «féminins», ont vu leurs expériences ignorées. Il y a aussi eu une perte de prestige pour ces femmes qui avaient dirigé des mouvements de femmes de masse mais qui n'avaient plus une base aussi forte pour intervenir. A moins qu'elles aient pu apprendre à intervenir dans un autre milieu, elles furent considérées moins utiles par leurs sections et marginalisées.

Une erreur cruciale fut commise avec la dissolution de la Commission femmes internationale dans l'Internationale, compte tenu surtout du petit nombre de femmes dans la direction internationale. Entre 1979 et 1985, alors que de nouvelles sections adhéraient à l'Internationale, il n'y eut aucune réflexion collective sur les questions politiques posées par le mouvement des femmes en Europe occidentale ni sur les nouvelles possibilités qu'offrait l'auto-organisation des femmes dans le monde semicolonial.

Dans plusieurs pays, lorsque nos camarades faisaient remarquer la discrimination contre les femmes dans la vie politique et publique, elles se trouvèrent dans une position compromettante. Elles étaient confrontées à la même situation au sein de leur propre parti. Si nous voulons construire des partis révolutionnaires égalitaires, nous devons surmonter cette contradiction et refléter la pleine participation des femmes à notre vie interne et nos activités publiques.

Les pressions pour avoir des rapports formels aux réunions des bureaux politiques latino-américains et européens conduisirent à des rapports sur la situation des femmes en Europe et en Amérique latine et le CEI de 1986 adopta une résolution autocritique sur la place des femmes dans la IV. Le CEI de 1987 approuva un document sur l'Europe et un rapport fut donné sur le féminisme latino-américain.

Documents de la Quatrième Internationale

Le principe de l'action positive fut ressuscité au cours du débat de 1986. Des structures de coordination du travail femmes furent établies au niveau européen et international. Il y eut aussi un accord sur des mécanismes permettant de développer l'analyse politique et la coordination des sections latino-américaines. Mais il y a une discontinuité entre le travail et la théorisation que nous avons accomplis il y a dix ans et ce que nous essayons de lancer aujourd'hui. Le mouvement des femmes a changé de façon dramatique. Aujourd'hui il est dynamique dans des secteurs où il n'existait pas dix ans auparavant, et inexistant là où il était fort. Une question que nous devons nous poser est celle du genre d'action positive qui nous convient aujourd'hui.

Que signifie pour nous « l'action positive » en faveur des femmes ?

Une organisation révolutionnaire existe pour organiser la masse des travailleurs en alliance avec les masses opprimées pour prendre le pouvoir d'Etat et transformer toutes les relations sociales d'exploitation et d'oppression. C'est ce but stratégique qui fournit la base de l'action unifiée des membres des partis révolutionnaires. La participation active de la classe ouvrière dans le parti révolutionnaire est une condition nécessaire pour même commencer d'atteindre ces buts, puisqu'elle est la force décisive pour le changement révolutionnaire. L'hégémonie de la classe ouvrière doit être promue au sein de l'organisation révolutionnaire.

En parallèle à cette compréhension, nous devons aussi comprendre la nature changeante du prolétariat moderne. De nouvelles couches se prolétarisent, dans le monde semi colonial comme en Europe occidentale. La plupart du temps, il s'agit de groupes à oppression spécifique comme les Noirs, les femmes, les minorités nationales opprimées - des groupes souvent ignorés par le mouvement ouvrier organisé. Si les révolutionnaires sont aveugles aux questions de couleur, sexe, nationalité, caste et position sociale ou de classe, ils finiront par renforcer les inégalités.

Libération des Femmes & Révolution Socialiste

Cela équivaudrait à lutter contre les inégalités sans libérer la force motrice nécessaire à l'accomplissement de la tâche.

L'action positive pour les femmes ne s'oppose pas à l'élaboration de propositions concernant d'autres couches à oppression spécifique. En fait, les femmes sont souvent membres de ces autres groupes opprimés. Par conséquent, beaucoup des réformes que les femmes veulent appliquer permettront aux autres groupes opprimés de jouer un plus grand rôle dans le parti.

L'action positive implique de prendre des mesures concrètes pour surmonter les obstacles à la participation des femmes dans la vie politique du parti. Elle implique la reconnaissance des discriminations dont souffrent les femmes dans la société actuelle. Elle tient compte des différences sociales entre les femmes, tout en reconnaissant l'oppression qui leur est commune en tant que sexe. L'action positive devrait s'inscrire dans un plan d'action global qui tienne compte des besoins et des forces actuels de l'organisation. Elle doit comporter une réflexion sur les prochaines initiatives du parti. Elle nécessite une démarche consciente et autocritique de l'histoire et du développement des organisations révolutionnaires. Elle rejette l'idée que ces problèmes « puissent se régler d'eux-mêmes ». Des mesures d'action positive sont « artificielles » parce que nous voulons combattre la tendance « naturelle ».

Dans la vie de nos partis, les formes de fonctionnement et de débat découlent très souvent de la division sexuelle du travail. Le mode de fonctionnement, le caractère de la direction et le style du travail opèrent tous sur ce qui est essentiellement un terrain « masculin ». Le privilège du développement individuel s'oppose au travail collectif. Ce qui domine est une valeur nettement plus importante accordée au développement individuel, aux initiatives personnelles et à la concurrence, au détriment du travail collectif.

Si nous allons construire une équipe de direction collective qui puisse incorporer les compétences, la perspicacité et les expériences des cadres femmes, nous devons trouver des moyens de couper court à cette division malsaine. Non seulement les compétences sont-elles fragmentées selon des lignes de division sexuelles, mais celles qui ont été ghettoïsées dans la sphère des femmes sont négligées et dévalorisées, dans les sections aussi bien que sur le marché du travail.

Un aspect essentiel du développement de critères de direction est la nécessité d'identifier la variété de compétences de direction qui est nécessaire pour la croissance de l'organisation, et pas seulement les compétences qui sont considérées comme typiquement « masculines ». La vérité est que l'accent mis sur l'initiative individuelle et la concurrence a trop souvent conduit à un champ de bataille où les forces se battent entre elles qu'à une organisation cohérente dans laquelle les débats et les divergences sont résolus dans une ambiance authentiquement respectueuse. Aussi bien les compétences pour les théorisations abstraites que celles pour le travail collectif doivent s'intégrer aux critères de direction. Celles-ci ont besoin d'être incorporées aux structures du parti révolutionnaires, apprises par tout le monde et renouvelées au fur et à mesure que la direction se renouvelle.

Un problème supplémentaire est constitué par les critères différents pour l'évaluation politique, non seulement concernant la répartition des tâches, mais également les individus. Ceci est frappant dans le cas de positions considérées comme importantes, quand la situation des femmes est prise en compte, en ce qui concerne le fait qu'elles ont ou n'ont pas, des enfants, la façon dont elles vivent leur sexualité ou d'autres considérations qui ont un poids différent quand elles sont appliquées aux hommes ou aux femmes. Il n'est pas inutile d'ajouter que ces préjugés s'appliquent également à l'homosexualité, masculine aussi bien que féminine.

C'est ainsi qu'il devient vital que l'ensemble de l'organisation soit engagé dans la lutte contre la reproduction de la division sexuelle du travail, on ne peut pas laisser cette tâche à des individus ou aux seules femmes, mais les femmes joueront un rôle

Libération des Femmes & Révolution Socialiste

majeur pour s'assurer que nous atteindrons notre objectif. Toute l'organisation doit mettre son poids dans la balance contre la routine et l'inertie de la division sexuelle du travail.

En plus, les symboles qui sont utilisés par des organisations politiques sont des symboles de pouvoir masculin. Non seulement en termes de langage mais d'agressivité et de tout ce qui est développé dans la représentation de la politique. Il est très fréquent de trouver une ambiance extrêmement intimidante dans les débats et les discussions, non seulement dans la manière dont ils se déroulent mais aussi à cause du nombre important et effrayant d'hommes, ce qui met toujours les femmes dans un rapport de forces extrêmement défavorable. C'est encore plus vrai quand nous n'avons pas de moyens de combattre les mécanismes sociaux de la discrimination contre les femmes, que ce soit en termes de crèches, de questions liées à la maternité, d'horaires de réunions et de toutes les autres questions qui rendent difficile la participation des femmes, dépendant de leur situation sociale. Nous savons très bien que qu'il y a des limites : des organisations politiques ne peuvent pas se débarrasser des différences sociales qui existent dans la société et plus les organisations sont petites, plus difficile c'est. Mais ceci ne peut pas être une excuse pour ne pas chercher à trouver des voies alternatives pour permettre la participation politique des femmes.

Nous pouvons dire que le milieu politique est encore défiguré par une ambiance, des comportements et des types de relations qui exercent une violence quotidienne contre les femmes. Que ce soit dans le langage utilisé, par une condescendance désagréable, par des pratiques manipulatoires, par la violence psychologique, la peur est imposée par certaines formes de fonctionnements ou de débats, y compris la violence physique et sexuelle qui n'est pas absente des organisations révolutionnaires. Et ici, on trouve en général le développement d'un type de solidarité patriarcale et sexiste entre les hommes qui le rend encore plus difficile de combattre cette violence.

Un autre problème est constitué par la sous-valorisation du travail féministe. La faiblesse de notre intervention dans le mouvement impose de grandes limites à la féminisation de nos organisations. La pression du mouvement est fondamentale pour modifier les rapports de force en faveur des femmes. Mais les faiblesses ou reculs du mouvement ne peuvent pas fournir une excuse pour que nous n'y participions pas, et encore moins pour ne pas développer des politiques de lutte efficace contre les discriminations dans les organisations politiques. Nos organisations ne peuvent pas être si vulnérables qu'elles changent leur attitude à l'égard du travail féministe selon ce qui se passe dans le mouvement. Ce type de changement a pourtant une conséquence négative sur la combativité des femmes et sur leur décision de s'investir ou non dans le travail féministe, parce que ce secteur de travail politique a peu de reconnaissance. Il est évident que nos activités militantes sont valorisées sur la base d'autres éléments et pas à travers le travail féministe.

En plus, nos partis à domination masculine produisent des analyses politiques qui manquent constamment une analyse concernant les questions sexuelles. Nous pouvons produire des analyses conjoncturelles comme si les femmes n'existaient pas ; nous discutons des processus révolutionnaires sans femmes ; nous faisons des analyses politiques générales d'une société donnée comme si les femmes n'existaient pas. Qui plus est, le travail femmes continue à être traité comme s'il ne s'agissait que du travail des femmes et non pas de celui du parti dans son ensemble, y compris ses instances dirigeantes. Là encore nous pouvons voir une dynamique très négative de la neutralisation et de la division des femmes, qui sape la construction de notre force en tant que militantes.

La conséquence de cette dynamique d'exclusion signifie que les femmes en général restent aux marges du projet politique général.

Et nous nous sentons être aux marges parce nous y sommes. Non à cause d'un problème psychologique quelconque qui serait spécifique aux femmes, mais fondamentalement parce que nous payons un prix personnel très élevé pour chercher à réaffirmer notre identité politique révolutionnaire chaque jour, quand celle-ci n'existe pas au sein de nos organisations. Ceci conduit à une perte importante de cadres femmes, et il faut beaucoup plus de temps pour les remplacer. Et cela affaiblit notre intervention.

Le recrutement des femmes aux partis révolutionnaires

Une partie de cette discussion comprend la nécessité de porter un regard sur l'image que projettent les sections. Nous voulons assurer que les sections sont attirantes pour les femmes et qu'elles fournissent des milieux adaptés à la formation et au développement de femmes cadres.

• Nous devons avoir un profil qui reflète clairement notre engagement à gagner des femmes à nos perspectives. Cela signifie l'utilisation de symboles et de héros qui incorporent les expériences révolutionnaires des femmes, et que des questions soient traitées du point de vue des femmes - que ce soit la discussion sur les problèmes de la vie quotidienne, la politique sexuelle et les orientations sexuelles, les questions concernant les quartiers ou les syndicats ou les questions internationales - en développant des femmes comme formatrices, propagandistes, écrivaines, candidates et porte-parole des sections. Cela signifie développer des relations de collaboration avec des femmes qui dirigent toute une série de mouvements sociaux et assurer que des interviews et déclarations d'elles paraissent dans la presse de nos partis à chaque fois que c'est nécessaire. C'est-à-dire, affirmer, de toutes les manières possibles, la présence des femmes dans le processus révolutionnaire.

• Le parti doit expérimenter avec des structures qui peuvent aider à rapprocher des sympathisantes à l'organisation. Clubs de livres de femmes, séances de formation spécialement conçues pour les femmes (parfois avec la participation d'hommes, à d'autres moments uniquement pour les femmes), ou les clubs plus tournés vers l'extérieur que les camarades suédoises ont créés. Dans les pays semi coloniaux il s'est montré utile d'avoir des ateliers où le rapport entre l'oppression des femmes et les problèmes de la vie quotidienne est démontré.

- Les structures organisationnelles et les méthodes de fonctionnement du parti doivent être repensées en vue d'offrir une ambiance de soutien et de collaboration pour les femmes. Par-dessus tout, cela signifie créer une ambiance politique dans laquelle les militantes ne se sentent pas « stupides » ou intimidées, soit par des avances sexuelles non désirées, soit par le harcèlement sexuel, soit par des attitudes élitistes. Une question centrale est celle de développer des styles de discussion qui ne soient pas fractionnels, ainsi qu'un esprit de camaraderie qui aide à travailler ensemble. Un tel environnement renforcera la confiance en soi des femmes et leur permettra de se développer.

Nous comprenons également que la taille de l'organisation implique des problèmes d'un caractère particulier liés à sa croissance. La plus petite l'organisation, la plus difficile ce sera d'identifier les problèmes auxquels les femmes sont confrontées comme problèmes objectifs d'un caractère sociale. La croissance du parti, comprenant un nombre plus important de femmes, signifie d'accorder plus d'attention aux problèmes spécifiques des femmes. Cela signifie changer nos méthodes de formation, notre fonctionnement et notre langage, et aussi discuter de l'importance d'organiser la garde des enfants pour les réunions et pour les initiatives extérieures du parti. Indépendamment de quelles solutions collectives paraissent convenir le mieux, il est important de noter que les mères et les pères ont besoin de s'assurer qu'on s'occupe correctement de leurs enfants. La garde des enfants qui est mal préparée est aussi nuisible à notre fonctionnement que des réunions mal préparées.

Quelles autres mesures doivent être comprises dans un plan d'action positive ?

Le développement d'une politique d'action positive signifie le développement d'une politique générale et pas de mesures isolées. Une politique générale pour combattre la dynamique « naturelle » d'exclusion. Dans ce sens, elle est évidemment artificielle, puisque le « naturel » signifie l'exclusion des femmes. Ici nous pouvons dire que la première condition réside dans la modification du rapport des forces. Dans ce but nous avons besoin non seulement de développer une intégration programmatique et politique générale mais aussi de développer une politique consciente pour changer notre fonctionnement, pour assurer une politique fondamentale d'intégration des femmes dans la direction et dans les tâches de direction. Nous, femmes et hommes dans des partis politiques, savent depuis longtemps que des vrais changements n'interviennent pas s'il n'y a pas de changements dans les directions.

Ajouté à cela, il est fondamental pour la construction de la force des femmes de pouvoir s'organiser sur le plan intérieur de toutes les façons nécessaires pour les objectifs divers de construction de notre force : en termes numériques, en termes des conditions organisationnelles, du développement de la solidarité entre femmes. La mise en œuvre d'une seule mesure, quelle qu'elle soit, comme solution au problème, a un effet limité.

Pourtant, il est important de donner quelques idées concernant des mesures possibles qui pourraient être inclues dans une telle politique :

Organiser notre travail féministe

i. Créer et/ou renforcer des commissions femmes dans les sections.

ii. Renforcer des structures qui existent pour organiser le travail sur la libération des femmes dans l'Internationale et encourager l'organisation par région entre les femmes de la IV.

iii. Discuter régulièrement du travail de libération des femmes dans les instances dirigeantes et prendre la responsabilité collective pour tout problème qui survient. Les désaccords et les divergences entre femmes surviendront et ne devraient pas être considérés comme malsains. Ils n'ont pas à être cachés de l'organisation dans son ensemble.

iv. Inviter les membres des commissions femmes aux débats de la direction, si celles-ci ne sont pas membres de l'instance concernée.

Education

i. Donner une priorité élevée à la formation, à la discussion et à l'analyse de la libération des femmes pour tous les membres et s'assurer qu'une certaine compréhension de ces questions est centrale aux critères de recrutement.

ii. Organiser des initiatives de formation dans lesquelles les femmes jouent un rôle à égalité ou majoritaire. S'assurer que les styles des rapports ne sont pas si traditionnels que de décourager les femmes et les camarades moins expérimentés de participer.

iii. Les stages européens/réunions de fraction élargies ont été relativement réussis étant donné les faibles ressources qui ont été investies pour les organiser et parce que ces rencontres réunissent des camarades qui ont une expérience d'organisation sur une longue période et des camarades plus jeunes qui dirigent aujourd'hui les organisations de jeunesse. L'aspect formateur des réunions de fraction latino-américaines a été important pour développer entre les camarades une compréhension commune d'un certain nombre de questions d'ordre théorique et politique. Ce type d'initiative devrait continuer dans ces deux régions et être étendu à d'autres régions dès que possible.

iv. Le premier séminaire femmes international de la IV fut une réussite. Nous devons faire en sorte que le deuxième l'est aussi.

Libération des Femmes & Révolution Socialiste

Image et profil du parti

i. Assurer que la presse publie des articles par les femmes et sur les femmes et qu'elle couvre les sujets qui touchent particulièrement les femmes. Les brochures et publications doivent avoir un profil féministe.

ii. Assurer que nous avons des campagnes de recrutement dirigées aux femmes.

Leadership

i. Assurer que les femmes sont visibles comme dirigeantes de l'organisation.

ii. Encourager le développement de jeunes femmes comme dirigeantes politiques dans les organisations de jeunesse et les sections.

iii. Prendre le temps de former des femmes aux responsabilités locales et nationales pour qu'elles se sentent compétentes pour les tâches qu'elles exécutent.

iv. Ne pas surcharger un petit nombre de femmes de tellement de tâches qu'elles s'épuisent et soient obligées de cesser toute activité.

vii. Faire de la connaissance de la libération des femmes et de l'intérêt pour ces questions un critère pour participer à la direction.

Comportements et fonctionnement en général

i. Avoir un code de conduite qui proscrit spécifiquement toute forme d'intimidation et de violence sexuelles. (La section indienne l'a explicitement codifié dans ses statuts).

ii. Eviter le langage et les plaisanteries sexistes.

iii. Organiser des réunions de manière à faciliter une participation maximale, par une préparation adéquate de la présidence et des procédures de prise de parole qui garantissent des droits égaux à tous et toutes les participant(e)s.

iv. Tenir compte, en préparant des initiatives locales et nationales, des problèmes des parents avec enfants.

Documents de la Quatrième Internationale

v. Il est nécessaire de donner plus de valeur au développement d'une ambiance conviviale dans nos activités politiques, par exemple en organisant des fêtes à l'occasion d'initiatives politiques.

Auto-organisation et centralisme démocratique

En relançant le débat sur cette question, nous devons garder à l'esprit les paramètres d'une organisation révolutionnaire. Il est impossible de libérer les femmes sans renverser les relations de propriété privée qui reproduisent la subordination des femmes dans la société. Pour être membre d'une organisation révolutionnaire, ceci doit être compris. Aucune forme particulière d'organisation ne peut en finir avec l'oppression des femmes.

Beaucoup de camarades se servent de cette limitation objective pour argumenter que « on ne peut faire grand-chose, les femmes ne peuvent pas se libérer sans qu'on change les structures sociales et qu'on fasse la révolution ». Nous devons rejeter de manière catégorique ce type de raisonnement comme étant conservateur et réactionnaire. Les organisations marxistes révolutionnaires, comprenant les limitations matérielles, doivent adopter une attitude visant à créer toutes les contre-tendances qui sont aujourd'hui possibles à l'oppression qui existe. C'est que nous faisons face aux limites du mouvement ouvrier et à l'oppression raciale. Il faut aussi le faire en ce qui concerne l'oppression des femmes.

Mais les organisations révolutionnaires peuvent prendre des mesures pour s'adresser aux femmes sur leurs propres termes, voir quelles sont leurs expériences politiques et ajuster leur propre fonctionnement afin de se rendre aussi hospitalières que possible aux femmes. Des fractions et commissions femmes, ainsi que les animatrices peuvent aider à faire avancer ce processus.

De façon générale, les expériences les plus positives et les discussions les plus politiques ont lieu quand ces discussions sont structurées, soit par la direction dans le cadre du CC, soit par la commission femmes. L'idée de réunions spéciales femmes pour discuter de questions politiques qui concernent les femmes et auxquelles sont invitées à participer toutes les femmes de l'organisation peut être un bon modèle pour promouvoir l'auto-organisation des femmes.

Critères pour les directions

La question de la direction est un aspect important du débat sur l'action positive. Si on l'aborde sans plan d'ensemble, on ne pourra régler les problèmes des femmes dans toute l'organisation. Nous avons besoin de critères objectifs pour les directions, critères qui garantissent un véritable changement dans la composition et le fonctionnement des directions. De la même manière que la continuité politique est un facteur de sélection de dirigeants, la capacité de travailler en équipe, de diriger le développement de secteurs essentiels d'intervention, ayant gagné la confiance des militants et camarades de la base, l'est aussi. Quand une direction comporte systématiquement moins de femmes que l'organisation dans son ensemble, c'est un signe que l'instance elle-même est quelque peu dysfonctionnelle. Nous devrions viser la parité autant que possible, quoique sans rigidité extrême parce que les femmes ne veulent pas simplement inverser les rôles, mais transformer le fonctionnement du parti. Lorsque la parité est impossible, nous devrions fixer des objectifs d'augmentation de la participation des femmes dans les instances de direction appropriés.

Une proposition pour aider à l'intégration de nouvelles femmes dans les instances de direction est de leur donner le temps d'apprendre leurs nouvelles responsabilités, ainsi que la possibilité d'identifier les pratiques dans l'organisation qu'elles considèrent nécessaire de changer. Ceci est mieux facilité par des commissions ou des fractions femmes, ou par une réunion spéciale, lesquelles puissent permettre d'identifier de tels problèmes et d'organiser des comptes-rendus aux instances de directions appropriées. Les instances de direction doivent répondre de leurs actes à l'ensemble de l'organisation.

Documents de la Quatrième Internationale

Conclusion

Le but de ce document est de recommencer le débat sur l'action positive. Dans un sens, il arrive dix ans après le moment auquel il aurait dû être écrit. Mais il n'est pas trop tard pour cristalliser les acquis aussi bien organisationnels que politiques de cette importante période de radicalisation des femmes, soutenue par l'auto-organisation des femmes et promue par la direction.

Le mouvement des femmes n'a pas d'expression institutionnalisée comme le mouvement syndical. Nous avons cherché à créer des structures et développer une compréhension au sein de nos sections et de l'Internationale pour que la continuité révolutionnaire sur les problèmes des femmes ne soit pas perdue ni abandonnée. Dans certains pays, le mouvement des femmes a connu un déclin. Mais les leçons n'en sont pas perdues, ni pour le pays concerné ni internationalement, si les acquis du féminisme moderne se trouvent pleinement reflétés à la fois dans notre programme et dans notre pratique. C'est seulement en appliquant ces propositions dans toutes les sections que nous pourrons en tirer un bilan international sur cette question.

Il est utile de réaffirmer le caractère positif de la politique qui a été développée ces dernières années par la IVe Internationale. Une série de mesures importantes a été appliquée, lesquelles ne sont pourtant pas suffisantes. Le défi central qui reste est celui d'aboutir à ce type de politique de façon plus globale dans toutes les sections. En adoptant de telles mesures spéciales, dans le cadre de l'unification du parti dans son ensemble, nous allons non seulement nous opposer à tout philistinisme entre communistes, mais aussi gagner et garder plus de femmes dans nos rangs. Ceci est un élément central pour que les projets politiques de notre organisation soient des projets collectifs des hommes et des femmes.

Libération des Femmes & Révolution Socialiste

Extraits de la Résolution du Congrès mondial "Construire l'Internationale aujourd'hui"

---

15. L'émergence d'un courant socialiste crédible dépendra aussi de sa capacité à être perçu comme représentant des aspirations de tous les secteurs exploités et opprimés de la population. Ceci n'est pas une simple banalité qu'il suffirait de répéter.

La Quatrième Internationale a réalisé des progrès dans sa compréhension de la lutte des femmes et des mouvements de masse féminins et féministes. A notre dernier Congrès mondial, pour la première fois, une résolution spécifique traitant de la dynamique de l'exclusion des femmes de la vie politique et des partis politiques, et de ses effets au sein de la Quatrième Internationale, a été discutée. Le Congrès a adopté cette résolution, qui définissait la discrimination positive nécessaire pour que les femmes prennent la place qui leur revient dans la Quatrième Internationale.

Cette résolution constituait un pas en avant important dans notre conception de la construction de nos organisations, de leurs rapports avec les mouvements de masse, etc. Cependant, nous n'avons pas suffisamment tiré les conséquences de la façon dont les luttes de femmes traduisent les changements dans la société, et du lien direct existant entre la priorité donnée à la féminisation, d'une part, et les nouvelles tâches, ainsi que les formes et thèmes renouvelés des luttes, auxquels nous sommes et serons confrontés, d'autre part.

En analysant les résultats possibles d'une situation politique et sociale donnée, nous devons intégrer certains éléments qui sont le produit de la situation spécifique des femmes en tant que telles,

Documents de la Quatrième Internationale

combinée avec leur situation de classe, d'ethnie ou d'âge.

Un point de départ devrait être l'intégration massive et continue des femmes dans le monde du travail, dans les secteurs formel et informel ou au chômage, bien que dans des formes fortement déterminées par leur sexe. En retour, cela implique de plus en plus de femmes dans les luttes sociales, en tant que travailleuses, citadines, paysannes, consommatrices, etc.

Cependant, l'arrivée récente des femmes sur le marché du travail, ainsi que dans les mouvements sociaux en général, combinée avec la tendance générale à l'exclusion des femmes de la vie publique et collective, tendent à placer les femmes dans une situation de marginalité au sein des organisations traditionnelles de la vie sociale et politique. Elles peuvent donc, parfois, être poussées dans une voie plus radicale et agir par défiance envers les directives traditionnelles.

La pénétration continuelle des idées générales sur l'égalité et les droits des femmes au sein de la population, grâce aux batailles menées par le mouvement féministe, influence la manière avec laquelle les femmes se mobilisent pour défendre leurs revendications « traditionnelles » (par exemple, lier le combat pour les augmentations de salaire avec le combat pour améliorer le statut accordé aux travaux considérés comme spécifiquement « féminins »). Néanmoins, la large acceptation du droit des femmes à l'égalité ne va pas sans remises en cause. La droite, et en particulier le développement de mouvements religieux intégristes, prennent pour cible les questions des femmes et particulièrement, de la famille. Sans une riposte déterminée des femmes, de telles attaques ne seront pas défaites.

Cette riposte déterminée n'est cependant pas garantie, vu le déclin du mouvement féministe radical organisé. L'institutionnalisation croissante du mouvement à travers sa récupération par des secteurs de formations politiques bourgeoises, ou son intégration dans les ONG, aussi bien que les attaques idéologiques des « post-féministes », ont affaibli l'aspect révolutionnaire subversif du féminisme, qui a joué un si grand rôle pour gagner des femmes aux perspectives révolutionnaires dans la période récente. Le manque de renouvellement du discours féministe, de ses revendications et de ses idéaux, aggrave cette situation.

Cela n'est d'ailleurs pas seulement le résultat de développements propres au mouvement féministe, mais un reflet du déclin général du radicalisme révolutionnaire et du manque de perspective émancipatrice. Dans certains cas, une réaction des femmes aux attaques qui leur sont portées, peut stimuler une radicalisation politique générale. La contradiction, notamment dans les jeunes générations, entre les idées prévalant sur les droits des femmes et les attaques spécifiques, par exemple sur le droit à l'avortement, pourrait constituer une telle étincelle.

Les organisations du mouvement ouvrier, y compris les organisations révolutionnaires, pour être capables de capter ces nouvelles couches en voie de radicalisation, doivent surmonter l'insatisfaction spécifique exprimée par les femmes radicalisées envers les formes traditionnelles de l'organisation politique et sociale, et se reconstruire sur des bases différentes, incluant l'idée de parité - c'est-à-dire que les femmes devraient avoir entièrement leur place dans les prises de décision. Un tel renouveau programmatique et organisationnel est vital pour ces organisations, dans la période actuelle. Sans un tel effort, incluant l'intégration des contributions des femmes, il sera impossible de développer une alternative socialiste harmonieuse.

Notre engagement à intégrer ces paramètres dans notre analyse, n'est pas une question purement abstraite. Cela doit déterminer comment nous comprenons les priorités de l'intervention révolutionnaire. Cela doit être un élément majeur du profil de toutes les sections et organisations sympathisantes de la Quatrième Internationale : il faut pour cela appliquer les propositions contenues dans la résolution du dernier Congrès mondial, au niveau international et dans toutes les organisations nationales.

Documents de la Quatrième Internationale

Les femmes et l'intégration économique

Texte de discussion pour le 14e congrès mondial

Ces thèses sont issues d'une discussion au sein de la Commission femmes du CEI. Les membres de la Commission souhaitent que les grandes lignes présentées ici soient intégrées au document sur la Situation mondiale, forcément sous une forme abrégée. C'est une première ébauche d'analyse : les suggestions, réactions et contributions supplémentaires sont les bienvenues.

La restructuration et l'intégration de l'économie capitaliste mondiale-y compris la récente obligation de la politique d'ajustement structurel englobant des mesures d'austérité, la privatisation de l'économie et la dérèglementation du marche- et les avancées actuelles vers l'établissement de regroupements commerciaux officiels par l'intermédiaire de l'ALENA, de l'Union Européenne et de MERCOSUR, ont un impact particulier sur les femmes dans les pays capitalistes avancés et dans les pays dépendants. Ce qui est également important, c'est que ces transformations économiques et leur le rôle de sape de la force politique de la classe ouvrière internationale dépendent précisément du maintien de l'oppression et de l'exploitation des femmes. Ce dernier point doit être bien saisi pour comprendre la dynamique fondamentale en cause.

En résumé, les regroupements commerciaux officiels, avec leurs buts d' « harmonisation » vers le bas des politiques sociales et économiques pour supprimer les barrières à la libre circulation du capital, la recherche du travail bon marché et du profit maximum, codifient et approfondissent simplement des tendances existantes.

Libération des Femmes & Révolution Socialiste

Malgré qu'il y ait des variations régionales, nous pouvons dégager des implications générales pour les femmes et des aspects des discriminations par sexe de l'intégration économique.

Le travail des femmes

En général, les implications de l'intégration économique pour les femmes ont été l'encouragement à la prolétarisation des femmes à l'échelle mondiale, en les forçant à travailler et en utilisant en même temps leur rôle dans la famille et la société pour justifier insécurité et discrimination et le retour de beaucoup de services dans la sphère « privée » de la famille, sur les épaules des femmes.

La restructuration capitaliste internationale implique aujourd'hui le développement de l'industrie d'exportation par des multinationales alors que des parties du processus de production (généralement celles qui demandent beaucoup plus de travail non qualifié) sont localisées dans des zones libres à travers le tiers monde. Ces zones représentent des modèles locaux de ce que les nouveaux blocs commerciaux vont créer sur une base régionale plus large. Des industries dans des zones libres dépendent de l'exploitation de la main d'œuvre féminine pour procurer l'augmentation de plus value et de profits qui est le but de la restructuration globale. De ce fait, une couche significative des femmes du tiers monde est intégrée dans la production industrielle dans les secteurs les plus modernes de l'économie, mais dans des conditions d'exploitation maximale. Cependant, ce développement s'est aussi accompagné par une énorme expansion du secteur informel dans lequel travaillent la plupart des femmes, ya compris celles qui ont été licenciées par les industries multinationales à cause de leur âge ou de grossesses. En fait, le travail des femmes dans le secteur informel est utilisé pour garantir le « bas prix » et la « flexibilité » du travail masculin et féminin dans le secteur industriel et de procurer une soupape de sécurité pour des ajustements périodiques dans ce secteur. Cette tendance vers le travail dans le secteur informel est accélérée par la commercialisation croissante et l'orientation vers l'exportation de l'agriculture locale, un changement qui sape fréquemment le rôle des femmes dans l'économie fermière plus traditionnelle.

Dans les centres capitaliste avancés, il y a eu un déplacement du marché du travail du secteur industriel vers le secteur des services, poussant un grand nombre de femmes dans le « ghetto » sous-payé « des cols blancs ». Ce glissement s'est accompli sans ruptures importantes par l'instauration de la division du travail par sexe dans la famille. C'étaient donc les femmes qui jouèrent le rôle clé en maintenant les liens familiaux pendant les périodes de chômage et de stress économique, et aussi se montrèrent prêtes à accepter les travaux sous-payés pour la survie de la famille. Cette expansion du secteur des services s'est combinée avec une nouvelle phase du développement industriel des Etats-Unis, au Canada et en Europe occidentale, largement dépendante du travail de femmes immigrées. Ces femmes, vulnérables à cause de facteurs combinés de sexe, race et de leur statut d'immigrées, travaillent souvent dans de petites entreprises ou à la maison. Une telle fragmentation et le caractère occasionnel du travail industriel des femmes, qui s'accompagne à la tendance au travail temporaire et à temps partiel dans le secteur des services, est un élément central dans la stratégie du capital de création d'une force de travail « aléatoire » ou « flexible ».

Les politiques d'ajustement structurel, et l'augmentation du chômage qui en résulte, ont conduit à exclure les femmes de l'économie officielle d'une façon disproportionnée, tout en augmentant leur besoin de trouver un quelconque travail rémunéré. Elles se sont donc tournées vers le secteur non-officiel où les femmes sont de plus en plus forcées d'accepter des travaux de journalières, vendeuses de rues ou prostituées. Dans certains pays du tiers monde, le chômage a atteint de telles proportions que les hommes et les femmes sont maintenant en compétition pour les emplois non-officiels, supprimant de fait ce filet de sécurité pour les femmes.

Libération des Femmes & Révolution Socialiste

Les accords de commerce vont presque certainement accélérer ces développements, conduisant ainsi à une « maquiladorisation » du travail féminin aussi bien dans les sociétés des pays capitalistes avancés que dans celles du tiers monde. Un de leurs buts principaux - en dehors d'assurer des règles pour le flux des capitaux et l'investissement, en réglementant fortement d'autres choses comme les brevets - est de généraliser l'élimination de règles sur les conditions de travail et des relations de travail, en utilisant l'argument que leur maintien constituerait des « pratiques » commerciales inélégantes. On verra sûrement alors des attaques contre des droits tels que :

-le droit à des conditions de travail sûres et décentes. Des circonstances dangereuses dans les industries et services où sont concentrées les femmes existent déjà-par exemple, le danger dû aux produits toxiques dans les firmes d'électronique, le feu dans des ateliers de confection, et l'augmentation du stress chez les employés utilisant les ordinateurs.

-l'âge de la retraite peut être « harmonisé », comme cela a déjà été prévu en Uruguay, où MERCOSUR a augmenté l'âge de la retraite des femmes de sept à neuf ans, pour s'aligner sur le Brésil.

-les congés de maternité avec salaire, de même que les garderies, des droits légaux au Mexique, pourraient être supprimés par l'ALENA

-des programmes d'action positive, un droit durement acquis pour les gens de couleur et les femmes aux USA et au Canada, pourraient être supprimés comme une charge inacceptable pour les capitalistes de ces deux pays, « affectant" leur compétitivité.

Dans le secteur agricole, l'ALENA et l'Union européenne encourageront la domination de l' « agrobusiness », conduisant à des pertes de leur base économique pour les femmes de paysans.

Santé et bien-être

Ces changements dans les conditions de travail et la sécurité au travail affectent la santé des femmes et le bien-être général des

Documents de la Quatrième Internationale

membres de la famille (et spécialement les jeunes et les personnes âgées) pour lesquels les femmes ont une responsabilité particulière. L'augmentation des prix et le chômage affectent particulièrement la capacité des femmes à satisfaire les besoins essentiels, alors que des restrictions dans les dépenses publiques et le démantèlement des services sociaux diminuent l'aide à l'éducation, els soins de santé et les garderies. Ces développements sont particulièrement néfastes aux femmes à cause de leur rôle conscient dans la reproduction sociale et biologique. En même temps, l'Etat demande aux femmes de « reprendre le flambeau » et de procurer sur une base privée des services qui étaient antérieurement fournis par le gouvernement, et en cela faisant avancer le projet d'ajustement structurel.

L'ALENA en particulier conduit à provoquer de nouveaux problèmes de santé chez les femmes étant donné qu'il ouvre la voie à la suppression de lois existantes sur l'environnement comme « pratiques commerciales inacceptables ». Par exemple, dans certaines communautés près de la frontière mexicaine, le problème des déchets toxiques est lié à des cancers de l'appareil génital de la femme et à de sérieux problèmes fœtaux comme les enfants acéphaliques. Avec l'affaiblissement général des réglementations sur l'environnement, ces problèmes pourraient se répandre dans toute l'Amérique du Nord. Simultanément, l'ALENA va poser un problème aux programmes nationaux de santé du Canada et du Mexique et rendre plus difficile l'établissement d'un tel programme aux USA. Etant donné que ceci affecte l'ensemble de la classe ouvrière, les femmes, principales utilisatrices du système de santé et responsables de la santé familiale, seront particulièrement touchées. Dans l'Union européenne aussi, les soins de santé et d'autres aspects de l'Etat-providence pourraient disparaître graduellement.

Avantages sociaux et droits fondamentaux

En étroite relation avec la santé et le bien-être, il y a les effets

Libération des Femmes & Révolution Socialiste

de la restructuration économique et des nouvelles politiques commerciales sur les avantages sociaux que les femmes ont obtenus de haute lutte ce dernier quart de siècle, au moins partiellement. Ceci inclut le droit à une conception libre (y compris le droit à l'avortement), le droit à un salaire égal, et le droit d'être à l'abri de violences et harcèlements sexuels.

Alors que la crise économique générale a déjà affecté sérieusement les droits des femmes, les accords commerciaux sapent potentiellement ces droits d'une façon progressive. Ceci est largement le résultat des structures de décision dominées par les multinationales proposées par ces accords, qui se superposeront aux organes législatifs et exécutifs légaux. Ceci combiné avec les accents mis sur les « pratiques commerciales inacceptables » crée une situation favorable à la suppression des mesures en faveur de l'égalité des femmes dans l'économie. Alors que les raisons pour attaquer ces droits peuvent avoir une base économique, il faut remarquer que ces droits renforcent la position des femmes dans plusieurs secteurs de la société. Leur affaiblissement pourrait remettre en question le statut des femmes comme citoyennes. Les possibilités pour un tel développement sont particulièrement en Amérique du Nord où l'ALENA n'offre aucune garantie au sujet de ces droits. En Europe la situation est plus contrastée du fait que la Charte Sociale qui accompagne les propositions de l'Union européenne met en avant des principes européens communs dans ces matières, proposant des mesures plus fortes dans certains cas (par exemple l'Irlande et le Portugal) ou l'affaiblissement des lois existantes dans d'autres (par exemple la Suède).

Sexualité

La manipulation de la sexualité des femmes est un des moyens que la restructuration capitaliste utilise pour l'oppression des femmes. Ceci arrive de diverses façons. D'abord, les attaques contre les droits sexuels et de maternité comme discuté plus haut. En ce sens, de telles attaques peuvent être considérées non seulement comme un effet du changement économique mais préparent aussi la voie à d'autres restructurations en rendant les femmes plus vulnérables en termes sociaux et économiques. Deuxièmement, on peut trouver de nombreuses situations où l'entrée et le départ des femmes du marché du travail, comme les conditions de leur surexploitation, sont justifiées par l'image de leur sexualité. Ceci est, par exemple, très fréquent dans les usines où les femmes sont considérées comme « sans sexualité » et par conséquent « libres » d'être exploitées, ou au contraire demandent à être strictement-y compris par l'organisation physique du lieu de travail utilisant la peur de violences sexuelles- pour garantir leur pureté sexuelle, et donc limitant leur autonomie et leur mobilité. Finalement, il y a des circonstances particulières-comme le développement du commerce sexuel en Europe, en Asie et en Amérique Latine, l'augmentation de la mortalité due à la dot en Inde, et des politiques de population discriminatoires comme à Singapour où la sexualité des femmes est contrôlée de façon à favoriser la stratégie économique d'hommes individuels ou du capital dans son ensemble.

Idéologie

Les transformations idéologiques qui accompagnent l'intégration globale ont également un impact sur les femmes. Ceci présente aussi différents aspects. Il y a, par exemple, la manipulation des images et des normes sexuelles discutées ci-dessus. Est important aussi la valorisation idéologique de l'individualisme et de la privatisation qui accompagne les changements récents dans les relations économiques. A cause du rôle traditionnel des femmes dans la famille, un tel développement idéologique les affecte différemment-et dépend aussi de leur collaboration souvent inconsciente aux changements culturels. Enfin, il y a la possibilité que l'ALENA et l'Union européenne joueront un rôle de sape des aspirations à une lutte nationale progressive. Ceci à son tour pourrait avoir des implications spéciales pour les femmes, car c'est

Libération des Femmes & Révolution Socialiste

par de telles luttes que les revendications des femmes sont souvent émises et satisfaites. Par exemple, pour préparer l'implantation de l'ALENA, il y a déjà des pressions pour réviser l'histoire officielle de la Révolution mexicaine. De telles révisions serviraient à affaiblir la mémoire collective des acquis de cette révolution, y compris ceux d'une importance particulière pour les femmes comme les droits aux congés de maternité et aux soins de santé. La lutte en Irlande fournit un autre exemple, car l'affaiblissement de sa vigueur à cause de la nouvelle idéologie européenne peut aussi affaiblir la lutte pour l'émancipation féminine liée aux buts de la libération nationale.

Documents de la Quatrième Internationale

Les femmes et la crise de la civilisation (2009)

16ᵉ Congrès mondial de la Quatrième Internationale

La convergence des différents aspects de la crise globale du capitalisme aujourd'hui nous confirme dans l'idée que nous sommes face à des crises économiques, écologiques et sociales systémiques qui en se combinant produisent une crise de civilisation.[14]

Dans cet article nous voulons montrer les façons dont cette crise concerne plus particulièrement les femmes.

Avant le début de la crise, les femmes étaient déjà les plus mal loties, il n'est donc pas surprenant que nous ressentions plus fortement les effets de ces désastres. Malgré les avancées grâce aux luttes des femmes, leur position de subordination sur le marché du travail reste le reflet de la division sexuelle du travail et du statut inférieur des femmes à l'intérieur de la famille capitaliste patriarcale. La famille, combinée avec le système d'éducation, continue à reproduire l'idée que les femmes sont

---

14. Cette contribution, issue du séminaire femmes tenu à l'IIRE en juillet 2009, est soumise à la discussion du Congrès mondial par Hall (Commission de Recours, Grande-Bretagne) et Philomena (Comité International, France).

Libération des Femmes & Révolution Socialiste

fondamentalement inférieures aux hommes – ou qu'elles ont au mieux une autre vocation en étant les soignantes aussi bien des enfants que des personnes âgées – et c'est sur cette idée que l'État revient pour tailler dans les services publics. La famille reste le lieu principal de la violence et de la répression contre les femmes.

Et on peut en être certain, ce qui est testé aujourd'hui sur elles pour que les capitalistes n'aient pas à payer pour la crise, sera imposé demain à toute la classe ouvrière, comme nous l'avons vu dans beaucoup d'autres exemples, en particulier avec le temps partiel.

En réponse à cette situation, nous devons tenir compte de l'oppression spécifique des femmes dans nos revendications, en tant qu'organisation politique, et dans les mobilisations. Cela veut dire que nous mettrons en avant dans certains cas des demandes spécifiques les concernant (par exemple, l'avortement, des droits à la retraite) mais aussi que nous tiendrons compte de leur point de vue dans tout ce que nous disons.

Si par exemple, la revendication d'une diminution du temps de travail par jour/semaine est dans l'intérêt des salarié-e-s, elle est particulièrement importante pour les femmes ayant une double journée de travail. Un autre exemple : en conséquence de la crise financière, nous mettons en avant la nationalisation des banques, bien que nous sachions que la crise économique n'est pas uniquement une crise bancaire. Mais les femmes, étant une des parties les plus pauvres de la classe travailleuse, sont particulièrement frappées par l'augmentation des taux d'intérêt et la limitation des facilités de crédit.

Le contexte dans lequel nous formulons ces demandes est évidemment différent selon les pays et ces revendications doivent répondre aux réalités concrètes dans lesquelles nous travaillons. Le programme développé par les camarades belges lors des élections européennes de 2009 « Une Europe écosocialiste sera féministe ou ne sera pas » en est un bon exemple.

Documents de la Quatrième Internationale

Les femmes participent à la résistance aux attaques et à la lutte pour créer un autre monde écosocialiste et féministe qui devient de plus en plus nécessaire dans notre quotidien. Pour réussir cela, leur auto-organisation sera décisive. Les avancées réalisées par celles de l'Équateur dans l'Assemblée Constituante et la campagne contre la dette publique, ne constituent pas des faveurs accordées par Correa, elles sont le résultat de l'auto-organisation des femmes qui a créé un rapport de forces permettant de gagner.

Les femmes et le changement climatique

La majorité des femmes des pays du Sud vivent dans la pauvreté et l'inégalité, et ce sont elles qui sont frappées les premières par la crise climatique, provenant des émissions produites principalement par les pays du Nord. Quatre-vingt pour cent du 1,3 milliard de personnes vivant sous le seuil de pauvreté dans le monde sont des femmes.

Dans le Sud, les femmes produisent 80% de la nourriture. La désertification, la perte de ressources en eau, etc., ont un impact énorme sur leur vie quotidienne. Quand les gens sont obligés de partir parce que l'endroit où ils vivent ne produit plus de nourriture à cause du changement climatique, ce seront les femmes et leurs enfants qui formeront la majorité des personnes déplacées.

Un rapport publié par l'Oxfam en juin 2009, « The Winds of Change: Climate change, poverty and the environment in Malawi » *(Les vents du changement : changement climatique, pauvreté et l'environnement au Malawi)* explique que les femmes sont les premières victimes du changement climatique à cause des rôles multiples qui sont les leurs en tant que paysannes, productrices de nourriture, d'eau et de bois de chauffage, et s'occupant des enfants. Le rapport explique également que celles du Malawi n'ont aucun pouvoir sur la prise des décisions et que le changement climatique accentue les inégalités. Il explique en plus que l'aggravation de la pauvreté augmentera la pression sur elles afin qu'elles se prostituent pour obtenir de la nourriture, ce qui à son tour augmentera le risque de contamination par le virus du SIDA. L'augmentation des infections par le virus, à son tour, affaiblira la capacité des populations de résister au chaos climatique.

En 2008, le nombre de personnes mal nourries à augmenté de 800.000 pour atteindre le chiffre global de plus de 1 milliard. En même temps, on voit réapparaître des maladies comme le choléra, maladie parfaitement évitable, mais qui surgit de nouveau dans cette crise de civilisation.

Le combat des femmes pour avoir accès à une éducation publique et des soins de santé gratuits, y compris l'avortement, la contraception et l'éducation sexuelle, est un élément essentiel pour lutter contre la crise climatique dans le sud. Elles sont souvent à l'avant-poste des campagnes pour défendre et élargir ces droits essentiels.

La réponse néo-malthusienne à la crise climatique prétend qu'il y a trop de monde sur la planète, elle cherche à limiter le droit des femmes à disposer de leur corps, c'est une réponse raciste car la croissance démographique est plus importante dans les pays du sud. Nous luttons pour l'élargissement des droits des femmes concernant le contrôle de leur fécondité et en même temps nous luttons pour l'éradication de la pauvreté, seul moyen pour que la pression démographique dans les communautés diminue. Nous luttons également contre le consumérisme capitaliste, une consommation de produits sans valeur d'usage et nocives pour l'environnement.

L'impact croissant de l'agrobusiness, la production d'agrocarburants et la vente de terres aux multinationales pour continuer à extraire du pétrole et d'autres richesses, sont à l'origine d'une perte de terre et d'autonomie pour les petits producteurs, dont une majorité sont des femmes, souvent de communautés indigènes. Les pesticides détruisent la production bio des petits producteurs.

Les femmes indigènes et les femmes paysannes sans terre

jouent un rôle central dans la défense des écosystèmes forestiers contre les gouvernements qui veulent les vendre aux plus offrants et aux multinationales souhaitant les utiliser pour produire des agrocarburants et pour en extraire d'autres richesses comme l'eau, les bois tropicaux (à croissance très lente) et aussi du pétrole et des minerais divers. Les actions des femmes de Via Campesina au Brésil, qui ont détruit les plantations d'eucalyptus d'Aracruz Celulosa, sont un exemple victorieux de leur rôle dirigeant dans la défense de la biosphère. Au sein de beaucoup de communautés indigènes elles jouent également un rôle central dans la défense des terres ancestrales.

- Baisse de la consommation d'énergie par l'arrêt des productions qui gaspillent, dont l'industrie de l'armement, l'industrie nucléaire, la publicité, l'expansion du transport aérien
- Relocalisation de la production, y compris de l'agriculture
- Arrêt de l'utilisation de ressources énergétiques dangereuses et expansion des énergies renouvelables
- Transports publics de bonne qualité et gratuits

Les femmes et la crise économique

La mondialisation néolibérale a augmenté considérablement le travail précaire, avec des contrats à court terme et l'extension massive du temps partiel. Au même moment, l'économie informelle s'est étendue du sud vers des régions du nord et vers des secteurs qui, avant, faisaient partie de l'économie formelle.

La majorité de ceux qui travaillent dans l'économie informelle sont des femmes et des enfants. Un à deux pour cent des populations urbaines dans le monde par exemple, essaient de survivre en triant des déchets dans les décharges. Il s'agit en majorité de femmes et d'enfants. La demande industrielle de papier recyclé, surtout en Chine, diminue déjà à cause de la récession, ce qui signifie que les prix de ces produits sont en forte baisse. Les secteurs de la population qui vivent de la collection et de la vente du papier usé se retrouvent donc dans une situation beaucoup plus difficile pour

Libération des Femmes & Révolution Socialiste

survivre.

Lors d'une récession, on voit qu'il y a perte de travail dans le secteur informel et en même temps on voit des boulots du secteur formel se déplacer vers le secteur informel. Des industries exportatrices du sud comme le secteur du textile, qui employait beaucoup de femmes, ont connu une croissance rapide : ces dernières sept années, plus de 100.000 nouveaux emplois ont été créés en Afrique par exemple. Mais avec la crise, la demande a chuté. Aux Philippines 42.000 emplois ont été perdus en un jour dans le secteur du textile, des semi-conducteurs et de l'industrie électronique où la majorité des salariés étaient des femmes (Oxfam Report, *Paying the Price for the Economic Crisis*, mars 2009).

L'industrie manufacturière exportatrice est un secteur où les travailleurs n'ont pratiquement pas de droits, ce qui fait que la plupart des femmes qui ont perdu leur emploi dans ce secteur n'ont reçu ni prime de licenciement, ni revenu de remplacement payé par la sécurité sociale. Même là où ces droits existent légalement, les patrons ignorent leurs obligations parce qu'il n'y a pas d'organisation de salariés pour imposer l'application de ces droits.

L'expansion du microcrédit a été importante pour qu'un nombre croissant de femmes du sud acquièrent une certaine indépendance économique. Mais avec la récession, l'accès au crédit a été fortement réduit, ce qui a eu un impact négatif pour leur indépendance économique et donc sociale et politique.

La perte d'emplois dans le secteur formel causé par la crise, a eu des conséquences différentes dans plusieurs pays. L'industrie automobile - un des secteurs les plus touchés - est en majorité masculine. Dans certains endroits, en général dans des pays industrialisés du monde capitaliste avancés où la crise a déjà frappé durement, il y a eu d'importantes pertes d'emploi dans le secteur des services, secteur avec une majorité de salariées femmes. Dans d'autres pays, on peut s'attendre à ce qu'il soit touché prochainement.

Bien que les chiffres sur le taux de chômage des hommes et des femmes soient difficiles à trouver, il semble que la différence entre eux n'ait pas augmenté. Mais cela sera le cas dès le moment où la crise aura eu des conséquences plus grandes dans le secteur des services. Selon l'Oxfam, la majorité des pertes d'emplois concerne les femmes dans le sud tandis qu'aux États-Unis, leur chômage a augmenté plus vite que celui des hommes en mai 2009 (5,6% pour les femmes et 4,1% pour les hommes – Womenstake.org).

Les femmes travailleuses continuent à être victimes de discriminations lorsqu'elles sont enceintes, malgré la protection légale qui existe dans les pays capitalistes avancés. La possibilité d'une grossesse se trouve en effet derrière les discriminations contre les femmes en âge de procréer. En Grande-Bretagne il semble que cet état de fait se soit aggravé dans la récession. Voici ce qu'écrit l'Alliance contre la Discrimination lors d'une Grossesse, une coalition de plusieurs groupes qui mènent campagne sur ce problème :

« Il y a une augmentation alarmante des licenciements de femmes enceintes et de jeunes mères. Certains employeurs semblent utiliser la récession pour enfreindre la loi contre la discrimination. Avec le ralentissement économique nos organisations reçoivent un nombre croissant de coups de téléphone de femmes enceintes ou jeunes mères victimes de discrimination. Nous avons des cas concrets de femmes licenciées parce qu'elles étaient enceintes ou de mères retournant du congé maternel qui découvrent que leur emploi a disparu. »

« Avant la récession, la Commission de l'Égalité des Chances estimait déjà le nombre de licenciements de femmes enceintes à 30.000 par an et ce chiffre va probablement augmenter. Cette conséquence choquante de la récession n'est pas seulement immorale et nuit profondément à l'égalité des genres sur les lieux de travail - elle est aussi illégale. »[15]

Le premier signe visible de la crise actuelle, la crise des subprimes aux États-Unis, a particulièrement frappé les femmes - surtout les femmes de couleur. Trente-deux pour cent d'entre elles ayant un crédit hypothécaire ont un crédit subprime contre 24% des hommes ; les propriétaires de maison Afro-Américains ou Latinos ont 30% de chance en plus de recevoir un prêt à haut risque (subprime) (Ms Foundation for Women).

Le taux de pauvreté est évidemment en hausse lors d'un ralentissement économique ; les coûts des besoins de base comme la nourriture, les transports et l'énergie augmentent, tout comme le nombre de familles pauvres. Une fois qu'une famille est tombée dans la pauvreté, il lui est difficile d'en sortir. On estime que 60% des familles, dont le revenu se situe dans les 20% les plus bas, restent dans cette situation dix ans après (Ms Foundation for Women).

Quand les femmes n'ont plus de perspective d'emploi ni aujourd'hui ni dans le futur, même pas dans le secteur informel dont les rangs se gonflent de plus en plus, l'histoire nous apprend qu'elles se retournent vers celle du mariage et de l'éducation des enfants comme seule alternative acceptable. D'autres vont vendre leur corps pour maintenir un toit au-dessus de la tête de leurs enfants.

- Nationalisation des banques sous contrôle populaire, extension de la fourniture de microcrédits et augmentation des aides gouvernementales particulièrement aux femmes.
- Diminution du temps de travail par jour/semaine sans perte de salaire
- Abolition des CDD, un emploi en CDI avec tous les droits pour tous les salarié-e-s
- Contre toute discrimination sur les lieux de travail y

---

15. Voir: www.fawcettsociety.org.uk/documents AllianceAgainstPregnancyDiscrimination.pdf.

compris les discriminations de genre, de statut marital, d'âge ou d'orientation sexuelle
- Création de nouveaux emplois ouverts aux hommes et aux femmes
- Pas de discriminations concernant les retraites et les allocations sociales

Les femmes et les services publics

La défense des services de base - en premier lieu l'eau mais également l'électricité, le logement et les transports - sous contrôle public et à un prix abordable - de préférence gratuits - est essentielle. Les femmes ont souvent joué un rôle dirigeant dans les luttes pour défendre et élargir ces services de base, de la lutte victorieuse contre la privatisation de l'eau en Cochabamba (Bolivie) en 2000 aux luttes contre les privatisations des chemins de fer, de la culture du riz et du coton au Mali.

La crise économique à laquelle nous sommes confronté-e-s aujourd'hui, ne verra aucune pause dans les politiques néolibérales de privatisations et d'attaques contre les services publics. Ceci touche plus particulièrement les femmes qui forment la majorité des salarié-e-s dans les services publics et elles sont aussi le groupe qui dépend le plus de ces services. Les attaques contre les systèmes de santé en Europe en sont un exemple permanent. En France, on ferme les écoles maternelles publiques et gratuites pour les enfants à partir de deux ans, au profit de jardins d'éveil privés et payants ce qui entraîne des pertes d'emploi dans le secteur public et augmente le prix à payer pour la prise en charge des enfants. Au Mexique, l'externalisation par l'État d'un nombre croissant de centres pour la petite enfance au profit de managers-propriétaires a mené à un déclin sévère de la qualité du service ; le résultat le plus cruel a été la mort de 48 enfants en juin 2009 lors d'un incendie dans un centre pour enfants à Hermosillo, Sonora. Le centre était la propriété de membres de la famille d'officiels haut placés du gouvernement, il était situé sous le même toit qu'un entrepôt de marchandises. Face à la corruption et l'impunité des responsables, l'horreur dans l'opinion a créé un mouvement qui a fait perdre le poste de gouverneur au parti dominant, mais les coupables n'ont toujours pas été jugés.

Dans les pays où l'avortement est légalisé (sous certaines conditions), les coupures dans les services de santé ont déjà des conséquences pour l'accès des femmes à l'avortement et à la contraception. Les maisons d'accueil de crise (viol, violences) et d'autres services pour les femmes reçoivent moins de subventions. Sous le prétexte de nécessité économique, certains qui considèrent ces services comme des options supplémentaires et d'autres qui ne les ont jamais approuvés, seront heureux de couper les subventions pour ces projets.

Les services sociaux à la personne sont de plus en plus privatisés partout en Europe : au moins est-ce le cas en France, en Suède, en Belgique et en Grande-Bretagne. Il s'agit de travailleuses qui sont employées pour le travail à domicile (nettoyer la maison et le linge, préparer la nourriture, soins des enfants et parfois des handicapés ou des personnes âgées) dans la maison de familles aisées (organisé par l'État ou par des entreprises privées). Ces femmes travaillent parfois sur cinq postes différents avec un nombre d'heures très limité à chaque endroit et un temps de trajet parfois aussi long que celui du travail. Ces emplois ont un statut très bas, ils ont peu de protection sociale et le développement de ces services est utilisé comme argument pour réduire les services publics, en particulier dans le secteur des maisons de retraite.

Les très bas salaires dans ce secteur se traduisent en pauvreté pour les femmes concernées. Et au vu des « réformes » des systèmes de sécurité sociale dans plusieurs pays, les chômeurs ont l'obligation d'accepter toute offre d'emploi sous peine de perdre leur allocation ; il devient donc de plus en plus difficile pour les salarié-e-s de refuser ces emplois tandis que les patrons peuvent disposer d'une force de travail de moins en moins coûteuse. Ces évolutions ont aussi comme résultat que les différences se creusent entre les femmes qui ont un pouvoir économique et social plus grand et qui deviennent les employeurs de celles - souvent noires ou migrantes - qui n'en ont pas.

- Pour la défense et l'expansion des services publics sous le contrôle des salarié-e-s et des utilisateurs
- Pour l'extension de services publics de la petite enfance de haute qualité

Les femmes et la migration

Le nombre total des migrant-e-s internationaux a plus que doublé dans le courant des quarante dernières années tandis que le pourcentage de la population mondiale qui est migrante, est resté assez stable. Il y a actuellement 175 millions de migrants internationaux c'est-à-dire environ 3,5% de la population mondiale. Presque la moitié sont des femmes, malgré l'idée admise que les migrants sont en majorité des hommes. Les migrations s'effectuent dans la plupart des cas vers des pays limitrophes, il y a des migrations à l'intérieur de certains pays et il y a des migrations vers d'autres continents.

L'argent qui est renvoyé à la maison par les migrants, joue un rôle crucial dans l'économie de plusieurs pays du sud. En 2008, cet argent représentait par exemple pour les Philippines, la somme de 16,4 milliards de $ US ; en mars 2009, la somme envoyée était de 1,47 milliard $ US. Ces renvois d'argent représentent pour sept pays d'Amérique Latine et des Caraïbes plus de 10% du P.I.B, et il est plus important que le flux de dollars des exportations les plus importantes.

Avec l'approfondissement de la crise, la migration des femmes augmentera encore pour plusieurs raisons : elles émigrent parce qu'elles ne trouvent plus d'emploi chez elles, ou bien cet emploi n'est pas assez payé pour entretenir la famille. Au Philippines, il y a 4,5 millions de familles qui ne peuvent pas se procurer le minimum de nourriture.

Libération des Femmes & Révolution Socialiste

Dans certains cas en effet, la majorité des migrants sont des femmes : il en est ainsi pour les migrants philippins qui sont pour 70% des femmes, employées le plus souvent au noir dans le travail domestique. Le RPM-M (section Philippine de la IV Internationale) fait un travail en Europe pour organiser les Philippines migrantes et pour essayer d'obtenir des droits pour ces travailleuses.

Comme tant d'autres femmes d'Asie, d'Afrique, d'Amérique Latine et d'Europe de l'Est, les femmes philippines sont travailleuses domestiques, elles représentent un chaînon du système de soins domestiques global. Les femmes du premier monde veulent se libérer du travail domestique et poursuivre une carrière dans la sphère publique. Elles recherchent une autre femme pour remplir les fonctions domestiques. La migration des travailleuses domestiques est donc basée sur une demande émanant de la segmentation du marché du travail selon le genre, dans les pays recevant les migrants. Les femmes des Philippines qui répondent à cette demande, ont elles-mêmes des enfants à la maison. Vu la division du travail dans les ménages, elles ne peuvent pas exiger que leur mari reprenne les tâches domestiques. En plus, souvent les maris eux-mêmes sont aussi des migrants dans le secteur du bâtiment.

La solution pour les femmes migrantes, c'est d'employer à leur tour une femme comme domestique à la maison. Dans la famille des non migrants, mais où la mère est absente, il y donc aussi une demande de soins pour les enfants. Puisque cette famille ne peut pas se payer une travailleuse à domicile, ce travail est pris en charge par la fille aînée.

Au bout de cette chaîne mondiale, la fille aînée va prendre soin de ses frères et sœurs, elle aura donc moins de temps libre pour jouer, étudier ou pour travailler en dehors de la maison. Souvent aussi, la grand-mère s'occupe des enfants de la femme émigrée. Ceci diminue la pression sur les enfants plus âgés mais signifie également que des grand-mères vivent pendant quarante ou cinquante ans avec la responsabilité de soigner et d'éduquer des enfants. Chaque femme, le long de cette chaîne, a le sentiment qu'elle fait son devoir, on se passe les coûts cachés et à la fin, on arrive chez la fille aînée dans la famille qui ne migre pas. Le travail des soins et de l'éducation des enfants diminue en valeur le long de la chaîne et à la fin il devient gratuit.

Les familles de migrants sont privées de l'affection et des soins personnels par leurs mères, celles-ci se retrouvent comme marchandise sur le marché mondial. Cette « nouvelle marchandise » est promue et soutenue par l'État. Les deux femmes présidentes des Philippines *(Aquino et Arroyo)* ont fait de ces migrantes, des « héroïnes » à cause du sacrifice pour leur famille et pour que la nation progresse grâce à l'argent renvoyé au pays. La présidente Arroyo a promis aux pays du Moyen-Orient d'envoyer des travailleuses à domicile, efficaces et fiables. Si les présidentes parlent de ces migrantes comme des « nouvelles héroïnes », c'est pour amadouer la détresse face à la séparation et l'exploitation.

Les femmes migrantes et leurs familles sont sacrifiées sur l'autel de la mondialisation néolibérale. Celles qui travaillent dans les ménages sont directement victimes de la crise financière globale, elles ne peuvent même pas revendiquer une prime de licenciement quand elles perdent leur travail car elles travaillent presque toujours au noir.

Un gouvernement comme celui des Philippines ignore ses propres obligations légales de protection des migrants de son pays (Republic Act 8042 – Migrant Workers and Overseas Filipino Act de 1995). Depuis 2002 par exemple, six travailleurs des Philippines, dont une femme, ont été exécutés en Arabie Saoudite, d'autres ont été condamnés à mort pour des crimes qu'ils n'ont pas commis. La violence (coups, viols, détention forcée) envers les femmes migrantes travailleuses à domicile, venant d'Asie, d'Afrique et d'Amérique latine dans les pays qui les accueillent,

Libération des Femmes & Révolution Socialiste

est bien connue.

Toutes les personnes déplacées, ne deviennent pas des travailleurs migrants. Des hommes, des femmes et des enfants sont déplacés en grand nombre à cause de guerres - y compris des guerres civiles - et par le changement climatique parce que leurs lieux de vie deviennent inhabitables. Les gens essayent d'échapper aux persécutions politiques en quittant leur pays d'origine. Des femmes fuient la violence à l'intérieur de la famille ou un mariage forcé. Beaucoup des migrants fuient en tant que réfugiés politiques en espérant obtenir un endroit de sécurité dans le pays vers lequel ils fuient. Malheureusement, la majorité d'entre eux sont traités comme des parias ou des profiteurs.

Le trafic des femmes a aussi connu une augmentation. Sa forme la plus connue, c'est le commerce pour leur exploitation sexuelle, en particulier celles en provenance de l'Europe de l'Est, d'Amérique latine, et d'Asie vers l'Europe occidentale, il s'est créé ainsi un vaste réseau de travailleuses forcées du sexe. Mais le nombre de femmes qui sont vendues à l'intérieur de leur propre pays comme esclaves domestiques augmente aussi : une recherche par des féministes péruviennes a démontré récemment que le groupe le plus important de femmes dans leur pays qui se trouvaient victime de trafic, étaient des femmes indigènes kidnappées et envoyées comme travailleuses en ville. Ceci démontre bien les inégalités croissantes à l'intérieur du pays.

Les femmes réfugiées ou victimes du trafic, ont encore moins de droits que les femmes travailleuses, émigrées. La majorité des réfugiées restent dans d'autres pays du sud. Les conditions de vie des réfugié-e-s dans les pays capitalistes avancés se sont détériorées ces dernières années avec la mise en place de mesures plus répressives en Amérique du Nord, en Europe et Australasie avec pour but de les exclure au maximum. Ceci a pris différentes formes : traversée des frontières plus difficile, emprisonnement d'un grand nombre - femmes enceintes et enfants de tout âge inclus - dans des conditions inhumaines et accès aux droits sociaux dans le pays « hôte » plus difficile.

Ce n'est plus seulement l'extrême droite qui a fait des réfugiés les boucs émissaires de la crise, mais aussi des politiciens des partis majoritaires. Par le vote d'une loi d'urgence en Italie en février 2009, Berlusconi a essayé de manière cynique d'accuser les réfugiés, et en particulier les Roms, de violence contre les femmes, tout en augmentant le pouvoir de l'Etat.

- Contre l'économie informelle
- Pour la régularisation du statut des migrants

Idéologie

La crise de civilisation est aussi le moteur de la croissance des idées réactionnaires. La politique de Berlusconi qui blâme les immigrés pour toutes les conséquences de la crise et qui utilise cela comme excuse afin d'introduire des lois fortes sécuritaires - donc anti-immigrés - en est un exemple extrême.

La religion a une emprise grandissante sur des parties de plus en plus importantes des populations et le fondamentalisme de toutes les grandes religions constitue une menace. Le corps des femmes est un terrain de lutte pour tous les fondamentalistes.

Un exemple frappant c'est la manière dont les éléments réactionnaires de l'Église Catholique d'Irlande ont utilisé la menace que le Traité de Lisbonne forcerait l'Irlande à légaliser l'avortement, pour soutenir l'opposition réactionnaire au Traité, malgré le fait que ce projet de Traité ne contient rien sur l'avortement. Ceci a forcé l'Union Européenne à donner des garanties formelles que l'adoption du Traité ne mandaterait pas l'Irlande à légaliser l'avortement, tout comme elle a été forcée de le faire sur la question de la préservation de sa neutralité.

La collusion entre des gouvernements de droite et les hiérarchies religieuses continue à jouer de l'Italie à l'Iran, malgré les changements récents intervenus aux États-Unis. Une des conséquences de ce changement est le renversement de la politique du gouvernement Bush qui refusait aux femmes de financer des projets de formation sur les contraceptifs - et même des services d'avortement. Ceci aura potentiellement un impact positif pour les droits des femmes, plus particulièrement en Afrique. Mais le meurtre du docteur Tiller, un des rares médecins aux EU qui pratiquait ouvertement des avortements tardifs, doit nous rappeler que le fondamentalisme y reste encore bien vivant.

En plus, la doctrine fondamentaliste du régime de Bush a eu un impact négatif profond sur la lutte contre le SIDA en Afrique, elle a détruit les vies de nombreuses femmes. Soixante et un pour cent des malades du SIDA en Afrique sub-saharienne sont des femmes. Dans certains pays le taux d'infection des femmes jeunes dépasse largement celui des hommes. Par exemple au Swaziland, il y a quatre fois plus de femmes entre 15 et 24 ans que d'hommes du même âge qui sont infectées. Le manque d'information sur la transmission de la maladie, la cupidité des compagnies pharmaceutiques qui a sévèrement limité l'accessibilité des antirétroviraux dans les communautés en ayant le plus besoin, sont les causes principales de ces ravages.

Au Nicaragua, en 2008, les Sandinistes ont jeté leurs principes politiques par-dessus bord concernant la question de l'avortement dans le but de gagner les élections, malgré le fait que rien n'indiquait que cela augmenterait leur nombre de votants. Ils n'ont pas simplement abandonné leur position antérieure mais ils ont également décidé de poursuivre activement le mouvement des femmes en traînant devant la justice neuf féministes connues dans le cadre d'un avortement thérapeutique effectué sur une fillette de neuf ans, victime d'un viol. Est-ce un hasard si ces féministes soutenaient la belle-fille du Président Ortega dans son action contre lui pour abus sexuels ?

La collusion entre le gouvernement de droite du PAN et le PRI, au Mexique, a permis d'introduire une législation sur le « droit

Documents de la Quatrième Internationale

à la vie » dans 13 états - rendant ainsi beaucoup plus difficile l'extension du droit à l'avortement jusqu'à 12 semaines, introduit par le PRD dans le district de la ville de Mexico. Ceci a été possible grâce au fait que cette avancée positive s'est réalisée au niveau des superstructures et pas grâce à des mobilisations de masse qui auraient pu changer les consciences en profondeur.

Le gouvernement Lula au Brésil a continué l'élaboration d'un compromis avec le Vatican jusqu'au point d'envisager la possibilité d'introduire l'éducation religieuse dans les programmes scolaires. A la fin de 2008, le président du Congrès, Arlindo Chinaglia, a créé une commission parlementaire d'enquête sur l'avortement. Elle avait comme mandat d'étudier l'institutionnalisation de la criminalisation des femmes qui défendent une loi pour l'avortement et de celles qui sont obligées d'y avoir recours. En plus, la Justice de l'État du Mato Grosso do Sul, dans la ville de Campo Grande, vient de citer devant la justice, pour avoir pratiqué des avortements, plus de 10.000 femmes en utilisant les registres médicaux d'une clinique clandestine. Environ 1.200 femmes risquent d'être poursuivies en procès.

En Afghanistan, un des trois pays au monde où les femmes meurent plus tôt que les hommes, nous avons assisté au spectacle grotesque du vote d'une loi qui légalise le viol dans le cadre du mariage et le débat sur une clause qui permettrait aux hommes d'affamer légalement leur femme si elle refuse d'avoir des contacts sexuels avec lui. C'est dans ce pays que ceux qui avaient commencé la guerre le 11 septembre 2001, déclaraient de manière cynique qu'ils le faisaient au nom de la défense des droits des femmes. Mais le gouvernement qu'ils ont mis en place est aussi réactionnaire et dépendant des fondamentalistes islamistes que leurs prédécesseurs (qui étaient, eux aussi, une création de l'impérialisme des États-Unis).

La nouvelle constitution afghane a accepté un « code de la famille » séparé pour les populations shiites et c'est dans ce cadre que le débat actuel se déroule – dans le contexte de la préparation des élections. Comme dans autant de cas, la vie et le corps des femmes sont instrumentalisés. Les femmes afghanes se sont organisées contre cet état de fait – avec le soutien moral de féministes d'autres pays - mais ces protestations ont été vigoureusement attaquées par les fondamentalistes.

En tant que féministes, nous sommes aussi confrontées à une attaque d'une autre sources : les idées post-féministes et masculinistes. En partant du point de vue que le féminisme était allé « trop loin », ces courant utilisent les théories différentialistes pour attaquer les droits individuels des femmes à l'avortement, au divorce et à la protection contre la violence.

• Séparation complète des religions et de l'Etat, contre l'influence religieuse dans l'élaboration des lois et dans la mise en place des services juridiques, de la santé et de l'éducation.

• Pour le droit à l'avortement, la contraception et l'éducation sexuelle.

La violence

La crise de civilisation s'accompagne d'une aliénation toujours plus profonde et donc d'une augmentation des violences à tous les niveaux de la société.

Dans la sphère privée comme dans la sphère publique les femmes sont les victimes de ces violences : tous les trois jours en France, une femme meurt par la violence conjugale. La domination masculine au travail mène à une violence physique/psychologique/sexuelle largement répandue et ce phénomène s'aggrave avec l'approfondissement de la crise.

La guerre est l'exemple le plus clair et le plus brutal (et brutalisant) de cette violence. Elle est devenue dès la fin du vingtième siècle et le début du vingt-et-unième un phénomène où il est normal que les populations civiles soient fortement touchées, et donc où les femmes et les enfants sont frappés en grand nombre.

Depuis la guerre dans les Balkans, et ensuite lors des guerres

Documents de la Quatrième Internationale

dans la région des Grands Lacs en Afrique, nous constatons l'utilisation de plus en plus fréquente du viol comme arme de guerre.

Les preuves de l'étendue des viols en Bosnie entre 1992 et 1995 par les forces serbes ont obligé le Tribunal Pénal International pour l'ancienne Yougoslavie (TPIY) à traiter ouvertement de ces abus et en 1996, et pour la première fois, le viol a été reconnu comme crime de guerre. Selon le groupe femmes Tresjevka, plus de 35.000 femmes et enfants ont été détenus dans des « camps du viol » par les Serbes. Les femmes musulmanes et croates prisonnières y ont été violées consciemment et rendues enceintes. Ceci dans le cadre d'une société patriarcale, dans laquelle les enfants héritent de l'origine ethnique du père, les « camps du viol » voulaient donc faire naître une nouvelle génération d'enfants serbes - il s'agissait véritablement d'un nettoyage ethnique par d'autres moyens.

Les mêmes horreurs ont été subies par les femmes dans la région des Grands Lacs en Afrique. Leur corps était devenu un enjeu des luttes parce que c'est à travers lui que les nouvelles générations sont produites, et dans une guerre ethnique, le but ultime c'est d'empêcher l'ennemi de se reproduire. La violence sexuelle est devenue dans ce contexte une stratégie délibérée et efficace de la guerre dans cette région.

Les actes sexuels violents veulent brutaliser et installer la peur chez les victimes et dans la population en général, car il n'y a pas de discrimination selon l'âge, des fillettes de quelques mois et des femmes de 84 ans ont souffert des mêmes violences. Les agences de l'ONU travaillant dans l'Est de la République Démocratique du Congo estiment qu'environ 50.000 femmes y ont été violées entre 1996 et 2002 et que près de 55% des femmes ont vécu des violences sexuelles dans le conflit au sud du Kivu. On estime que 250.000 femmes ont été violées pendant le génocide ruandais.

Un rapport d'Amnesty International sur Haïti (novembre 2008) précise qu'on y constate l'émergence d'une tendance, parmi des groupes d'hommes armés, à attaquer des filles, cette tradition du viol est apparue comme une arme politique durant la rébellion qui a chassé Aristide en 2004. Les rebelles armés on commencé à l'utiliser pour faire peur et pour punir les femmes qui avaient soutenu le gouvernement démocratique. « Parmi les bandes de criminels, le viol est devenu une pratique courante » nous dit le rapport. Sur les 105 cas rapportés en novembre 2008, 55 % concernaient des filles de moins de 18 ans. En 2007, on en a signalé 238, dont 140 sur des filles qui étaient âgées de 19 mois à 18 ans. Et tout ceci se passe malgré la présence de troupes onusiennes depuis 2004.

Les femmes en Palestine, et plus particulièrement à Gaza, continuent à souffrir à cause de l'occupation israélienne. Des femmes enceintes, qui sont sur le point d'accoucher ou qui ont besoin de soins médicaux à des stades ultérieurs de leur grossesse, rencontrent souvent le refus du passage à travers les check points vers Israël, et les hôpitaux de Gaza ne reçoivent pas les fournitures médicales nécessaires, même si ces dernières sont apportées par des convois humanitaires. D'innombrables femmes ont fait des fausses couches ou sont mortes dans cette barbarie. Pendant les bombardements sur Gaza au début 2009, 192 femmes ont trouvé la mort. Et l'état de siège continue à avoir des conséquences très négatives sur toute la société, y compris sur la santé physique et mentale des femmes et des enfants.

Dans d'autres endroits, nous voyons les conséquences de la militarisation rampante des sociétés, ce qui mène à une criminalisation de plus en plus grande de la société civile et à une répression violente par l'appareil d'état. La violence sexuelle, y compris le viol, est utilisée de plus en plus comme instrument. En 2006, la police a lancé à Atenco (Mexique) une attaque violente contre les mouvements sociaux, causant deux morts, et des attaques sexuelles contre 26 femmes. La guerre contre la drogue, surtout en Amérique latine, et la guerre contre le terrorisme sont

Documents de la Quatrième Internationale

ici les deux faces d'une même médaille.

Nous avons aussi vu les terribles tortures sexuelles pratiquées par les troupes US - y compris par des femmes - à Abu Graïb et Guantanamo. Ces abus contre des détenus mâles, supposés être croyants, ont clairement l'intention d'humilier les victimes et de les attaquer physiquement.

Nous voyons ensuite que les préjugés - le racisme, l'antisémitisme, l'homophobie et le sexisme qui avaient reculé grâce aux acquis des mouvements - augmentent de nouveau avec en plus la montée de l'islamophobie. Ces préjugés s'expriment de façon plus violente comme on peut le constater dans le nombre grandissant de meurtres pour ces motifs.

Dans le cas des femmes, il y a le phénomène du féminicide, qui est apparu pour la première fois dans la ville de Juárez City (État de Chihuahua au Mexique) au début des années quatre-vingt dix et qui continue jusqu'à ce jour. Il est devenu clair lorsque les femmes se sont organisées et ont réagi contre ce problème, que des centaines de femmes sont tuées simplement parce qu'elles sont femmes, et cette situation n'est pas limitée à cette seule ville mexicaine. Le phénomène est présent dans tout le territoire national du Mexique ainsi que dans d'autres pays d'Amérique Latine comme le Guatemala, le Salvador, le Honduras, le Costa Rica, le Chili, l'Argentine et aussi l'Espagne. Il faut comprendre le féminicide comme l'extension (il)logique et la normalisation des autres formes de violence contre les femmes. Comme d'autres crimes semblables, ils sont perpétrés par des hommes qui ont différents types de relations avec les victimes.

- Pour des systèmes de soutien et d'aide aux femmes victimes ou victimes potentielles de violences, des centres de femmes, le droit à un logement indépendant et aux allocations sociales, une formation adaptée pour les travailleurs sociaux, la police et la justice.

Le défi féministe à l'organisation politique traditionnelle (1997)

Penelope Duggan

L'objectif de ce rapport est d'examiner les remises en question et les critiques des formes traditionnelles d'organisation politique, plus particulièrement celles exprimées par le mouvement des femmes et par d'autres mouvements sociaux et d'ensuite juger si ces critiques sont justifiées.[16]

---

16. Ces notes de Travail ont pour origine un rapport donne par Penny Duggan lors de la première Ecole Femmes a l'IIRF en 1991. Depuis lors, le texte a évolue et mûri ; il a été donné en entier ou en partie lors des toutes les sessions suivantes. Il propose une vue plus large qu'au debut et il est devenue en partie un peu plus schematique. Le rapport donné lors de la première Ecole sur les Nouvelles Questions en novembre 1995 a été transscrit par Peter Drucker et c'est ce document qui forme la base de ces Notes.

Le fait que le texte a pour origine un rapport oral explique son caractère informel et oral qui a été conservé consciemment. Duggan parle à partir de son expérience d'activiste et c'est ce qui rend sa perspective encore plus pertinente comme une critique féministe dans le cadre d'une tradition marxiste et comme une response qui met au défi le marxisme de l'extérieur de cette tradition. Elle ainsi réalise une contribution importante au projet de l'IIRF, c'est à dire renouveau critique radical du marxisme en dialogue avec d'autres paradigmes.

Penny Duggan est historienne et directrice du Programme des études Féminstes al'IIRF, elle a travaille depuis de nombreuses années au développement du contenu féministe de nos activités de formation et de recherche. Elle a co-édité avec Heather Dashner le Cahier d'Etude et de Recherche nr. 22 « Les Femmes dans la

Documents de la Quatrième Internationale

1. Insatisfaction par rapport au politique

La première chose qu'on peut remarquer c'est qu'il existe une insatisfaction par rapport à ce qui est considéré comme la politique, c'est-à-dire la politique représentative et parlementaire bourgeoise. L'un des meilleurs indicateurs de cela est le fort taux d'abstention aux élections parlementaires au moins en Europe occidentale. Les causes sont faciles à comprendre : scandales de corruption, lien entre la politique et les médias (les 'petites phrases') et perte de contrôle sur les représentants élus.

Dans les années 1930 et 1940 il y avait une certaine cohérence en politique : les différents partis représentaient des intérêts différents, ils négociaient et faisaient des compromis dans l'intérêt de leur « électorat naturel », il y avait une division du travail entre syndicats et partis. Le principal résultat de cette politique a été l'établissement de l'Etat-providence. Actuellement cette cohérence disparaît et les niveaux d'abstention lors des élections nationales augmentent. Il peut y avoir des exceptions, comme lors des élections présidentielles en Algérie en 1994. Le fondamentalisme musulman appelait au boycott car il était clair que le seul objectif de ces élections était l'approbation du président qui avait été mis en place deux ou trois ans auparavant par les généraux de l'armée. Il y eut néanmoins un fort taux de participation: entre 60 et 70 pour cent des Algériens a voté pour le président. La politique représentative bourgeoise peut donc toujours signifier quelque chose dans certaines situations. Mais ceci est un cas exceptionnel.

Un des problèmes auxquels sont confrontés les militants politiques est que l'idée-même de la politique et des partis politiques de tout genre est loin des vraies préoccupations des gens.

---

nouvelle Economie Mondiale .» Elle donne des formations sur le développement historique du mouvement des femmes dans des mouvements politiques larges.

Libération des Femmes & Révolution Socialiste

Ce qui nous concerne ici en particulier, ce sont les organisations de gauche ou révolutionnaires : elles sont de plus en plus critiquées par des militants des mouvements sociaux car c'est précisément vers ces partis qu'ils se tournent pour trouver un soutien et des alliés dans les luttes. Nous avons tous eu l'expérience de ce type de critiques :

- que « la forme parti » en soi, l'idée d'un parti politique qui organise des gens à l'échelle nationale autour d'un programme général est dépassée car il ne peut plus y avoir de projet pour la société dans son ensemble, nous n'avons besoin que d'un réseau de militants locaux;
- que les partis politiques de gauche sont dépassés et ennuyeux parce qu'ils parlent de la classe ouvrière et que selon certains, les classes n'existent plus, ou que « la classe ouvrière » n'est pas une classe révolutionnaire ; une lutte dirigée par la classe ouvrière ne peut pas défendre les intérêts de tous et toutes, ou parler en leur nom car la classe ouvrière ne prend pas en compte les expériences diverses des opprimés et des exploités;
- que les partis de gauche sont élitistes parce qu'ils pensent qu'ils représentent ou qu'ils comprennent le mieux les intérêts de la classe ; parfois ils sont considérés comme avant-gardistes dans la mesure où ces partis révolutionnaires pensent qu'ils représentent eux-mêmes la classe;
- qu'ils sont hiérarchisés, bureaucratisés, ou en d'autres termes, léninistes;
- qu'ils sont démodés dans leur manière-même d'agir parce qu'ils parlent de grèves et de manifestations, qu'ils vendent des journaux et distribuent des tracts, et que ce que nous devrions tous faire c'est s'asseoir devant un ordinateur et envoyer des emails dans le monde entier, c'est la manière nouvelle, moderne, de faire de la politique.

Il existe une autre critique, qui est, selon moi, plus intéressante: que nous devrions nous débarrasser de ce type

Documents de la Quatrième Internationale

d'organisations parce qu'elles sont tout simplement masculines et n'ont rien à voir avec l'autre moitié de la population.

2. Se rappeler du contexte

La première chose à faire c'est de replacer ces critiques dans leur contexte politique, celui des années post-89. Après la chute du mur de Berlin, l'effondrement de l'Europe de l'Est, la question se pose pour beaucoup de gens : la révolution est-elle encore à l'ordre du jour ? Est-il possible d'avoir un projet, une perspective de changement de la société ? C'est de ce point de vue, que les questions de savoir comment on s'y prend deviennent importantes. Le monde a visiblement changé ; il y a un nouveau désordre international, les choses se posent différemment et en ce moment, il n'y a pas de révolution à l'horizon.

L'exemple du Chiapas nous montre qu'on peut encore avoir des luttes radicales importantes, qui sont différentes parce que située dans ce nouveau contexte international. Elles sont également différentes parce qu'elles interviennent après d'importantes expériences comme le mouvement féministe et le mouvement lesbien et gay : pensez à certains propos de la part de Marcos. Lorsque nous disons qu'il n'y a pas de révolution à l'horizon, cela ne signifie pas qu'il ne peut pas y a voir des luttes importantes. Mais les luttes actuelles au Chiapas ne pourront pas changer le rapport de force au niveau mondial.

C'est dans ce nouveau contexte que se forment de nouvelles générations de militants politiques qui ont une nouvelle vision du monde. Je suis issue d'une génération qui pensait qu'elle allait effectivement vivre des révolutions. En Europe au début des années 70, il y avait le développement de la révolution au Portugal. Et le début de la bataille pour renverser Franco, le dictateur de l'Etat espagnol, de grandes questions sur le devenir de cette société étaient posées. Je suis donc entrée en politique avec l'idée que je verrais réellement une révolution sur mon continent dans les cinq

Libération des Femmes & Révolution Socialiste

ou dix ans.

Ce n'est généralement pas le cas des jeunes d'aujourd'hui. Il nous faut amener dans nos organisations les personnes qui arrivent avec ces expériences politiques nouvelles et cette manière de voir le monde, dans le contexte politique actuel, sinon, nous passerons à côté de certaines choses. Malgré le nouveau désordre mondial, l'objectif de la gauche révolutionnaire reste la transformation radicale de la société. Nous continuons à vouloir une société démocratique et auto-organisée qui défend les intérêts de tous et de toutes. Je pense, contrairement à d'autres, qu'il existe des intérêts communs à l'ensemble du genre humain.

Sur ce point, je me référerai à un article de Norman Geras, célèbre écrivain marxiste qui a beaucoup écrit sur Rosa Luxembourg et aussi sur la conception de la nature humaine chez Marx : « *Ce n'est pas à cause d'une quelconque forme d'acculturation, de structures sociales historiquement particulières ou de types de comportements appris, que les peuples sont en général prêts à mourir de faim ou de maladie, à perdre ainsi leur proches, à être cruellement humiliés, à mourir, ou à subir des dommages physiques ou mentaux irrémédiables aux mains d'un bourreau, ou à être persécutés pour ce qu'ils sont ou croient, à être enfermés de force ou à être violemment anéantis* ».[17]

Les valeurs pour lesquelles nous sommes prêts à nous battre, sont celles d'une société juste et égalitaire. Geras poursuit en le mettant dans la continuité de Marx : « *Est-ce qu'une personne familière avec ses écrits pourrait douter du fait que son projet d'émancipation - quoiqu'on pense par ailleurs du contenu - incluait l'objectif de satisfaire les besoins essentiels des êtres humains pour la survie, pour une activité saine et pour l'élimination de ces terribles cruautés et oppressions ? ... Le principe qu'il a choisi, une distribution selon les besoins, devait au moins couvrir les besoins matériels les plus essentiels qui sont communs à tous les êtres humains* ».

En ces temps postmodernes, il est important de souligner que

---

17 Norman Geras, "Human nature and progress", New Left Review no.213, Sept/Oct. 1995, p.153.

nous avons en effet tous des objectifs et des intérêts communs.

Pour appliquer ceci à la question des femmes, je dirais que malgré les différences sociales, culturelles et de statut économique entre les femmes de par le monde, il y a une revendication commune à toutes les femmes, celle du droit à disposer de son corps. Cela peut être exprimé de différentes façons, ce que cela implique d'avoir des enfants - si on doit se battre pour le droit d'avoir des enfants dans de bonnes conditions, ou pour le droit d'accès à la contraception ou à l'avortement. Mais sans ce droit fondamental, le droit de décider ce que vous faites de votre propre corps, avec qui vous allez avoir des rapports sexuels, le droit de ne pas être violemment agressée, etc. comment pourriez-vous vivre décemment ? Ceci ne vaut pas seulement en Europe occidentale. Il s'agit d'une valeur universelle pour toutes les femmes, où qu'elles soient. Nous pouvons donc avoir des objectifs généraux, que nous pouvons partager, bien que nous devons les définir d'une manière spécifique dans les différents continents, pays et contextes.

3. Développement d'une conscience collective, où et comment?

Le problème est le suivant : comment allons-nous atteindre ces objectifs, et qui va mener la lutte ?

Cela nous mène à une question qui a été beaucoup discutée: quelle est la classe révolutionnaire ? Existe-t-il une classe révolutionnaire ? La notion de classe révolutionnaire est-elle encore valable ? Cette question se pose en particulier en Amérique Latine autour du « sujet révolutionnaire ». En Europe, la question se pose différemment. Le révolutionnaire mexicain Sergio Rodriguez propose vers la fin des années 1980, une distinction utile entre le sujet révolutionnaire pratique-politique et le sujet révolutionnaire théorique-politique. Il distingue, en d'autres termes, le sujet qui fera probablement une révolution sociale - le sujet qui est assez massif socialement pour imposer un changement du rapport de

Libération des Femmes & Révolution Socialiste

force - et le sujet qui est plus impliqué dans le développement du projet social qui pourra être construit après la révolution.[18]

La pensée marxiste classique n'a pas fait cette distinction. Elle a supposé que la force sociale capable de transformer la société, développerait elle-même la conscience nécessaire pour élaborer le projet social. Notre appréciation de forces telles que le mouvement autonome des femmes nous mène à une vision plus proche de celle de Rodriguez. Mais, bien que la contribution politique de ces forces peut s'avérer cruciale, cela ne remplacera pas la conscience développée par la masse de la population qu'il faut changer l'ordre existant. Notre première préoccupation est donc de comprendre comment cette conscience initiale se développe.

Pour que les gens décident de se battre, de lutter contre la société dans laquelle ils vivent, pour quelque chose de meilleur, il doivent se rendent compte qu'ils souffrent, qu'ils sont exploités et/ou opprimés, et qu'on peut effectivement changer les choses. La situation actuelle n'est pas l'expression d'un ordre naturel. Dieu n'a pas crée cet état des choses avec des riches et des pauvres, et il n'y a pas de raison que cela continue comme cela.

Ce travail a été accompli par Marx dans *le Capital* et ailleurs. Il a étudié comment la société dans laquelle il vivait était organisée, comment les gens étaient exploités et opprimés, et comment leur conscience pourrait se développer. Nous devons l'analyser à notre tour, car la société a changé. Il faut étudier notre société contemporaine comme Marx l'a fait à l'époque, pour évaluer ce qui a changé et ce qui est resté identique.

Quelle est l'appréciation Marxiste « classique » de la formation de la classe ouvrière en tant que sujet « conscient » ? Certains textes d'Ernest Mandel écrits il y a vingt-cinq ans nous donnent une indication.[19] Dans ces textes, Mandel explique que la classe

---

18. Sergio Rodriguez Lascano, *Sujeto revolucionario, vanguardia y alianzas*, IIRE Working Paper no.30, Amsterdam, 1992.

19. Ernest Mandel, *La théorie léniniste de l'organisation*, 1971.

Documents de la Quatrième Internationale

ouvrière, les personnes qui travaillent, les salariés, constituent en premier lieu une catégorie et donc un sujet social parce qu'il forment un groupe social réellement existant. Mais quand ils entrent en lutte et arrivent à un certain niveau d'organisation, on peut parler du développement d'une couche de « travailleurs avancés », ou d'une « avant-garde large ». Alors, dans la mesure que leur compréhension de la manière dont ils sont exploités et de la façon dont ils devraient s'organiser devient systématique, on peut parler d'une avant-garde révolutionnaire et d'une organisation révolutionnaire.

Mandel explique que ce sont ceux qui travaillent dans les grandes usines, avec un poids économique important, qui deviennent plus facilement conscients qu'on peut trouver des solutions aux problèmes sociaux par l'action collective, tandis que cela sera moins évident pour ceux qui travaillent dans des entreprises plus petites. Les travailleurs qui vivent dans les grandes villes et qui sont alphabétisés et cultivés ont plus la possibilité de développer cette conscience. Il insiste sur le fait que la prise de conscience est un produit d'une activité réelle et d'une implication dans la lutte, mais qu'elle dépend aussi de la capacité individuelle de chacun à assimiler une compréhension systématique de son environnement, et que devenir militant requiert donc un certain niveau d'éducation. Il s'agit du schéma classique de développement de la conscience de classe que Mandel a écrit en 1971 ; dans les vingt cinq ans qui ont suivi, ses idées ont probablement évolué. Ce schéma n'explique pas comment une conscience collective, qui est un préalable pour le développement du sujet politique ou révolutionnaire, pourrait se développer ailleurs que dans une société hautement industrialisée avec une classe ouvrière travaillant dans de grandes usines. Si nous prenons le Tiers-Monde, où l'industrialisation est faible et où celle-ci prend des formes très spécifiques (les maquiladoras dans le nord du Mexique et les zones de libre-échange dans certaines parties d'Asie par exemple), où l'on trouve certes des usines assez grandes mais où les travailleurs vivent dans des baraquements ou dans des environnements qui ressemblent à des camps militaires ; tous ces éléments ne favorisent pas l'émergence d'une réelle conscience politique de classe.

Il y a ensuite la question du développement de la conscience de classe parmi les non-salariés, qui constituent la majorité de la population dans bon nombre de ces pays. Il ne s'agit pas seulement de la paysannerie traditionnelle, qui est importante, mais aussi des populations urbaines pauvres, les habitants des bidonvilles, les vendeurs de rue. Donc, ce schéma classique, même s'il n'est pas complètement inopérant, n'est pas un guide très utile dans ces cas de figure.

En Europe occidentale-même, de moins en moins de travailleurs travaillent effectivement dans des grandes aciéries ou des usines automobiles. Il y a de plus en plus de personnes qui travaillent dans le secteur tertiaire, à temps partiel ou dans ce que l'on appelle des emplois « flexibles ». Il y a de plus en plus de jeunes travailleurs qui n'ont jamais eu un emploi mais qui font aussi partie de la classe ouvrière. Il y a de plus en plus de travailleurs immigrés ; au temps où il y avait encore de grandes usines automobiles en Europe occidentale, beaucoup de travailleurs immigrés y travaillaient, mais leur intégration en tant que manœuvre immigrée s'est faite de manière spécifique.

Il y a aussi de nombreuses travailleuses dans différents secteurs, qui sont intégrées d'une manière spécifique dans le marché du travail. La ségrégation sexuelle de la main d'œuvre est une constante d'hier et d'aujourd'hui. C'est un élément qui varie peu, quand bien même d'autres facteurs évoluent, comme les droits sociaux ou le pourcentage de femmes qui travaillent, ou leur place dans la vie politique. Les femmes travaillent plus souvent à temps partiel ou s'arrêtent de travailler, pour se consacrer plus à leurs responsabilités familiales quand le fait de combiner les deux devient impossible.

Ainsi la classe ouvrière et la masse de la population sont en évolution. Soit elles ne sont pas constituées de salariés ou si elles le sont, elles ne correspondent pas au schéma classique. Les structures traditionnelles de la classe ouvrière, les syndicats, les partis politiques, et même les communautés qui existaient avant, se sont effondrés.

Par exemple, l'une des raisons pour lesquelles les mineurs ont souvent été capables de mener des luttes extrêmement déterminées, c'est parce que les mineurs vivaient dans des villages de mineurs, des communautés isolées autour des mines. La communauté voyait très clairement sa dépendance par rapport aux emplois dans la mine et des services crées autour de la mine. Évidemment la fermeture des mines provoquait la disparition de ces communautés. Avec comme conséquence, la disparition complète des formes d'organisation traditionnelle.

4. Développement de la conscience collective des femmes

Revenons sur la question du développement de la conscience. Dans son texte de 1971, Mandel parle des différents facteurs qui jouent sur la manière dont les personnes prennent conscience de leur place dans le monde et du rôle qu'elles y jouent ; comment elles en viennent à comprendre que leur situation n'est pas une situation individuelle mais collective, commune à d'autres. Mais il ne mentionne jamais le fait que l'un de ces facteurs puisse être le fait d'être une femme.

En général les femmes travailleuses ne travaillent pas dans les grandes usines, elles sont plutôt actives dans des secteurs qui ont un poids économique moindre. Malgré un changement structurel avec l'entrée des femmes dans le monde du travail, de nombreuses femmes sont exclues ou confinées, ou encore leurs préoccupations se centrent sur la sphère domestique même si elles sortent de chez

Libération des Femmes & Révolution Socialiste

elles pour travailler. Lorsque l'on en vient à la capacité individuelle et au niveau d'éducation, il est vrai que dans le passé, les femmes ont eu moins accès à l'éducation, même si les choses ont changé. Dans la plupart des pays d'Europe occidentale, les femmes représentent la moitié des entrées à l'université. Mais les femmes ne rentrent pas vraiment bien dans ce schéma classique du développement de la conscience de classe.

Cela signifie-t-il que les femmes n'ont pas participé dans le passé aux révolutions et aux luttes radicales ?

En général, la participation des femmes a été beaucoup plus importante que ce que l'on sait. L'un des axes de travail du mouvement féministe est la redécouverte de l'histoire des femmes, et précisément leur implication dans de nombreux mouvements sociaux à des moments historiques, choses qu'on apprend jamais dans les manuels et livres d'histoire traditionnels. Nous en déduisons donc que les femmes participent d'une certaine façon à des actions collectives, ce qui leur permet de développer une conscience collective et de faire ainsi partie d'un groupe qui sera une force motrice dans la lutte pour le changement.

Cela peut avoir lieu de différentes manières. Á travers la participation à des combats généraux, à des luttes d'une communauté, ou de certains secteurs de travailleurs, et aussi à travers des luttes qui sont directement reliées à situation des femmes en tant que telle. Cela ne signifie pas forcément des luttes immédiates sur des questions spécifiques liées à l'oppression des femmes. Certaines expériences en Amérique Latine ont montré que, comme les femmes étaient responsables du foyer et de la famille, en accord avec la division du travail qui est considérée naturelle dans nos sociétés, ce sont elles qui sont impliquées dans les luttes pour des égouts, pour l'électricité et les canalisations d'eau dans leurs communautés. Elles luttent aussi en tant que paysannes pour le droit de cultiver leur terre ou pour contracter des prêts en leur propre nom. Il y a toute une série d'exemples

Documents de la Quatrième Internationale

dans lesquels les femmes entrent en lutte à cause de la situation dans laquelle elles se retrouvent parce qu'elles sont des femmes, mais sans que cela ne constitue une remise en question explicite de l'oppression des femmes comme le ferait le mouvement féministe.

Ceci montre donc que la conscience de classe, en tant que conscience de soi faisant partie d'un groupe subissant une forme particulière d'exploitation ou d'oppression, peut se développer dans n'importe quel contexte, et à travers des expériences de lutte différentes. C'est un point très important, car si nous nous limitons à penser que seuls les travailleurs des grandes usines des secteurs économiques importants puissent développer une conscience de classe, les perspectives seraient peu réjouissantes aujourd'hui.

Les femmes peuvent lutter de différentes manières sur différentes questions, et développer une conscience, même si le développement de la conscience est irrégulier. On peut d'abord entrer en lutte à cause de ses conditions de vie en tant que salarié, ou parce qu'on a la responsabilité familiale, ou il se peut que le déclencheur soit l'oppression subie en tant que femme : victime de violence par exemple, ou, comme ce fut souvent le cas en Europe occidentale, directement autour de questions comme le droit à l'avortement.

Ce qui est important c'est que le plus souvent, au fur et à mesure que la conscience se développe, celle-ci devient moins partielle. Lorsque l'on se bat par exemple, en tant qu'habitant de quartier sur une question du voisinage, certains problèmes peuvent se poser si vous avez en tant que femme la responsabilité pour la famille dans le cadre de la division sexuelle du travail, ou si les hommes de votre famille (mari, fils, frère ou père) pensent que vous devriez être à la maison pour prendre en charge ces responsabilités au lieu d'être dans la rue en train de faire signer une pétition ou rencontrer des représentants locaux. Vous vous rendrez peut-être compte que lorsque vous allez en tant que membre d'une délégation de femmes rencontrer n'importe quel élu local, il écoute et demande «

mais qu'en pensent les hommes ? »

Toutes ces expériences accumulées résultent en une prise de conscience qu'il y a quelque chose qui fait que quand on est une femme, on est moins prise au sérieux. Cela peut donc mener à la prise de conscience de la réalité de l'oppression des femmes, en d'autres termes à une conscience féministe. Le point important c'est que c'est à travers les luttes que la conscience des femmes devient une conscience féministe.

5. Le rôle du mouvement des femmes

Nous estimons qu'un mouvement de femmes qui remet ouvertement en question l'oppression des femmes, jouera un rôle stratégique dans la lutte révolutionnaire en tant que telle et dans le combat pour construire une société nouvelle et meilleure, car les femmes sont opprimées en tant que sexe. Ceci ne signifie pas que toutes les femmes sont également opprimées. La classe, l'âge, la race, et le continent d'origine influencent le vécu de cette oppression. Il faut être extrêmement prudent avec des généralisations sur ce qu'est exactement l'oppression des femmes et la manière dont elle est ressentie.

Regardons par exemple, la famille. Le plus souvent, l'organisation de la division sexuelle du travail trouve son origine dans la famille, qui est une structure opprimante selon nous. C'est vrai. Mais il faut porter plus d'attention aux formes qu'a prises la famille dans différentes sociétés. Ces facteurs affectent la manière dont les femmes ressentent l'oppression, et en plus, celle-ci ne peut être séparée des autres formes d'oppression et d'exploitation qu'il faut également combattre.

Chaque personne possède une identité aux facettes multiples : être femme, travailleuse, vivant dans le Tiers Monde, immigrée dans un pays impérialiste etc. Un mouvement ne peut pas dire « nous allons nous battre pour libérer une part de ton identité, mais cette autre devra attendre ». Ce n'est tout simplement pas une proposition réaliste pour changer la situation de ces personnes. La lutte contre l'oppression des femmes doit être une lutte immédiate, de la même façon que le sont la lutte antiraciste, la lutte anti-impérialiste et la lutte de classe. D'un autre côté on ne peut pas non plus dire qu'on est constitué d'une combinaison de ces identités diverses, et qu'on est différent de son voisin qui est constitué d'une combinaison différente, rendant impossible l'unité d'action pour l'unique raison que l'on ne partagerait qu'une facette de son identité.

6. La tradition marxiste et les femmes

Le mouvement marxiste a une tradition de défense des droits des femmes. Mais si l'on fait le bilan du mouvement marxiste, on constate que l'oppression des femmes n'avait pas disparue dans les pays où les partis communistes ont pris le pouvoir. Elles ont pu obtenir toutes sortes d'égalité de droits. Il y a pu avoir un pourcentage important de femmes médecins en URSS, comparé à d'autres pays. Mais quand on regarde de plus près combien ces médecins étaient payés, et quel statut social était associé au métier de médecin, ou d'ingénieur, ou de tout autre emploi considéré comme formidable pour les femmes, on se rend compte qu'il y avait un problème.

De manière générale, nous avons eu par le passé une compréhension assez mécaniste du lien historique matériel entre l'oppression des femmes et la société de classe. Cela nous a mené à penser que ce que nous devons faire c'est mener la lutte pour la révolution socialiste, et ensuite après avoir aboli la société de classe, nous aurons également aboli l'oppression des femmes et tout ira pour le mieux. On a vu que c'était faux, car les sociétés de transition n'ont apparemment pas réglé le problème.

L'autre problème avec cette idée c'est qu'elle ignore complètement la dynamique anticapitaliste des luttes de femmes en tant que telles. Pire encore, elle a souvent été accompagnée d'une caractérisation de classe erronée de ces mouvements, sur la base de leur composition sociale, ce qui n'est pas une manière de juger de l'importance d'une lutte politique dans le cadre du matérialisme historique. Si l'on jugeait le mouvement marxiste selon ces critères, beaucoup de ses éminents dirigeants, en commençant par Marx et Engels, ne faisaient pas partie sociologiquement de la classe ouvrière.

Cependant, si l'on disait que c'est pour ces raisons que l'on soutient le mouvement des femmes, cela constituerait une approche assez instrumentalisante. Nous voulons recruter et construire des organisations révolutionnaires. Mais nous voulons et devons lutter dès maintenant pour changer et améliorer autant que possible les choses. C'est ce que font les syndicats, c'est ce que font les autres mouvements sociaux, et c'est donc quelque chose que nous devons faire en ce qui concerne l'oppression des femmes, de la même manière que nous construisons ces autres mouvements des opprimés et des exploités pour pousser en avant les luttes dans les meilleures conditions possibles. Sur cette question comme sur d'autres, si des victoires sont remportées par la lutte collective, cela change le rapport de forces entre les classes, et représente ainsi une contribution au renforcement de toutes les luttes des exploités et des opprimés.

7. L'autonomie du mouvement des femmes

Le mouvement des femmes joue un rôle dans la lutte révolutionnaire et ce rôle continuera à être important pendant la révolution. Combattre les manifestations de l'oppression, que ce soit maintenant ou tout au long de la période prérévolutionnaire: d'abord pour créer les conditions pour une révolution qui mettra en place les conditions matérielles permettant la fin de l'oppression des femmes, et ensuite pour que la lutte continue après la révolution. L'oppression des femmes n'est certainement pas un

Documents de la Quatrième Internationale

simple produit du capitalisme, peut-être même pas de la société de classes, nous n'avons donc aucune garantie - et l'expérience historique nous démontre plutôt le contraire - qu'elle disparaîtra. Ainsi la lutte devra continuer. Mais la question est comment ce combat peut être mené et quel est le rôle du mouvement des femmes dans ce combat.

Quand on tire les leçons de l'histoire, on se rend compte que les intérêts des femmes n'ont clairement pas été bien défendus par des organisations mixtes. Donc, un mouvement qui prend comme point de départ la défense intransigeante des intérêts des femmes est nécessaire. Mais cela ne signifie pas qu'il y ait d'une certaine façon une manière apolitique de défendre les intérêts des femmes. Toute lutte autour des intérêts de n'importe quel groupe social a un caractère de classe, parce qu'en dernière analyse elles sont soit pro-classe ouvrière soit pro-classe dirigeante. Et à partir de notre compréhension du lien entre l'oppression des femmes et la société de classes, il est évident que si nous défendons avec intransigeance les intérêts de la majorité des femmes, cela requiert une position anticapitaliste.

On ne peut rester neutres par rapport à la politique du mouvement. Si nous pensons que ce mouvement est nécessaire, nous avons la responsabilité de faire des propositions pour avancer de la manière la plus efficace. Cela ne signifie pas que nous voulons construire un mouvement politique exclusif qui exige que les femmes affirment qu'elles sont anticapitalistes avant de participer à un mouvement qui défend leurs propres intérêts. C'est parce que la politisation, la compréhension politique et la radicalisation se développent à travers la participation à une lutte collective ; parce que, pour s'assurer que la défense des intérêts des femmes est centrale dans le mouvement, celui-ci doit être aussi large et massif que possible, avec le plus de femmes possible impliquées, et non pas un mouvement qui accepte que ces intérêts passent après ceux d'une quelconque organisation politique.

Libération des Femmes & Révolution Socialiste

C'est tout à fait possible qu'un tel mouvement fasse une alliance avec une organisation politique, avec plusieurs organisations politiques, mais sur la base de la défense la meilleure des intérêts des femmes. C'est pour cela que l'idée d'un mouvement de femmes de partis, comme les partis communistes, en particulier de la Troisième Internationale, ont eu tendance à le faire, ne nous semble pas un outil adapté pour défendre au mieux les intérêts des femmes. Mais la forme exacte d'un mouvement de femmes dépend des circonstances.

Pendant les années 1980, il y a eu une discussion sur le mouvement des femmes au Nicaragua pendant et après la révolution, ainsi que sa relation avec le FSLN. Il s'agit de circonstances spécifiques dans lesquelles il y a eu une révolution et un gouvernement révolutionnaire. Certains pensaient que le mouvement des femmes devait prendre position en faveur de la révolution mais ne devrait pas accepter que le FSLN en tant qu'organisation politique dicte qui devait diriger le mouvement (par exemple). Dans cette situation très particulière, c'était, me semble-t-il, la meilleure approche de ce que signifiait l'autonomie ou l'indépendance du mouvement des femmes.

Mais c'est une situation exceptionnelle. En général notre position serait que le mouvement des femmes, les différents groupes qui composent le mouvement des femmes, ne devraient pas être liés à un parti politique. Evidemment il va y avoir des femmes qui viennent d'organisations politiques qui participent au mouvement des femmes, qui seront plus ou moins organisées sous certaines formes, et nous serions contre l'exclusion des femmes organisées politiquement du mouvement des femmes. Mais nous défendons le droit du mouvement des femmes de décider de manière indépendante de la marche à suivre dans la lutte.

Nous devons comprendre que le mouvement des femmes, mouvement conscient et organisé, fait partie de ce que l'on appelle « l'avant-garde », c'est-à-dire : une minorité consciente qui s'est

Documents de la Quatrième Internationale

développée à travers l'expérience de la lutte et le développement d'une compréhension systématique de l'enjeu des luttes. Il agit donc comme une direction, d'un côté en organisant le mouvement et de l'autre en le poussant vers une confrontation avec le système, en d'autres termes avec la société de classe.

C'est important de comprendre cela et d'avoir une compréhension de ce qu'est « l'avant-garde » parce que les révolutionnaires, en tant que force qui intervient consciemment dans les luttes qui éclatent, ne sont pas en général dans une position qui leur permet de s'adresser directement aux masses. La plupart d'entre nous n'avons pas de parti ou d'organisation de masse. Les révolutionnaires du PT au Brésil peut-être, ou certains révolutionnaires aux Philippines, mais pour la plupart des révolutionnaires ce n'est pas le cas. Ainsi nous avons une relation particulière avec l'avant-garde qui s'est créée dans l'expérience de la lutte. Et prétendre que nous pouvons nous adresser directement aux masses et que nous sommes l'avant-garde, en proposant par exemple aux mouvements de masse une grève générale pour demain, serait ridicule. Nous pouvons défendre l'idée qu'il faudrait une grève générale dans nos syndicats et ailleurs, mais pour une petite organisation de quelques centaines ou milliers de militants, tout ce que nous proposons doit s'adresser à la direction naturelle et organique de ces mouvements.

8. Le parti révolutionnaire

Pour la plupart d'entre nous, nos organisations actuelles ne sont pas « le parti révolutionnaire » auquel on peut penser abstraitement. Que voulons-nous dire quand nous parlons de « parti révolutionnaire » ? La première chose c'est que dans les discussions le terme de « parti » est une question très importante. Pour une personne ordinaire, un parti est une formation politique qui a un programme et qui se présente aux élections. C'est en fait un mot très facile à utiliser. Mais le terme de « parti révolutionnaire

Libération des Femmes & Révolution Socialiste

» signifie aussi autre chose.

Si le niveau de conscience, de conscience de classe, ou n'importe quelle forme de conscience collective était simplement laissé tel qu'il se développe spontanément, on pourrait avoir de nombreux partis et mouvements différents, sur une base régionale ou une base ethnique ou sectorielle. Mais pour développer un plan général sur comment changer la société, une idée générale de la direction à prendre et à quoi une nouvelle société ressemblerait, comment une nouvelle société pourrait être organisée pour éliminer toutes les bases objectives et matérielles de l'exploitation et de l'oppression et pour rendre possible l'élimination de tous les vestiges idéologiques d'une telle oppression, on a besoin de quelque chose de plus que la conjonction d'un certain nombre de mouvements sectoriels différents, qui ne sont pas représentatifs en tant que tels de l'ensemble.

Lorsqu'on parle de parti révolutionnaire la première chose qu'on veut dire, c'est qu'il s'agit d'une formation ouverte à tous ceux qui sont prêts à discuter dans un cadre commun sur la base de principes communs et donc d'un programme commun. Avoir des principes et un programme commun, est une condition pour la démocratie parce que si les discussions ne se déroulent pas dans un cadre de référence commun, il est impossible de se comprendre et d'arriver à une conclusion. Si les points de départ sont si différents qu'on ne s'est même pas mis d'accord sur le fait d'être ou non en faveur de la libération des femmes, on ne pourra jamais discuter et décider sur quoi faire ensemble.

L'organisation révolutionnaire est donc en fait simplement une application de notre analyse marxiste - qui est que les contradictions inhérentes au système capitaliste vont prendre la forme de luttes qui ont un potentiel révolutionnaire, qui pourraient changer en mieux la façon dont les choses sont organisées, mais que cela requiert une intervention active d'une force organisée. Nous pouvons changer le cours de l'histoire, les exploités et les opprimés ont des intérêts communs qui vont en général vers l'élimination de la société de classes, et il est possible de créer une société plus juste et égalitaire. Là nous revenons sur ce que l'on pourrait appeler l'aspect moral ou éthique du marxisme : nous ne voulons pas le changement de la société comme but en soi, nous voulons changer la société pour en construire une meilleure, nous voulons la changer pour éliminer l'injustice et les inégalités.

Afin d'avoir une idée sur vers quoi nous nous dirigeons, sur comment intervenir pour faire avancer les choses ne serait-ce qu'un peu dans cette direction, nous devons avoir un programme qui n'est pas seulement un reflet d'un grand nombre d'expériences différentes mais qui essaie de les ordonner pour voir où se situent les possibles contradictions - car il peut y avoir des contradictions entre différents secteurs d'exploités et d'opprimés, des contradictions en apparence tout du moins - et voir à partir de l'ensemble quelle est la meilleure manière de proposer une organisation du travail, la manière dont la vie devrait être organisée, sur les questions écologiques, et ainsi de suite. En d'autres termes nous devons faire ce qu'on appelle une synthèse de toutes ces expériences.

Quand nous faisons cette synthèse, pour revenir sur mon sujet de départ, celle-ci doit inclure les besoins des femmes, et la meilleure manière de défendre les intérêts des femmes dans cette nouvelle société que nous voulons construire, et donc comment nous pouvons faire avancer cette lutte aujourd'hui. La question n'est pas d'être gentils avec les femmes, c'est une question très concrète. Comment pouvons-nous avoir la prétention de faire une proposition pour rendre la société meilleure sans prendre en compte l'expérience de la moitié de l'humanité ? Nous avons mis beaucoup de temps à le comprendre. Je pense que même aujourd'hui nous ne sommes pas capables de la faire à chaque fois. Notre analyse, notre compréhension des choses et l'intégration de cette question sont encore inadéquats. Mais c'est quelque chose

Libération des Femmes & Révolution Socialiste

d'absolument crucial.

Comment ce processus de synthèse se déroule-t-il ? Comment pouvons-nous mettre en pratique ce qu'on a pu décider sur comment intervenir dans les luttes qui ont lieu autour de nous ? La réponse traditionnelle se résume en deux mots, qui sont souvent mal vus aujourd'hui, les mots « centralisme démocratique » ou « léninisme ».

Avant de réagir, essayons de voir ce que ces mots signifient. Si nous voulons agir avec l'idée que nous nous dirigeons vers un but, pas seulement une revendication immédiate et locale, nous devons avoir un programme, qui définit une idée de notre but, et agir dans ce cadre. Mais comment obtenons-nous un tel programme, comment faisons-nous la synthèse de tout ce dont j'ai parlé ? Pour cela nous devons avoir une centralisation politique. C'est impossible de synthétiser quoi que ce soit, à moins que les informations, les points de vue, les analyses soient centralisés quelque part. Et il doit exister un cadre commun de référence que nous voulons développer, une compréhension systématique.

Nous devons aussi avoir une centralisation organisationnelle pour d'autres raisons. Parce que nous voulons intervenir : s'il y a des luttes importantes, lorsque les contradictions du système capitaliste provoquent de grandes révoltes, nous devons être capables d'agir de manière collective et donc centralisée, sinon nous n'aurons pas d'impact. Nous devons agir dans les luttes, et nous devons aussi agir à toutes les occasions possibles pour aider à développer la conscience, que ce soit dans une période de lutte importante ou de façon plus propagandiste dans une situation politique de type différent.

Les organisation de gauche doivent aussi être prêtes à agir de façon centralisée pour s'adapter lorsque la situation change : pour modifier notre orientation, revenir sur ce que nous avions décidé de faire, car lorsque la situation change, cela doit être pris en compte et nous devons nous ajuster. Nous devons aussi nous protéger contre la répression. Et il y a l'argument classique qu'on donne toujours concernant la centralisation : nous devons nous préparer à prendre le pouvoir contre un appareil étatique centralisé. Donc nous avons besoin de centralisation pour être efficaces.

Mais il ne faut pas confondre la nécessité de centralisation avec une structure verticale et hiérarchique de direction du parti. Ce n'est pas la même chose. Le centralisme démocratique (je vais parler de la démocratie), n'a jamais été conçu par Lénine comme une panoplie de règles internes au parti. Au sein de la Troisième Internationale Lénine avait insisté sur le besoin de centralisation après une discussion démocratique pour être efficace. Ce point de vue a été systématisé après sa mort pour donner ce qu'on a appelé « la bolchévisation du parti ».

Quel est l'aspect démocratique du centralisme démocratique? Est-ce que la discussion la plus démocratique serait celle où chacun prend la parole quand il en a envie ? Que se passerait-il alors? Nous le savons tous : ceux qui parlent le plus fort seraient entendus, ceux qui n'aiment pas crier et s'imposer ne le seraient pas.

La démocratie n'est donc pas seulement l'expression libre de tous les points de vue à n'importe quel moment. C'est un point qui est bien expliqué dans l'article The Tyranny of Structurelessness . Cet article est le fruit du mouvement des femmes, un mouvement qui depuis ses débuts a mis en question l'organisation politique traditionnelle, en disant qu'elle était hiérarchique, bureaucratique et masculine, et que les choses devraient êtres organisées au niveau local, en petits groupes. Mais le bilan que tire cet article, qui date du début du mouvement des femmes, est que s'il n'y a aucune organisation, le résultat sera de l'anarchie, ce qui est anti-démocratique. Pour s'assurer que tout le monde soit entendu, il faut organiser cette expression, dans un cadre démocratique où il y a un accord commun sur la façon de l'organiser. La question d'être centralisé et démocratique n'est donc pas une question de règles internes à un parti ou une simple question administrative : c'est une question profondément politique et importante pour que nous soyons en capacité de faire ce que nous avons prévu de faire.

Est-ce que cela signifie qu'il n'y a pas de problèmes ? Si ont dit que cela ne renvoie pas à des règles internes du parti, et que nous devons être centralisés pour être efficaces et qu'on va être démocratiques, est-ce que cela signifie qu'il n'y a pas de problèmes ?

Comme Mandel l'a dit (et Lénine avant lui), il y a une tendance à reproduire la division sociale du travail à l'intérieur de l'organisation révolutionnaire. Il est vrai que Lénine parlait de la division du travail entre les intellectuels et les travailleurs, qui existe indéniablement aussi dans les organisations de gauche. Mais ce qui a également tendance à exister dans les organisations de gauche c'est la division sexuelle du travail. Les femmes sont aussi opprimées dans les organisations marxistes au sens de l'exclusion, non pas par des règles qui diraient « Il n'y aura pas de femmes » mais dans la pratique. Il y a peu de femmes dans des positions dirigeantes. Nous en avons pris conscience, et nous savons que le fait d'avoir un programme révolutionnaire et une conception du centralisme démocratique qui ne soit pas staliniste, ne suffisent pas. Nous devons avoir, comme le dit Mandel, des contrepoids ou contre-tendances.

Le fait que la Quatrième Internationale a finalement compris en partie les problèmes posés dans ses organisations en ce qui concerne la place des femmes et a corrigé sa position sur l'importance et le rôle stratégique du mouvement des femmes depuis 1979 est en soi une preuve de l'efficacité de ce type d'organisation. Pourquoi la Quatrième Internationale a-t-elle pris ces positions ? Parce que les femmes dans ses rangs se sont battues pour cela, parce qu'il y avait un poids collectif, une voix collective, une activité, qui ont eu des effets. Le fait qu'il y avait une expérience internationale a été extrêmement important : cela a permis aux gens de voir qu'il y avait une nouvelle remontée du mouvement des femmes qui prenait une forme particulière et tirait un certain bilan du passé, y compris sur le mouvement marxiste révolutionnaire passé, et la façon dont il avait combattu l'oppression des femmes. Les gens avaient l'expérience internationale des problèmes rencontrés par les femmes dans leur partis, ce qui montrait qu'il ne s'agissait pas simplement de la question de savoir que telle ou telle organisation travaillait dans des conditions très difficiles de clandestinité, rendant difficile l'intégration des femmes, ou que telle autre organisation était très spécifique parce que très implantée dans la classe ouvrière industrielle surtout masculine. L'existence d'une structure internationale a permis de voir plus facilement que dans toutes les organisations, quelque soit leur situation, il y avait des problèmes communs, et donc qu'il s'agissait d'une caractéristique générale dont il fallait s'occuper. Evidemment c'était basé sur les positions programmatiques classiques du mouvement marxiste. Mais l'expérience des femmes et la voix collective des femmes étaient nécessaires pour régler les problèmes. C'est encore une fois une démonstration qu'un parti actif et militant est la meilleure garantie contre les distorsions internes au parti.

9. Pourquoi est-il si difficile pour les partis révolutionnaires de recruter et d'intégrer les femmes?

Quand on dit que les partis révolutionnaires se battent pour les intérêts de toutes et de tous les exploités et opprimés, on s'attendrait à voir les exploités et les opprimés plutôt surreprésentés dans leurs rangs. Les femmes par exemple ont un intérêt particulier dans ce combat, c'est donc là qu'elles devraient être.

La première chose sur laquelle nous devons être clairs, c'est la dynamique générale dans cette société, qui est une dynamique d'exclusion des femmes du processus politique. Le processus

Libération des Femmes & Révolution Socialiste

politique se déroule dans le domaine public, en dehors de la maison ; et la division sexuelle du travail dans la société fait de la maison et de la famille les préoccupations et la tâche des femmes tandis que le politique serait l'affaire des hommes. Cet état de fait continue bien que la majorité des femmes travaille, est éduquée et a des droits politiques égaux. Il n'y a que 5% de femmes dans l'Assemblée Nationale française malgré le taux élevé des femmes dans la population active. C'est tellement clair que même de nombreuses forces bourgeoises se sentent préoccupées par le problème. Les Nations Unies produisent des rapports qui nous disent que les femmes sont discriminées et ne gagnent que les deux tiers d'un salaire moyen masculin. Le manque de femmes dans les affaires publiques et dans le processus de prise de décision dans les sociétés en général est de plus en plus souligné.

Ce processus général d'exclusion politique est renforcé parce que la politique était traditionnellement organisée là où la conscience de classe se développait, et on a déjà parlé de la compréhension de ce processus. La politique s'organisait autour du lieu de travail et la relation entre le lieu de travail et l'extérieur, les femmes n'étaient donc pas impliquées. Pour l'implication des femmes dans la politique révolutionnaire on devrait aussi prendre en compte le temps nécessaire à l'étude pour devenir un militant révolutionnaire. Un effort conscient est nécessaire pour comprendre les choses de manière systématique. C'est quelque chose qui est difficile pour les femmes, pas seulement en raison de l'exclusion du système d'éducation formelle, mais parce que les femmes, que ce soit pour des raisons de responsabilité familiale ou d'autres raisons psychologiques plus intériorisées, de manière individuelle donnent souvent moins de temps à l'étude. Elles sentent qu'elles devraient faire quelque chose plutôt que d'étudier.

Cela peut paraître une généralisation extraordinaire. Mais je connais au moins un parti révolutionnaire dans un pays du Tiers Monde où il y a quelques années il n'y avait pas de femmes parmi les membres formels du parti. Il y avait des femmes dans les couches larges des sympathisants, mais les camarades demandaient un certain niveau de formation politique pour être membre du parti, et ils pensaient qu'aucune des camarades femmes n'avait atteint ce niveau. Il y avait un problème dans la façon dont ils l'ont présenté - je pense qu'ils avaient une idée erronée du niveau de formation politique qu'on devait exiger à quelqu'un qui rejoint l'organisation - mais il y avait aussi un problème dans le fait que les femmes ne pensaient pas spontanément qu'il était important de passer du temps à étudier les classiques marxistes. C'était important pour ce parti de discuter comment la question de la formation devait se poser, et être organisé pour que les femmes sentent qu'elles sont capables de participer.

Une deuxième question concerne la dynamique générale de la reproduction de l'idéologie dominante et de la division sexuelle du travail. La division sexuelle du travail se reflète dans nos organisations, les femmes tendent à effectuer les tâches plus administratives et techniques. On peut dire relativement facilement: cet état des choses est absolument inacceptable, les camarades femmes font tous les comptes rendus écrits, nous devons faire un effort pour qu'elles prennent des responsabilités politiques. Mais on devrait aussi voir ce qui arrive lorsqu'on donne des responsabilités politiques aux femmes. Soudain le poste de responsable du travail syndical (par exemple), qui lorsqu'il était occupé par un camarade homme requérait d'analyser ce qui se passait dans la classe ouvrière, dans le mouvement syndical, et d'élaborer des perspectives politiques - un rôle politique très important - n'est plus tout cela quand il est occupé par une femme. D'un coup, la chose importante est de s'assurer que cette femme a envoyé les lettres pour convoquer une réunion et que les documents ont tous été photocopiés à l'avance pour que les gens les aient, et que tout soit bien organisé.

Les femmes et les hommes tendent à avoir une conception

Libération des Femmes & Révolution Socialiste

différente de ce qui est important dans une responsabilité particulière - évidemment pour différentes raisons. Pourquoi les femmes intériorisent-elles cet aspect ? Parce que c'est plus sûr. Vous savez que vous pouvez envoyer les lettres à temps et faire les photocopies. C'est beaucoup plus difficile d'écrire une analyse de la situation du mouvement ouvrier dans votre pays et donc la façon de proposer que les syndicats se recomposent et fusionnent. C'est l'une des façons dont la division du travail affecte aussi ce qui se passe dans les organisations de gauche, moins évidente que la question de savoir qui tape le compte rendu.

Il y aussi le processus politique parmi les femmes et la façon dont il est dévalué. Il est étonnant de constater que les dirigeantes des mouvements des femmes - qui ont dirigé des mouvements de masse en se battant pour les droits des femmes, des mouvements de masse qui ont été crée des alliances avec le mouvement syndical, avec les partis politiques, avec toute une série de gens - sont impliquées dans du travail de formation où elles expliquent et font un bilan critique de Marx et Engels et les placent dans leur contexte, expliquent le matérialisme historique, ce que cela signifie vraiment et comment l'utiliser pour comprendre l'oppression des femmes. Ces femmes sont constamment vues et traitées uniquement comme des spécialistes du travail femmes. Vous pouvez comprendre le matérialisme historique suffisamment pour faire un bilan critique de comment Engels l'a appliqué à la famille, mais pourtant vous êtes seulement une spécialiste du travail femmes. Personne ne suggère que ces compétences pourraient être appliquées à un autre secteur.

D'un autre côté, le jeune camarade homme qui fut un dirigeant du mouvement étudiant et a montré ses capacités de diriger un mouvement de masse, est un dirigeant. Dès qu'il n'est plus étudiant, il doit immédiatement être mis ailleurs pour qu'il puisse diriger un autre secteur de travail et utiliser ses capacités de direction qu'il a développées durant les deux ou trois ans d'intervention étudiante.

Documents de la Quatrième Internationale

Et on pourrait continuer. De nombreuses femmes ont remarqué ceci, par exemple : vous (femme) discutez et vous dites quelque chose - vous exprimez une opinion ou vous faites une proposition - la discussion continue, ensuite quelqu'un d'autre (mâle) fait plus ou moins la même proposition, donne la même opinion. A partir de ce moment, tout ce qu'on entend c'est : oui, il a raison, je suis d'accord avec lui. Ce n'est donc plus votre idée initiale, vous ne l'avez jamais dit. Il y a une légende grecque sur le Roi Midas. Tout ce qu'il touche se transforme en or. Parfois les femmes pensent que c'est l'inverse pour elles. Tout ce que nous touchons se transforme en quelque chose de moins important que lorsqu'un homme le fait.

Un autre problème dans les organisations de gauche se situe au niveau des relations individuelles entre camarades hommes et camarades femmes. Parce qu'il existe une relation de pouvoir inégale dans le monde réel, et parce que nous sommes influencés par la société dans laquelle nous vivons, cette relation inégale de pouvoir existe aussi à l'intérieur de nos organisations, aussi au niveau des relations individuelles entre un camarade homme et une camarade femme. Je ne parle pas des actes de violence qui peuvent arriver, mais juste de la manière dont les gens se lient de façon normale : les suppositions avec lesquelles une femme entre dans une discussion politique, et les suppositions des hommes ; la façon dont ce qui pourrait être exactement le même comportement prend un sens totalement différent lorsque c'est entre deux hommes ou entre un homme et une femme.

Lorsque vous avez l'une de ces discussions politiques passionnées que nous aimons tous tellement et que tout le monde s'échauffe et hausse la voix, c'est une chose quand c'est entre deux hommes. Mais c'est autre chose quand c'est entre un homme et une femme, parce que cela revêt un aspect de pouvoir et d'autoritarisme, ce qui n'est pas intentionnel mais est présent parce que nous avons tous intériorisé la société dans laquelle nous vivons. Et cela peut sembler totalement insupportable d'être l'objet de cela. Il y a l'autre alternative, qui est que les femmes, pour survivre, apprennent à mener les choses gentiment. Je peux crier et taper du poing sur la table aussi. Mais ce n'est pas une manière très agréable de discuter.

C'est étonnant à quel point ceci peut aussi être vrai des camarades jeunes - je ne suis plus très jeune et j'ai une certaine expérience - avec leur arrogance sûrement inconsciente. Il y a quelques années à un camp jeunes, j'ai fait un rapport sur les origines de l'oppression des femmes, dans lequel j'ai mis en avant l'opinion que les hommes tirent certains privilèges de l'oppression des femmes. Un camarade jeune avec un point de vue particulier est venu me voir et m'a dit : « Tu as dit que les hommes ont ces privilèges, bon, je pense que tu t'es mal exprimée ». J'ai répondu « Eh bien non, c'est ce que je voulais dire. Je voulais dire que les hommes ont des privilèges parce que c'est ce que je pense ». Et il a dit « Mais tu as tort. Tu n'as pas compris ». Donc j'ai répondu « Excuse moi, mais j'ai débattu de ces questions depuis vingt ans. Peut-être tu n'es pas d'accord, mais ce n'est pas que je n'ai pas compris ». Cette arrogance inconsciente est venue de quelqu'un qui devait être presque assez jeune pour être mon fils. J'ai entendu: tu t'es mal exprimée et puis tu n'as rien compris de l'oppression des femmes, plutôt que : je ne suis pas d'accord, ce qui est ce qu'il voulait dire en réalité.

Un autre problème auquel nous sommes confrontés dans les organisations de gauche c'est la difficulté qu'ont les hommes à considérer les femmes comme des individus politiques. Par exemple, s'il y a une discussion très animée sur quelque chose dans une réunion, quand vous quittez la salle normalement tout le monde continue la discussion. Mais c'est extraordinaire : au moins dans 50% des cas, si lorsque nous sortons de la réunion un camarade homme est en train de parler à une camarade femme, la discussion va immédiatement se porter sur quelque chose d'assez différent, non politique, quelque chose de plus personnel. Ils vont soit commencer à vous raconter les derniers exploits de leurs enfants ou leur nouveau travail. Mais continuer à vous traiter, une fois que vous êtes en dehors d'une réunion, comme un être politique est assez rare. C'est quelque chose que les femmes ont bien remarqué dans nos différents pays. C'est un signe que les femmes en tant qu'êtres politiques sont encore sous-évaluées, même dans des moments révolutionnaires parce qu'on ne donne pas la même valeur à notre opinion. Quand les gens veulent savoir, « Oh tu n'as pas parlé dans la réunion, qu'est ce que tu en penses ? ». Cette question est très rarement adressée à une camarade femme.

10. Changer les rapports de force

La question est donc : que fait-on pour remédier à cela ? Tout d'abord, cela ne va pas être une sorte de processus naturel. Le fait que nous discutons des problèmes de l'oppression des femmes et de comment se battre pour la libération des femmes ne signifie pas que nous pouvons régler ces problèmes facilement et naturellement. Comme Mandel l'a dit, vivre dans une société bourgeoise ne peut pas être une école pour devenir un révolutionnaire prolétarien, c'est-à-dire absorber et assimiler dans notre propre conscience une façon différente de nous comporter. Nous avons besoin de contre-tendances, de contrepoids à la division prédominante du travail et aux relations de pouvoir. Evidemment il n'y a pas de solutions précises qui vont être applicables partout, de tout temps, et dans toutes les différentes formes d'organisation. Les réponses vont dépendre de l'évolution générale et de l'histoire politique, des différentes périodes et circonstances. De nombreuses idées différentes ont été testées, et nous pouvons apprendre de ces expériences, à partir de qui a fonctionné ou pas.

Nous pouvons retenir un certain nombre d'idées générales. La première est que nous devrions avoir un travail féministe organisé. Ce n'est pas facile dans la période actuelle, quand dans

Libération des Femmes & Révolution Socialiste

de nombreux pays le mouvement féministe est soit à ses premières étapes de développement ou dans une phase de reflux. Mais nous n'abandonnons pas nos autres domaines d'intervention parce qu'il n'y a pas de grandes batailles en cours. On n'envisagerait jamais de le faire pour le travail syndical, dans le mouvement paysan, ou dans toute autre forme de mouvement.

Nous devons aussi avoir une formation cohérente sur ces questions, et cela devrait toujours faire partie des formations organisées par nos organisations. Il faut prêter une attention particulière aux exigences des camarades femmes pour une formation organisée. Cela doit être considéré comme une tâche du parti, à cause du sentiment internalisé par beaucoup de femmes que l'on devrait toujours faire quelque chose de concret. Les femmes sont moins prêtes à dire non, je vais prendre le temps de me former. Il faut donc l'organiser.

Nous devons aussi faire très attention à l'image de notre organisation et de notre profil. Quels symboles utilisons-nous ? Qui sont nos porte-paroles ? Qui envoyons-nous à rencontrer d'autres organisations ? Les camarades de certains pays du Tiers Monde en particulier disent que c'est un problème réel. Parfois lorsqu'une organisation veut envoyer une délégation pour rencontrer des représentants d'un autre parti ou d'un mouvement social, il y a une pression pour envoyer des hommes parce que sinon, la délégation pourrait ne pas être prise au sérieux. Nous devons faire un effort conscient pour combattre cela, et dire, « nous pensons que nos camarades femmes peuvent parler en notre nom et elles sont tout aussi capables que nos camarades hommes ».

Cette question de l'image du parti et de son profil peut sembler avoir seulement une valeur symbolique. Mais le symbole est important. On peut avoir l'impression qu'il est plus naturel de nommer des camarades hommes comme porte-paroles et représentants. Mais plus nous tombons dans cette « tendance naturelle », moins nos organisations seront attractives pour les femmes, et nous n'aurons pas les conditions nécessaires pour changer nos organisations parce que nous n'attirerons ni ne recruterons des femmes. Nous devons aussi changer notre fonctionnement interne. Nous devrions repenser ce que centralisme démocratique veut dire. Quand on parle de centralisme démocratique, nous voulons dire d'un côté l'expression de différents points de vue et d'expériences et être efficace quand nous agissons. Mais si l'on veut garantir l'expression de différents points de vue, nous devons garantir que les voix des femmes, qui sont si souvent peu entendues, le soient. Ce n'est pas un processus naturel. Nous devrons faire des choses qui paraissent artificielles, parce que le « naturel » c'est l'exclusion des femmes : ne pas écouter leur avis, ne pas leur donner l'espace pour s'exprimer.

Prenons un exemple de l'histoire de la Quatrième Internationale : quand nous avons discuté et adopté lors du congrès mondial de 1979, un document très important sur la lutte pour la libération des femmes et la révolution socialiste. Nous avons également pris une position, mise en appendice de ce document (et avec laquelle j'étais en désaccord à l'époque et encore aujourd'hui) sur le fait que les réunions non-mixtes de femmes à l'intérieur du parti étaient anti-léninistes. L'argument était que les réunions non mixtes de femmes étaient des réunions d'un secteur biologique de l'organisation et ne se tenaient pas sur une base politique ou sur la base de l'implication dans un même secteur d'intervention mais sur l'idée que les femmes sont des femmes. A mon avis l'argument était complètement erroné, même du point de vue de vouloir fonctionner comme une organisation centralisée et démocratique, précisément parce que cela ne prenait pas en compte la nécessité de mesures spécifiques pour garantir que l'expérience des femmes soit entendue.

En effet, les organisations de gauche ne sont pas des fédérations de différents secteurs des exploités et des opprimés, les femmes dans nos organisations ne sont pas des représentantes des femmes.

Libération des Femmes & Révolution Socialiste

Mais dépasser les obstacles à l'expression des femmes et à leur participation est une question importante pour la démocratie dans nos organisations, et si cela requiert des mesures spécifiques comme avoir des réunions non mixtes dans l'organisation, alors nous devons le faire. En même temps, parce que nous voulons aussi être centralisés politiquement, cette expérience doit être transmise au reste de l'organisation. De telles questions ne devraient pas être discutées seulement entre femmes, et les femmes ne devraient pas prendre des décisions sans les autres. Les organisations doivent décider collectivement comment régler les problèmes qui ont été soulevés.

Un problème qui est souvent soulevé par les femmes, c'est la façon de discuter. On attend en général des gens qu'ils commencent la discussion avec une position bien définie, on doit la défendre de manière polémique. Toutes les organisations n'ont pas nécessairement la même tradition, mais il y a souvent une tendance à avoir des discussions qui sont posées de cette façon. Cela signifie qu'il faut avoir une alternative complète pour contribuer à la discussion. On dirait même qu'il faut être absolument convaincu que ce qu'on est en train de dire est vrai, et ce que disent les autres est faux. Si on regarde le vocabulaire souvent utilisé dans les discussions des organisations, on le voit.

Pour raconter une autre histoire, je discutais avec un camarade homme et je lui ai demandais : mais pourquoi tu dois toujours attaquer quand tu veux donner ton point de vue ? Pourquoi ne peut-on pas juste donner un avis et échanger ? Il m'a répondu, « mais tu dois comprendre, quand je suis convaincu que j'ai raison, alors je pense que si la position avec laquelle je suis en désaccord est adoptée, ça va détruire l'organisation. Donc je dois détruire l'argumentation de mes opposants, parce que je ne veux pas que l'organisation soit détruite ». Selon cette conception, toute position politique peut faire ou défaire une organisation. C'est une façon d'agir plus fréquente chez les hommes que les femmes en général.

Quand les femmes commencent à discuter des questions du fonctionnement interne du parti, elles posent le problème de comment travailler d'une manière plus collective. Cela peut aller de questions très évidents - comme le fait que si tout le monde a reçu les documents en avance, et tout le monde a pu les lire, chacun pourra contribuer à la discussion et intervenir dans le débat. Les femmes parlent plus facilement d'elles mêmes et de leur sentiment personnel d'incertitude. Elles disent plus souvent « je ne suis pas sûre » ou « je ne connais pas très bien ». Toute personne qui a étudié le fonctionnement d'une organisation le verra. Changer la composition des organes dirigeants et y avoir plus de femmes, aura des effets.

Ce n'est pas un processus automatique, parce qu'un nombre de discussions informelles - des discussions en dehors des réunions, dans les couloirs - continuent à avoir lieu entre les hommes. Mais avec un plus grand nombre de femmes dans les directions, on crée une pression pour un changement vers un fonctionnement plus démocratique et collectif. Mais il faut être prudent car ceci ne signifie pas que les femmes sont par nature meilleures et plus collectives. Toute personne qui a participé à un groupe femmes, sait que les femmes peuvent aussi avoir de mauvaises manières de fonctionnement. Par exemple, de nombreuses femmes qui avaient déjà une activité en tant que militantes politiques, ont du apprendre, par autodéfense, d'être agressives. Donc une organisation ne pourra pas résoudre tous ces problèmes simplement en mettant beaucoup de femmes dans ses organes de direction.

Ces problèmes de fonctionnement ne concernent pas uniquement les femmes. Il y a tout le problème de la relation entre ceux qui sont considérés comme des dirigeants et ceux qui sont considérés comme des militants de base, ceci joue aussi parmi les camarades hommes. Les camarades jeunes ressentent également ces problèmes par la façon dont on discute avec eux. Dans nos

Libération des Femmes & Révolution Socialiste

organisations nous avons très souvent des difficultés à élargir les directions au-delà du noyau d'origine. Beaucoup d'organisations que je connais le mieux se sont construites à travers la période de 1968, elles sont marquées par cette expérience et cette génération militante. Il est en fait incroyable que tant de gens qui se sont formés à cette époque et qui étaient alors très jeunes, sont toujours là, vingt cinq années après. Le noyau des directions de toute une série d'organisations de gauche est toujours composé des mêmes personnes. Une des raisons objective pour cet état des faits est évidemment que la génération 1968, au moins en Europe, a vécu une expérience politique très importante. C'était une époque où la révolution apparaissait à l'horizon des possibles, où de nouvelles perspectives s'ouvraient et une génération pleine de confiance en soi s'est constituée, car c'est eux qui allaient faire la révolution ; ils sont donc venus et ils ont pris la direction. Aucune génération ultérieure avait une expérience suffisamment forte pour pouvoir leur dire « ok, vous avez maintenant plus de quarante ans, laissez nous la place ».

Mais il ne suffit pas de voire uniquement le processus objectif ou naturel. Nous voulons agir de façon consciente pour changer nos organisations, les rendre aussi adéquates que possible. Le noyau initial de la direction doit être élargi. Nous devons l'élargir aux femmes, aux nouvelles générations, aux immigrés etc. Nous avons besoin d'une démarche consciente pour ces changements dans les directions en ayant un regard conscient sur les méthodes de sélection des dirigeants, sur les critères que nous utilisons. S'agit-il d'un système individuel des stars ? Est-ce que chaque personne en tant qu'individu doit être excellente en tout - très peu de gens ne sont excellents en rien - ou voulons-nous plutôt construire une équipe collective qui combine les différents points forts que nous avons et qui sont nécessaires pour la direction d'une organisation ?

Dès qu'on essaie de développer un plan bien réfléchi, la question souvent débattue est celle des quotas pour femmes ou d'autres formes d'action positive. Si on suit la pente naturelle que prennent les choses, on continuera à reproduire ce qui justement pèse très lourd sur nous : l'idéologie et la division du travail qui existent dans la société. Beaucoup d'organisations de gauche en ont discuté. Un exemple très fort nous est venu du PT brésilien. Ce n'est pas facile car il faut être prêt à prendre des mesures qui peuvent paraître comme artificielles.

11. Une responsabilité du parti pour la vie personnelle et le comportement individuel

Une question encore plus difficile concerne la « vie privée » des camarades. Nous avons une responsabilité encore plus grande en tant que parti parce que nous pouvons contribuer à ce que les luttes se développent dans la bonne direction. On a besoin de militants crédibles, reconnus dans leur travail politique. Ce qui veut dire qu'ils agissent toujours - autant que possible - en accord avec notre programme. Le parti porte donc une responsabilité pour le comportement et aussi pour le bien-être des camarades.

Nous devons créer les meilleures conditions pour que les camarades puissent remplir les tâches que nous leur donnons et faire en sorte qu'il n'y ait pas de discriminations à partir de facteurs matériels quand nous demandons aux camarades d'assumer différentes tâches et responsabilités. Dans une situation de clandestinité ou de répression, une organisation doit faire tout ce qui est possible pour protéger ses membres. Quand une organisation demande à des camarades de travailler à temps plein, elle doit pouvoir garantir que cela se fasse sans dégâts matériels.

Une autre question qui est souvent posée quand les femmes discutent des obstacles à la participation dans une organisation, c'est la question de la garde des enfants pour laquelle l'organisation doit prendre sa responsabilité. Il y a évidemment autant, sinon plus, de pères que de mères dans les organisations de gauche. À cause de la division sexuelle du travail, ce sont très souvent les camarades

Libération des Femmes & Révolution Socialiste

femmes qui quittent l'organisation politique lorsqu'elles ont des enfants et pas les hommes. Il faut prendre cela très au sérieux.

Il y a deux remarques à faire ici. Tout d'abord, dans la discussion concernant la place des femmes et les difficultés qu'elles rencontrent à participer, la question de la garde des enfants devient la question principale. Mais le fait d'avoir des enfants n'est pas la cause de l'oppression des femmes ou des difficultés qu'elles rencontrent dans les organisations politiques. Il existe une dynamique générale concernant toutes les femmes, avec ou sans enfants, de les exclure. La question de la garde des enfants est une question importante. Il faut y appliquer les mêmes critères, c'est-à-dire donner la possibilité aux camarades femmes de faire des tâches politiques. Mais il faut également tenir compte du fardeau que cela représente parfois sur d'autres camarades en terme de temps ou pour l'organisation, si le parti doit financer la garde des enfants.

Deuxièmement, il faut se poser la question : est-ce que cela ne met pas nos propres camarades dans une situation de privilégiées par rapport aux femmes avec lesquelles nous sommes actives dans les mouvements de masse ? Est-ce que nous nous battons pour une garderie collective pour les enfants pendant des meetings du mouvement de masse ou est-ce qu'on se préoccupe uniquement de nos propres camarades ? Est-ce qu'on ne se substitue pas ainsi à une tâche qui devrait être prise en charge par l'état ou les autorités locales ? La question de la garde des enfants ne peut pas simplement être résolue pour nos propres camarades dans leur situation spécifique. Il faut également réfléchir à ce qu'on fait pour aider toutes les femmes confrontées avec le problème de cette responsabilité. Ce principe général ne nous aide pas beaucoup dans les situations très difficiles que rencontrent les femmes dans la clandestinité, ayant des enfants à charge. Surtout parce que cela implique aussi les sentiments des femmes (et des hommes) face aux difficultés de longues périodes de séparation avec leurs enfants.

Toutes ces choses dépendent évidemment de ce que nos organisations sont capables de faire, de la taille et des ressources de nos organisations.

Les organisations de gauche ont également une responsabilité concernant le comportement de leurs membres, parce que si ce comportement est en contradiction avec ce que nous disons, elles ne seront pas crédibles. Nous ne pouvons pas permettre que nos membres aient un comportement qui mette l'organisation en danger de façon irresponsable.

De nouveau, il s'agit d'un problème très difficile de différentes cultures. Un exemple parmi d'autres. Une organisation révolutionnaire en Inde a écrit un code de conduite dans lequel il est dit qu'une croyance religieuse est en contradiction avec le programme et donc incompatible avec une adhésion. Ce problème se pose de manière différente dans des pays ou des régions où il existe un mouvement religieux radical très progressiste comme la théologie de la libération en Amérique Latine. On peut alors comprendre que pour les camarades de ces pays, des gens avec une croyance religieuse claire, puissent également être des membres d'une organisation révolutionnaire, dès qu'il y a accord sur les tâches et sur le programme. Ceci n'est qu'un exemple qui montre comment cette question se pose différemment dans divers pays.

Mais il y a un aspect du comportement duquel, selon moi, on ne peut pas dire qu'il s'agit de différences culturelles. Notre programme veut lutter contre toutes les formes d'oppression des femmes. On doit donc dire que tout comportement sexiste est en contradiction avec ce programme. Là je suis d'accord avec le PRT (Parti Révolutionnaire des Travailleurs) au Mexique: il faut prendre des sanctions contre la violence sexuelle et le harcèlement sexiste. Non pas parce que nous serions capables de résoudre le problème de l'oppression à l'intérieur de nos organisations mais parce que nous avons besoin d'un minimum de fonctionnement collectif dans notre organisation.[20] Comment les femmes pourraient-elles participer dans une organisation où il n'existe pas de sanctions contre un tel comportement?

Même si on ne peut accepter qu'il y a plus ou moins de machismo dans différentes cultures et qu'il s'agirait donc purement d'une question culturelle, donc que nous ne devons pas appliquer les mêmes normes, il reste des difficultés. Dans le cas de violence et de violence sexuelle, c'est clair : il faut des sanctions contre ce type de faits. Mais il est plus difficile de déterminer en quoi consiste un harcèlement sexuel. Pour les femmes, c'est plus difficile à mettre en avant, et cela peut être plus difficile à comprendre pour les autres. En apprenant des exemples de harcèlement sur les lieux de travail, nous sommes arrivés au point de vue suivant : quand une femme dit qu'il s'agit d'un cas de harcèlement sexuel, on la croit sur parole parce que c'est elle qui souffre et qui sent que ses capacités à fonctionner sont abimées. Il ne peut y avoir selon moi d'autre critère dans une organisation de gauche.

Si nous voulons construire des organisations démocratiques, des organisations crédibles au niveau politique et dans lesquelles les femmes peuvent participer, il faut garantir aux femmes de pouvoir y travailler politiquement en confiance et d'être dans la capacité de travailler avec les camarades hommes sans se sentir menacées par un possible traitement sexiste, ce qui leur donnerait un sentiment de malaise, d'être exclues et dévaluées.

Il y a au moins une organisation dans laquelle je sais qu'il y a eu des cas de harcèlement sexiste extrême : les camarades femmes se sentaient obligées d'avoir des rapports sexuels avec certains dirigeants hommes, parce que ceux-ci utilisaient leur autorité de telle manière qu'il était impossible pour les femmes de refuser, bien qu'il n'y eut pas nécessairement un acte violent. Lorsque le problème a effectivement éclaté dans cette organisation, les

---

20. *"Politica de sanciones en un partido feminista"*, *Bandiera Socialista* no. 402, Dec. 1989.

hommes concernés ont démissionné ou ont été expulsés. Mais selon les femmes concernées, ceci n'était pas suffisant. L'opinion générale était qu'il s'était agi d'un problème individuel de certains hommes qui étaient peut-être ivres à un certain moment. Selon les femmes, l'organisation n'avait pas vraiment compris qu'il y avait une telle situation d'inégalité, de déséquilibre de pouvoir, dans l'organisation. C'est à cause de cet état de fait que cela avait pu se passer et qu'il était très difficile pour les femmes d'en discuter. L'organisation n'avait pas pris une responsabilité collective en disant « nous avons permis une situation à l'intérieur de l'organisation telle, que les hommes pouvaient utiliser leur autorité de dirigeant de cette manière. »

Il est de notre responsabilité collective de prendre des sanctions; en même temps, il y a aussi une responsabilité individuelle d'essayer de comprendre son propre comportement et l'influence qu'il a sur les autres. Il ne s'agit pas du tout de mettre en place un espèce de force de police antisexiste ou de revenir à une tradition révolutionnaire-puritaine qui a existé dans certains mouvements, par exemple dans la clandestinité, dans la guérilla, avec des camps séparés pour les hommes et les femmes. Ceci n'est pas une solution mais évite le problème en ne se confrontant pas à la réalité que nous ne sommes pas des êtres humains libérés même en appartenant à des organisations féministes révolutionnaires. Nous souffrons tous de notre conditionnement et les camarades hommes ont une responsabilité spéciale par leur relation de pouvoir par rapport aux femmes, ce qui peut s'exprimer dans leur comportement individuel.

Dans notre lutte pour une société nouvelle et meilleure, dans laquelle toutes les relations de genre auront changé radicalement, cela sera difficile et probablement douloureux. Il faudra certainement un effort important. Personne n'est protégé contre des comportements sexistes, contre un comportement inapproprié ou même incorrect par le fait de l'adhésion à une organisation

Libération des Femmes & Révolution Socialiste

qui défend la libération des femmes dans son programme. Mais personne n'a dit que la révolution sera chose facile!

Conclusion: un bref bilan

Ces vingt dernières années, la gauche a fait des progrès. C'est un progrès collectif par la mise en commun de l'expérience et en particulier par la reconnaissance du rôle joué par le mouvement autonome des femmes.

Mais tout est partiel : il y a le développement inégal et combiné. En y regardant après, nous pouvons critiquer nos premiers pas. Nous avons par exemple généralisé, à partir de l'expérience de l'Europe occidentale et des Etats-Unis, comment le mouvement des femmes allait se développer. Il y a eu ensuite une importante contribution des camarades d'Amérique Latine. Elles ont expliqué qu'une compréhension de l'oppression de genre peut se développer à partir d'autres formes de mouvements dans lesquels les femmes sont devenues actives, sans donc une conscience de l'oppression des femmes comme point de départ.

Il y a beaucoup de questions dont nous n'avons pas encore discuté : par exemple la montée actuelle de l'intégrisme religieux. Nous pouvons tous nous mettre d'accord que toutes les formes de fondamentalisme religieux, qu'il soit chrétien, musulman ou hindou, vont à l'encontre des intérêts des femmes. Mais on voit aussi de l'autre côté que dans beaucoup de pays des femmes sont très actives dans ces mouvements intégristes. Les fondamentalistes d'Algérie ont massivement mobilisé les femmes. C'est un problème sur lequel nous devons approfondir notre analyse.

Nous avons fait des progrès. Les segments de la gauche qui ont contribué sur cette question étaient ouverts à ce qui se passait dans la société. Il s'agit d'une société de classe, avec une idéologie sexiste mais aussi avec des luttes importantes, on a vu le développement du mouvement des femmes qui a aussi - de manière inégale - influencé les organisations de gauche. Le monde

Documents de la Quatrième Internationale

extérieur nous à aidé à changer et nous avons pu apprendre de l'expérience et l'intégrer et développer dans notre programme.

C'est la conclusion la plus importante pour moi : si nous ne restons pas ouverts à apprendre des luttes et des mouvements qui se développent autour de nous, nous n'avancerons pas. On restera coincé quelque part et on sera incapable de faire ce que doivent faire les révolutionnaires, c'est-à-dire faire avancer les luttes générales et les mouvements.

Cahiers de Recherche et de Formation

- No.01 La place du marxisme dans l'histoire, Ernest Mandel (€ 5)
- No.02 La révolution chinoise – I, Pierre Rousset (€ 5)
- No.03 La révolution chinoise – II, Pierre Rousset (€ 5)
- No.04 Sur la révolution permanente, Michael Löwy (€ 5)
- No.05 Lutte de classe et innovation technologique au Japon depuis 1945, Moto Ichiyo (€ 5)
- No.06 Le populisme en Amérique latine, Adolfo Gilly (€ 5)
- No.07/08 Plan, marché et démocratie, Catherine Samary (€ 5)
- No.09 Les années de formation de la Quatrième Internationale (1933-1938), Daniel Bensaïd (€ 5)
- No.10 Marxisme et théologie de la liberation, Michael Löwy (€ 5)
- No.11/12 Les révolutions bourgeoises, Robert Lochhead (€ 5)
- No.13 La guerre civile espagnole en Catalogne et au Pays Basque, Miguel Romero (€ 5)
- No.14 Marxisme et parti 1903-1917, Paul Le Blanc & Norman Geras (€ 5)
- No.15 Du PCI au PDS: La longue marche du Parti communiste Italien, Livio Maïtan (€ 5)
- No.16 Les travailleurs ont-ils une patrie? José Iriarte 'Bikila' (€ 5)
- No.17/18 Octobre 1917: Coup d'état ou révolution sociale? Ernest Mandel (€ 5)
- No.19/20 La fragmentation de la Yougoslavie: Une mise en perspective, Catherine Samary (€ 5)
- No.21 Comités d'usine et contrôle ouvrier à Petrograd en 1917, David Mandel (€ 5)
- No.22 Les femmes dans la nouvelle économie mondiale, Penny Duggan & Heather Dashner (€ 5)
- No.23 La production flexible: une utopie capitaliste? Tony Smith (€ 5)

Pour commander, courriel à iire@iire.org ou écrivez à Institut International de Recherche et de Formation, Lombokstraat 40, 1094 AL Amsterdam, Pays-Bas.

Les femmes dans la Nouvelle Economie Mondiale

Edité par Penny Duggan & Heather Dashner

Les Cahiers d'Étude et de Recherche no.22 (€5)

Le dossier Les femmes dans la nouvelle économie mondiale (CER n°22) met à jour les liens qui existent dans les transformations que connnaissent les femmes, qu'elles travaillent à l'usine ou à la campagne, comme vendeuses des rues ou professions libérales comme membres d'un quartier, mères et épouses qu'elles soient âgées ou encore dans le ventre de leur mère.

Douze militantes feministes et chargées de recherche de cinq continents décrivent les bouleversements qu'entraînent la croissance du commerce mondial, l'intégration économique régionale (Union européenne, ALENA, MERCOSUR) et les politiques d'austérité qui sont décidées pour atteindre la « compétitivité » Elles se penchent sur les conditions de travail, la vie de famille, ou les interactions entre sexe, classe, race et caste et montrent combien les projets de réorganisation économique du capital reposent sur la main-d'oeuvre bon marché des femmes dans le tiers monde, sur le travail « flexible » des femmes dans les pays capitalistes avancés et sur le travail domestique non rémuneré en général. Elles montrent aussi comment, de la Suède à la Malaisie, les nouvelles formes d'oppression des femmes suscitent de nouvelles formes de résistance.

Ces articles sont le fruit de plusieurs années de séminaires tenus à l'Institut International de Recherche et de Formation et consacrés à l'examen de la place des femmes dans la société. Dnas leur diversité, ces articles montrent comment les militantes qui partagent un cadre de référence commun peuvent utiliser leurs expériences pour développer une analyse véritablement internationale des processus aujourd'hui à l'oeuvre.

Pour commander, courriel à **iire@iire.org** ou écrivez à Institut International de Recherche et de Formation, Lombokstraat 40, 1094 AL Amsterdam, Pays-Bas.

www.ingramcontent.com/pod-product-compliance
Lightning Source LLC
Chambersburg PA
CBHW030434300426
44112CB00009B/1003